新时代对口支援的
理解释与核心目标

THEORY AND GOAL OF
COUNTERPART SUPPORT IN THE NEW ERA

黄基鑫◎著

经济管理出版社
ECONOMY & MANAGEMENT PUBLISHING HOUSE

图书在版编目（CIP）数据

新时代对口支援的理论解释与核心目标/黄基鑫著 . —北京：经济管理出版社，2022.9
ISBN 978-7-5096-8707-9

Ⅰ.①新…　Ⅱ.①黄…　Ⅲ.①扶贫—经济援助—研究—中国　Ⅳ.①F126

中国版本图书馆 CIP 数据核字（2022）第 209742 号

责任编辑：张莉琼　康国华
责任印制：黄章平
责任校对：张晓燕

出版发行：经济管理出版社
　　　　　（北京市海淀区北蜂窝 8 号中雅大厦 A 座 11 层　100038）
网　　址：www. E-mp. com. cn
电　　话：（010）51915602
印　　刷：唐山玺诚印务有限公司
经　　销：新华书店
开　　本：720mm×1000mm/16
印　　张：12. 5
字　　数：215 千字
版　　次：2022 年 12 月第 1 版　　2022 年 12 月第 1 次印刷
书　　号：ISBN 978-7-5096-8707-9
定　　价：78. 00 元

# 序

　　黄基鑫博士在学位论文基础上升华完善的专著《新时代对口支援的理论解释与核心目标》即将出版，他邀请我作一个序，作为导师，难辞其责，寥寥数语算是对黄基鑫博士第一本专著的评价吧。

　　在对口支援中引入了历史的维度。关于对口支援，学术界与实践界都认为，其始于时任中共中央统战部部长乌兰夫于1979年在全国边防工作会议上的报告，他提出全国要对口支援边境地区，实现全国经济社会协调发展，实现国家的边境稳定。黄基鑫博士在对有关对口支援核心要义领悟的基础上提出，对口支援这一中国特色政策模式的形成来源于中华民族的形成和中华文化的凝聚，得益于中华民族共同体的形成规律，即从经济居先到文化认同，从文化认同到经济一体，这是始于战国、形成于秦汉的编户齐民，那时就将劳动者从农奴主的奴役中解放了出来，实现了劳动者的自由劳动，促进了生产力的发展，促进了中华民族的形成与发展。

　　在对口支援中引入了文化维度。以前，对于对口支援的研究，人们多关注对口支援的物质设施，关注先进生产力的形成，鲜少有人关注对口支援对于受援人群主观世界的影响，尚无人关注这种非市场的援助关系对各群体以及中华民族总体文化发展的影响。黄基鑫博士运用经济学、管理学、社会学、民族学理论，在深刻分析中国实践的基础上，提出了对口支援不仅对经济欠发达地区的物质设施具有支撑作用，对地区生产力的快速进步具有积极的促进作用，还对欠发达地区文化的发展具有重要的促进作用，对中华文化的形成与发展具有重要影响，这在强调铸牢中华民族共同体意识的氛围下，具有特殊重要的意义。

　　在对口支援中引入了全球化维度。约翰·奈斯比特曾经说过，在人类面临全球化的背景下，人类正面临着一种悖论，那就是经济越来越走向全球化，民族文化的发展越来越多元化。众所周知，经济学是研究稀缺资源配置的学问，就是把有限的资源配置到使我们的效用得到最大发挥的位置上，这样才能实现社会福利的最大化。然而，上述悖论却在直接影响着资源配置的规模和范围效益。黄基鑫博士在整合各种理论与现实诉求的基础上，认为对口支援有利于铸牢中华民族共同体意识，有利于实现资源配置的规模与范围效益，在理论探索上做出了自己的贡献。

黄基鑫博士初出茅庐，已然开始了理论探索工作，并取得了一定的成绩。然而，学术研究之路实属不易，理论探索更是路途艰辛，希望黄基鑫博士不忘初心，在科学研究之路上持之以恒地走下去，不断做出自己的贡献。

对于黄基鑫的专著谈一点自己的感想，有感而发，不成体系，不妥之处请学界同仁见谅。

李曦辉

农历辛丑年除夕于丰台区南宫景苑

# 前　言

　　本书从经济与文化的视角，基于辩证唯物主义与历史唯物主义，研究了新时代对口支援的理论解释与核心目标。对口支援是中国共产党在人类发展历史中创造出来的具有中国特色的政策模式，是数千年来中华各民族结成共同体对抗自然灾害的历史实践的必然，彰显着中国智慧和中国方案。改革开放以来，对口支援作为"先富带后富"的典型方式，通过经济发达地区对口支援和帮助欠发达地区，在中国消除绝对贫困和实现全面小康中起着重要的作用。进入新时代，对口支援体现为对构建国内经济统一大市场的短板进行补齐，进而促进各民族形成最深层次的中华文化认同，实现经济一体化的规模与范围效益，从而实现人的全面发展与社会的全面进步，其核心目标在于铸牢中华民族共同体意识，建设和发展中华民族共同体。对于这一问题的研究，主要基于两大研究目的：一是促进对口支援适应于新时代社会主要矛盾的变化，服务于全面建设社会主义现代化，为新时期对口支援的发展方向与提升路径提供理论支撑；二是将对口支援与建设中华民族共同体的历史根源、背后机理与发展规律联系起来，探讨对口支援以铸牢中华民族共同体意识为核心目标的理论逻辑和实践逻辑。

　　在对口支援的理论解释方面，本书首先提出基于强调"工具理性"的西方经济学理论不能全部解释和真实刻画中国特色的对口支援模式的作用与目标，即无差异的经济人假设和不承认民族和文化差异的经济学理论，解释不了对口支援的现实，不能解决所有问题，需要对已有研究的支撑理论进行总结和修正。由此，本书基于经济与文化的视角，通过理论综述和历史分析对中华民族共同体的经济维度进行研究，从经济学视角对中华民族共同体的形成和发展路径进行建构。本书梳理了从中华民族到共同体到认同等不同层次的概念，把民族与民族主义、共同体、中华民族多元一体与中华民族共同体发展规律结合起来予以研究，以民族经济学作为中华民族共同体认同的一种解说进行研究，提炼出中华民族共同体"经济居先—文化认同—经济一体"的理论逻辑和规律。在此基础上，本书进行历史分析，从中华民族共同体客观的事实结果出发，从分工与交换、规模与范围、认同与发展等经济学视角，追溯自古以来中华民族共同体的起源、形成、发展的历程。中华民族共同体自古以来由于复杂的地理环境与多元的经济类型，形成了农牧互补的分工格局，在经济的强大推动力下，各民族在交换中逐渐形成交往。由于中华文化博大精深、兼容并蓄的特点，各民族形成了对中华文化的认同，并在相互渗透中进一步发展了中华文化，形成了强大的凝聚力和认同感，促使各民族源源不断地加入中华民族共同体，并在这个过程中实现了向更高一级的人类社会文明形态的迈进和发展，促进了经济一体化的发展，各民族凝聚成了统一而不能分割的中华民族共同体。

在对口支援的核心目标方面，本书提出进入新时代，社会的主要矛盾发生了转变，同时，随着全面建成小康社会的历史任务的完成，对口支援工作面临的形势与任务发生了实质性的变化。在新时代，对口支援的工作重点应该从基础设施和民生项目等"物"的建设逐渐转移到"人"的发展上，其核心目标就在于铸牢中华民族共同体意识，不同类型的对口支援都应围绕这个核心目标来进行。本书提出，从"经济居先"逻辑看，对口支援的本质就是对国内经济统一大市场的短板进行补齐，不同类型的对口支援发生在不同的地区，而各地区又共同构成了国内经济统一大市场，通过对口支援补齐完善各地区的经济发展短板，就会提高国内市场的规模与范围效益，对于国民经济而言就会产生倍加的乘数效应。从"文化认同"逻辑看，对口支援的内涵体现了中华文化与民族精神的核心思想，即"以人民为中心"的"仁者爱人"的中华文化以及"天下兴亡、匹夫有责"的民族精神。对口支援以公共文化和政治象征的形式，成为各民族共享的中华文化符号和中华民族形象，形成一种与历史文化变迁的有机传承，让人们深切感受到一种休戚与共、血脉相连的团结纽带，进而转化为中华民族政治上和文化上的强大的凝聚力。对口支援可谓是霍布斯鲍姆说的"神圣图像"，具现了想象中的共同体，是国家的精神象征，在中华民族的各类重大事件中都可以看到；也可谓是安德森的"想象的声音"，透过各类型的对口支援的事迹和报道，我们感受到了参与支援的人们铿锵有力的誓言，也感受到了受援地区人们歌唱祖国的歌声，这些声音将各民族紧密联结在一起。从"经济一体"逻辑看，不同类型对口支援的工作对象都是不同地区的"人"，对口支援的作用在于实现对人的素质发展这一国内劳动力统一大市场短板的补齐上，而人的素质发展包括了均衡的文化水平以及共有的文化认同两个重要方面。因此，对口支援的实施不仅包括提高当地人民群众的就业和劳动技能，还包括提高当地人民群众的中华文化认同，由此塑造各民族统一的劳动力市场，实现共同发展和共同富裕，进一步发展和壮大中华民族共同体，进而塑造出经济一体化程度不断提高的共同大市场，为实现中华民族的伟大复兴提供强大的动力。

通过新时代对口支援理论解释与核心目标的分析，本书提出了对口支援的发展趋势与提升路径。一是明确铸牢中华民族共同体意识在对口支援工作中的发展导向，具体而言，要以实现人的全面发展为对口支援的终极目标，以社会主义制度优势为对口支援的价值彰显，以双循环新发展格局为对口支援的发展动力，以中华民族多元一体为对口支援的成效标志；二是丰富铸牢中华民族共同体意识在对口支援工作中的外化诠释，具体而言，要丰富对口支援本土实践的理论阐释，提炼中华优秀传统文化的精神标识，营造讴歌英雄和学习模范的舆论氛围，建设中华民族亲如一家的美好家园，推出讲述对口支援故事的文艺创作；三是扩大对口支援在铸牢中华民族共同体意识实践中的政策应用，具体而言，要主动宣介以对口支援为内容的中国共产党治国理政的故事，以促进各民族交往交流交融为对口援藏援疆的工作重心。

总而言之，本书基于中华民族共同体视角，运用民族经济学理论研究中国特色的对口支援发展问题，试图站在一个全新的视角，以一个全新的维度，结合经济维度研究中华民族共同体的形成和发展的规律，探索在对口支援过程中各民族通过中华文化认同实现中华民族经济规模与范围效益的逻辑，探讨对口支援在建设中华民族共同体、铸牢中华民族共同体意识的机理与作用，以及进一步的发展方向，希望能得出有指导意义的结论。本书中有些个人见解还需要更进一步细致的论证和分析，尚不完善甚至错误的地方，敬请各位专家和读者多予批评指正。

# 目　录

# 第一章 导论

## 第一节 问题的提出

对口支援是在中华民族共同体中孕育形成，并不断发展完善，具有中国特色的政策体系模式。自新中国成立以来，对口支援作为中国特色社会主义的伟大实践，体现了依靠社会主义制度实现共同发展、迈向共同富裕的制度本质，在新中国70余年的发展中，不断探索实践，不断改革创新。不同类型的对口支援形式和不同层次的对口支援内容不断发展完善，对口支援的应用领域和范围不断拓展，发展成为具有全面性、应急性、补偿性、发展性及专项性，涉及多领域、多层次、多形式、多内容的对口支援模式。随着中国特色社会主义进入新时代，社会的主要矛盾发生了转变，人民的美好生活成为社会发展的主要目标。人民美好生活的终极体现就是实现人的全面发展。在新时代，实现美好生活与人的全面发展这两者之间互为前提、相互促进、有机统一。面对新时代的新形势、新任务、新情况、新问题，对口支援的发展方向如何适应新时代社会主要矛盾的变化，如何服务于全面建设社会主义现代化，如何实现新时期对口支援各项工作的全面提升，如何发挥中国特色社会主义制度的显著优势，是值得我们思考和研究的重要命题。

在新的时代背景下，中华民族多元一体格局表现为"中华民族一家亲、同心共筑中国梦"的民族团结的生动写照和民族工作的鲜明特征。习近平总书记指出，实现中华民族伟大复兴的中国梦，就要以铸牢中华民族共同体意识为主线，坚持文化认同是最深层的认同，构筑中华民族共有精神家园。[①] 对口支援作为中国特色本土实践的产物，集中体现着"以人民为中心""全国一盘棋、集中力量办大事""一方有难、八方支援"等优秀中华文化与伟大民族精神。将对口支援与建设中华民族共同体的历史根源、背后的机理和发展规律联系起来，探索如何通过对口支援铸牢中华民族共同体意识，如何通过对口支援实现各民族从经济居先到文化认同、从文化认同到经济一体的迈进，如何通过对口支援为中华民族实现伟大复兴提供精神支柱与强大动力，这是新时期对口支援的发展方向与提升路径。

从半个多世纪的对口支援的实践来看，对口支援有效克服了经济竞争中的市场失灵，通过各级政府的逆市场手段，达到了校正市场失灵的目的，使各类型受援地区的经济与全国经济一样，具有良好的市场适应性，在激烈的市场竞争中立于不败之地。无论是马克思主义政治经济学、西方经济学，还是中华民族的传统经济思想，都没有涉及民族过程对经济发展的影响，以及经济发展对民族过程的影响的相关理论。本书基于中华民族共同体视角，运用民族经济学相关研究探讨对口支援发展问题，试图站在一个全新的视角，以一个全新的维度，结合经济维度研究中华民族共同体的形成和发展规律，探索在对口支援过程中各民族通过中华文化认同实现中华民族经济规模与范围效益的逻辑，探讨对口支援在建设中华民族共同体、铸牢中华民族共同体意识过程中的机理与作用，以及进一步的发展方向，希望能得出有指导意义的结论。

# 第二节　研究的意义

## 一、理论意义

本书以中华民族共同体为视角，以跨越数千年的中国多民族统一国家的文化和历史为切入点，结合民族与民族主义理论、共同体理论、中华民族多元一体格局理论，通过经济学视角，在对口支援的研究中引入"民族"这个重要维度，基于中国的经济实践与中华民族形成过程的特点，从辩证唯物主义与历史唯物主

---

① 《习近平：坚持共同团结奋斗共同繁荣发展　各民族共建美好家园共创美好未来》，《人民日报》，2019 年 9 月 28 日。

义出发，阐述民族过程的经济学意义。这是关于对口支援理论的创新研究，从中华民族共同体这个新的视角出发，运用民族经济学的理论范式审视对口支援模式，力图给它一个合理的解释。当前已有的研究基于西方经济学的贫困经济学、发展经济学、制度经济学等理论，对中国特色的对口支援进行了大量卓有成效的研究，丰富和完善了对口支援理论体系，在指导对口支援的实践过程中发挥了重要的作用。随着新时代的发展，如何更好地解释对口支援在中国发展实践中出现的问题，如何更好地解释对口支援取得巨大成果的背后机理，成为了对理论研究提出的新要求和新命题。本书基于民族经济学的相关研究，在中华民族共同体理念的研究中加入经济维度，从中华民族共同体视角探讨对口支援的发展，探讨对口支援与铸牢中华民族共同体意识之间的理论联系，探讨在共同的中华文化背景下对口支援形成和发展的理论与实践逻辑；通过研究对口支援这一中国特色的实践形式，补齐国内经济统一大市场的短板，加强各民族的交往交流交融，强化各民族的中华民族认同和国家认同，促进更大规模和范围效益的共同市场的形成，反过来进一步增强民族认同和国家认同，形成良性循环。这是一种理论创新的尝试，希望能够为中国特色的对口支援理论体系添砖加瓦，从政策实践到理论哲学为对口支援提供理论解释。

**二、实践意义**

随着中国特色社会主义进入新时代，社会的主要矛盾也发生了转变，同时，随着全面建成小康社会的历史任务的完成，对口支援工作面临的形势与任务发生了实质性的变化。在新时期，对口支援的工作重点从基础设施和民生项目等"物"的建设逐渐转移到"人"的发展上，其核心目标在于铸牢中华民族共同体意识，实现人的全面发展和社会的全面进步，从而实现中华民族的伟大复兴，不同类型的对口支援都应围绕这个核心目标来进行。本书通过对对口支援的创新性理论研究，希望可以使对口支援工作凝练在一种理论之下，将理论研究运用到实际工作中，能够解决一直以来困扰对口支援的具体工作模式不能有的放矢的问题，可以推动对口支援有方向、有目标地开展工作，更有效地发挥对口支援在建设中华民族共同体方面的作用。本书的研究有助于指导对口支援的工作实践，为未来对口支援的政策发展方向、厘清工作重心、把握工作重点提供了政策建议。只有通过中华文化认同来强化经济一体，在共同的中华民族文化基础上，塑造出一体化程度不断提高的共同大市场，才能提高我们的规模和范围效益，中国的经济才会在世界经济舞台上持续繁荣发展下去，最终形成全球化时代经济发展的中国范式。期望本书的研究可以对实践工作有所启发，在将来设计出促进对口支援铸牢中华民族共同体意识的运行模式，通过该模式大大增进对口支援工作的效果，促进民族地区的经济社会继续高速发展，增强中华民族的凝聚力，促进各民族凝心聚力搞建设，为中华民族的伟大复兴贡献理论智慧。

## 第三节　对口支援的一般理论解释

### 一、贫困经济学

贫困经济学研究作为发展经济学的一部分，在近年的发展中逐渐凸显出其重要性，形成其体系化的理论性学科——贫困经济学。西奥多·舒尔茨在 1965 年发表了《贫困经济学》，首次提出了贫困经济学的概念，开创了贫困经济学的理论先河。[1] 随后，冈纳·缪尔达尔、阿马蒂亚·森、阿比吉特·巴纳吉与埃丝特·迪弗洛先后出版了一系列贫困经济学研究的著作，获得了不同时期的诺贝尔经济学奖，逐步奠定了贫困经济学的发展地位。我国对口支援政策类型丰富、内容多样，在 1979 年正式提出之时，以沿海经济发达省市帮助边境地区、民族地区的经济发展为主要内容，因此，关于对口支援的研究也就大部分落在贫困与反贫困的研究上。贫困经济学在作为对口支援的一般基础理论研究时，重点在于探讨贫困地区和贫困人口的形成原因，贫困地区和贫困人口发展的障碍，进而针对主要矛盾制定对口支援的策略，并作为对口支援实施效果评估的依据。总体而言，贫困经济学中常用于对口支援研究的典型理论主要包括人口理论、贫困陷阱理论、中心—外围理论、权利贫困理论与能力贫困理论等。

马尔萨斯于 1798 年提出了人口陷阱理论[2]，论述了贫困形成的原因，认为人口发展呈现出不断增长的趋势，但由于自然资源匮乏和人类承载能力有限，导致以算术级数增长的食物供给严重滞后于以几何级数增长的人口数量，造成人口过

---

① 叶普万：《贫困经济学研究》，北京：中国社会科学出版社 2004 年版，第 8—9 页。

② Malthus T., *An Essay on the Principle of Population*, London, Printed for J. Johnson, in St. Paul's Church-Yard, 1798.

剩，由此导致贫困问题出现，这就是马尔萨斯的"人口增长的陷阱"。他第一次系统地研究了经济发展与人口增长之间的关系，是贫困经济学中对人口问题、就业问题等进行研究的重要理论基础。拉格纳·纳克斯于1953年提出了贫困恶性循环理论[1]，指出贫困的根源在于资本供给不足，导致在供给方面和需求方面造成的若干互相关联和影响的"恶性循环系列"在经济发展中一直存在，致使发展中国家陷于长期贫困的封闭圈中。理查德·R. 纳尔逊于1956年提出了低水平均衡陷阱理论[2]，他基于人口和收入水平之间的不同增长率的关系，认为贫困的原因在于资本积累不足，以及人口增长过快，较低的人均收入水平导致人均储蓄能力不足，使得资本供给量不足，致使人均收入水平维持在较低状态，形成了发展中国家一种高度稳定的"贫困再生"的均衡现象，只有通过大规模的资本投资，形成充足的资本供给量，才有可能解决这一陷阱问题。冈纳·缪尔达尔于1957年提出了循环累积因果关系理论[3]，认为贫困的原因在于其经济社会发展的动态过程，各类型的因素都是互相联系和影响的，存在着扩散效应与回波效应，由于人均收入水平较低，导致了低收入的"循环积累"运动，使得经济沿着原来的低收入水平和贫困的方向继续发展。劳尔·普雷维什于1949年提出了中心—外围理论[4]，认为发达国家和发展中国家在世界经济分工体系中分别处于"中心"和"外围"的位置，"外围"国家从经济事务到政治事务、内外政策都被"中心"国家所影响、控制和剥削。阿马蒂亚·森提出了权利贫困理论与能力贫困理论[5]，认为个人权利的缺失，具体表现为个人交换权利的下降，由此造成了饥饿问题，使得个人改善和提高生活水平的能力受到限制，而个人能力水平低下会进一步导致在寻求权利诉求中的人们处于无力、无权的状态，在社会竞争中处于不利的位置，从而陷入了更加贫困的状态。

## 二、发展经济学

美国经济学家威廉·阿瑟·刘易斯和西奥多·舒尔茨在1979年凭借发展经

① Nurkse R., *Problem of Capital Formation in Underdeveloped Countries*, Oxford：Oxford University Press, 1961.

② Nelson R. R., "A Theory of the Low—Level Equilibrium Trap in Underdeveloped Economies", *The American Economic Review*, Vol. 46, No. 5, 1956.

③ Myrdal G., *Economic Theory and Underdeveloped Regions*, London：Gerald Duckworth & Co, 1957.

④ 洪银兴、郭熙保、赵晓雷：《现代经济学大典：发展经济学分册》，北京：经济科学出版社2016年版，第427-428页。

⑤ 阿马蒂亚·森：《贫困与饥荒》，王宇等译，北京：商务印书馆2001年版，第12页。

济学理论获得诺贝尔经济学奖，由此奠定了发展经济学在西方经济学中的独立领域和地位。发展经济学与贫困经济学既有重合，又有区别，在被运用到对口支援的一般理论中时，重点在于探讨某个相对落后和欠发达地区如何根据自身的经济特点和优势，采取某种战略和政策来促进经济发展，缩小与经济发达地区的发展差距。总体而言，发展经济学中常用于对口支援研究的典型理论主要包括强调资本形成作用、经济结构转化的平衡增长理论，不平衡增长理论，以及经济发展理论等。

罗森斯坦·罗丹于 1943 年提出了大推动理论①，论述了平衡增长模型，根据生产函数的基本假设，模型在达到一定规模时才会产生外部经济效应，提出以农业生产为主的发展中国家进行少量的投资无法从根本上解决问题，发展的唯一出路就是大力发展工业，全面、大规模地对工业部门进行资本投资，实现工业化。华尔特·惠特曼·罗斯托提出了经济成长阶段理论②，指出各国的经济成长包括六个阶段，对于发展中国家而言，最重要的阶段就是起飞阶段。威廉·阿瑟·刘易斯于 1954 年提出了二元经济发展模型③，认为国家的经济是由农业部门和工业部门构成的，当农业部门的剩余劳动力流向工业部门时，经济发展便开始启动。由于剩余劳动在流向工业部门的过程中工资保持在低水平，因此资本家扩大投资吸引劳动力，实现劳动力雇佣和生产产出的稳步增加。现代工业部门以追求利润最大化为目标，但在经过一段时间后就会出现"刘易斯拐点"④，使现代工业部门的扩展出现剩余劳动力短缺的转折点，也就是经济发展的瓶颈状态。艾伯特·赫希曼于 1958 年提出了不平衡增长理论⑤，认为在确定经济发展战略时，不应是经济各部门各方面同时推进的平衡增长战略，这样的结果是缺乏可行性的，而应该是充分重视经济不同部门不同方面结构间的关联作用，通过优先选择战略，采取精心设计的不平衡增长模式。弗朗索瓦·佩鲁提出了增

① Rosenstein-Rodan P. N., "Problem of Industrialisation of Eastern and South—Eastern Europe", *The Economic Journal*, Vol. 53, No. 210/211, 1943.

② 华尔特·惠特曼·罗斯托：《经济成长的阶段》，国际关系研究所编译室译，北京：商务印书馆 1962 年版。

③ Lewis W. A., "Economic Development with Unlimited Supplies of Labor", *The Manchester School*, Vol. 22, No. 2, 1954.

④ Lewis W. A., *Reflections on Unlimited Labor*, Dimarco L. E. International Economics and Development, New York: Elsevier, 1972.

⑤ Hirschman A. O., *The Strategy of Economic Development*, New Haven: Yale University Press, 1958.

长极的概念①和增长极理论②，认为经济发展空间中存在"磁场极"的作用，创新性经济活动和产业之间的相互关联和依存关系所形成的支配性力量会形成"增长极"的推进效应，以自身的发展通过不同的渠道对整个经济产生不同的最终影响。西蒙·库兹涅茨提出了现代经济增长理论③，认为现代经济增长是建立在技术的发明与创新及与其相适应的制度和意识形态基础上的，最核心的特征就是技术的发明与创新对经济增长的促进作用。西奥多·舒尔茨和加里·贝克尔提出了人力资本理论④，认为人力资本对经济发展的推动作用要大于物质资本的推动作用，现代经济发展的核心和关键就是要提高人口质量。发展援助理论起源于第二次世界大战后美国的"马歇尔计划"，是在援助欧洲战后重建的实践中逐渐发展形成的。发展援助是发达国家通过资金、技术、设备、物资等方式，无偿或优惠有偿地⑤向发展中国家提供援助，以帮助其促进经济发展，提高公共服务水平。

### 三、制度经济学

制度经济学的研究内容非常宽泛，被视为独立的学派，经历了旧制度经济学和新制度经济学的发展，将制度作为经济学研究中的基本问题和重要内容。旧制度经济学，以托斯丹·邦德·凡勃伦和约翰·罗杰斯·康芒斯作为开创者和代表人物，将制度因素作为经济学研究的主要对象。⑥ 新制度经济学产生于 20 世纪 80 年代中后期，以罗纳德·哈里·科斯为开创者和代表人物，在制度分析中引入边际分析方法，提出了产权和交易成本在经济学研究中的基本假设，提出了著名的科斯定理，开辟了制度经济学发展的新领域。⑦ 制度经济学在作为对口支援的一般基础理论研究时主要运用新制度经济学对对口支援这一制度进行研究，重点在于揭示对口支援的起源、产生和演变的规律，探讨对口支援与经济增长、资源配置之间存在的相关性的内在机理。总体而言，制度经济学中常用于对口支援

---

① Perroux F., "Economic Space: Theory and Applications", *The Quarterly Journal of Economics*, Vol. 64, No. 1, 1950.

② Perroux F., "Note Sur La Notion De Pole De Croissance", *Economie Appliquee*, Vol. 8, 1955.

③ Kuznets S., *Modern Economic Growth: Rate, Structure, and Spread*, New Haven: Yale University Press, 1966.

④ Schultz T. W., "Investment in Human Capital", *American Economic Review*, Vol. 51, No. 1, 1961.

⑤ 斯图亚特·R. 林恩：《发展经济学》，王乃辉等译，上海：格致出版社、上海三联书店、上海人民出版社 2009 年版，第 396 页。

⑥ 罗必良：《新制度经济学》，太原：山西经济出版社 2005 年版，第 10 页。

⑦ 刘凤芹：《新制度经济学》，北京：中国人民大学出版社 2015 年版，第 10 页。

研究的典型一般理论主要包括制度类型理论与制度层次理论、制度变迁理论和经济增长理论、交易费用理论与企业理论等。

在制度类型理论与制度层次理论方面，制度就是一系列的行为规则，用于激励和约束人的行为。制度结构本身就是一个制度系统，一个国家或社会的制度结构是由正式制度、非正式制度和实施机制构成的，共同组成了国家的制度系统。制度按起源方式分为内在制度与外在制度；按不同功能分为核心制度与边缘制度。在制度变迁理论和经济增长理论方面，制度变迁是指制度的替代、转换与交易过程，强调制度创新与制度变迁过程对经济增长的作用，其实质是一种效率和收益更高的制度对较低的制度的替代过程。制度变迁的形式包括个人、团体与政府的三种制度创新形式。总而言之，制度变迁与创新是维持和构建高效率的经济组织形式，是实现经济增长和社会发展的关键所在。在交易费用理论与企业理论方面，交易费用是由科斯所创立的概念和理论[①]，他认为市场交易是有成本的。科斯提出，企业组织的结构特征就是金字塔式的科层组织或等级结构，以及依靠权威管理进行资源配置的企业特征，但由于企业降低市场交易费用是有限的，所以企业不能完全替代市场，而是与市场并存。经济主体在交易过程中是选择市场交易的方式，还是选择科层组织的方式，对交易活动的成本及经济活动的效率会产生不同的影响。

# 第四节　对口支援的理论困境与出路

## 一、西方经济学指导理论的局限性

对口支援作为中国本土的实践产物，贫困经济学、发展经济学、制度经济学等理论在解释对口支援这一现象时发挥了重要作用，但它们的理论根源是基于西方经济学建立和发展起来的，在解释和研究对口支援的过程中，由于西方经济学学科背景的立场和环境不同，导致一些对口支援的现象无法被很好地进行解释，或者对对口支援的发展趋势存在误读，由此提出的理论、战略和政策有些适用于

---

① 洪银兴、黄少安：《现代经济学大典：制度经济学分册》，北京：经济科学出版社 2016 年版，第41-45 页。

对口支援的阐释和应用，有些不适用或不完全适用于对口支援的实际情况。

首先，对口支援的类型和内容丰富，是覆盖多领域、多层次、多形式、多内容的一项政策实践，包含西藏、新疆及四省藏区的全面性对口支援，严重灾害地区的应急性对口支援，重大工程实施地区的补偿性对口支援，欠发达地区的发展性对口支援，基本公共服务不完善地区的专项性对口支援①五大类型的对口支援内容。从单个内容来看，运用贫困经济学、发展经济学、制度经济学可以解释部分现象，但无法对整体的全部内容进行解释。其原因在于对口支援基于中国特色社会主义制度的显著优势，体现在坚持全国一盘棋、集中力量办大事以及坚持各民族一律平等、实现共同团结奋斗和繁荣发展等制度优势上，因此在全方位、多领域进行了拓展和应用，而不仅仅是贫困、落后地区的经济社会发展问题。目前在关于对口支援的研究中，学者们针对某种类型的对口支援进行了深入的理论与实证研究，但在对口支援这一整体的、宏观的、抽象的研究上，无法找到匹配的西方经济学理论对其进行全面和深入的剖析，形成了"只见树木不见森林"的研究现象。

其次，贫困经济学、发展经济学、制度经济学等西方经济学理论的主线就是遵循资本的本性和逻辑，突出物质财富在经济过程中的主体地位，强调物质财富的能动性和主导性，致力于追求利益最大化的经济发展方式，其根本目标在于实现资本和财富的增值。按照亚当·斯密的"经济人假设"，人被异化为物，人是货币和资本的附属物，而货币作为物质财富的集中体现，是一切经济活动的核心和主体，还是人的一切行为的目的和准绳。因此，在仅以西方经济学为基础理论研究对口支援时，我们会过度依赖"经济人假设"，将实现物质财富的增殖作为对口支援的全部核心，将物质财富作为出发点、主体和目的，认为每个人都是追求利益最大化的，物质利益能够调动一切关于人的活动。在这样的理论驱动下，我们就会将货币等物质财富的增长作为衡量对口支援的标准，于是有的地区在早期出现了重复投资基础设施、交通设施以及兴建各类大型工程、广场的现象，因为这是短期内拉动当地 GDP 发展的"速效药"。另外，在进行理论解释的过程中，我们会发现对口支援的实践和理论出现了许多难以衔接的问题，要么是理论无法对实践进行解释，要么是实践的结果没有达到理论的预期。例如，在西藏、新疆全面性对口支援中，按照西方经济学理论，我们就把"民族"这个维度给抽象掉，就忽视了中华民族几千年来形成与发展的过程，忽视了少数民族在历史发展过程中的遗留问题，结果出现了在对口支援西藏、新疆的经济实现快速发展的同时，曾经一段时期极端暴力恐怖事件的发生率却在升高的现象，这是因为忽视了民族、宗教等非经济因素，所以西方经济学无法解决这一问题。又如，在严重灾害地区的应急性对口支援中，按照人性是自私自利的基本假设，西方各国在灾难来临时，见诸报端的是拥有财富者享有施救优先权或者各地以邻为壑、独善其身；然而在中国，事实却是在每一次的重大自然灾害和公共卫生事件中，全国各族人民众志成城、共克时艰，全国各地不仅没有置之不顾、隔岸观火，反而倾囊相助、逆行施救，并且尽各地最大的努力无私帮助灾害地区开展灾后恢复重建，这也是与西方经济学研究的基本假设背道而驰的，因此无法对这一现象进行阐释。再如，在重大工程实施地区的补偿性对口支援中，按照西方经济学理论，只能从物权、产权的角度来看待重大工程实施的意义，认为这是对个人物权、产权的损害，却无法看到中华民族自古以来的"家国天下""舍小家、为大家"的民族精神和民族文化。在和欠发达地区发展性对口支援中，我们耗费了大量的物力、人力在贫困地区开展整村移民搬迁，或者在人烟稀少的偏远山村修建公路、通信工程等项目，这些对口支援的成本巨大无比，按照西方经济学利益最大化的原则，全部是"亏本买卖"，对资本增殖贡献微弱，西方经济学理论无法对我国这些经济现象进行解释和研究。

因此，我们可以看到，西方经济学作为近代社会的产物，以资本主义生产方式为基础，以实现物质财富增殖为目标，追求"纯经济"的基本前提和基本假设，将一切经济因素从物化到货币化，再到数学化、技术化，把无法货币化的非经济因素直接排斥在外，以自然科学的经验论和实用主义与技术主义为前提，导致在研究不同国家的具体问题时难免遇到困境。在本土的对口支援研究中，我们会看到仅运用西方经济学理论时所面临的狭隘的经济研究范围，无法进行深层次的矛盾根由的探索，只能停留在能否增加经济效益及如何增加经济效益等实际的、有用的、管用的表面层次，以及对对口支援的现象分门别类进行研究，"只分不合"停留在局部的、浅层的研究领域。因此，立足中国国情，推进对口支援研究的理论创新，对总结、阐述对口支援的中国经验以及创新、指导对口支援的未来发展具有重要的理论意义和现实意义。

### 二、新时代对口支援的理论归宿

从人类社会的历史文明进程来看，经济社会发展的主体是人，人是推动社会和文明发展的核心,因此,经济学及其他社会科学的研究应该突出人的主体地位和作用,将人的发展作为经济学及其他社会科学研究的出发点和目标所在。马克思认为,人的本质是一切社会关系的总和。人的本质要素结合起来就决定了经济社会发展的最终目标——实现人的全面自由发展。在实际的发展过程中,我们对产生于中国本土的对口支援的认识也经历了一个不断深入的过程。目前,关于对口支援的研究大多基于西方经济学视角,研究对口支援对经济增长的贡献和作用,强调更多的是货币物质财富的主体地位。理论来源于实践,并将反作用于实践,指导实践的发展。对口支援本身从实践中总结而来,并非出自理论的推演,而关于对口支援的理论研究和阐释也将影响着对口支援工作的发展方向和实践趋势。

因此,面对贫困经济学、发展经济学、制度经济学等西方经济学理论在阐释对口支援中的局限与困境,本书提出要在西方经济学的基础上,结合马克思主义政治经济学,将中华民族共同体理念作为新的研究视角,基于民族经济学对对口支援进行研究,从经济学视角对中华民族共同体的形成和发展路径进行建构,沿着"经济居先—文化认同—经济一体"①的理论逻辑进行阐述,从中华民族共同体客观的事实结果出发,从分工与交换、规模与范围、认同与发展等视角追溯自古以来中华民族共同体的起源、形成、发展的历程。在此基础上,本书结合民族与民族主义、共同体、中华民族多元一体的相关研究对对口支援进行阐述,基于中华民族共同体理念,结合民族经济学,整体把握对口支援的理论框架体系,这既是对对口支援理论研究的补充和丰富,又是对对口支援实践工作的总结和提炼。因此,本书提出,对口支援在发展过程中,其真正的核心价值和关键的核心作用在于促进中华民族共同体的发展和壮大,其核心目标在于铸牢中华民族共同体意识。

对口支援虽然诞生于中华人民共和国成立以后,是本土实践的特色产物,但其核心内容却是数千年来中华各民族结成共同体对抗自然灾害的历史实践的必然。对口支援的核心内涵体现出了中华文化与民族精神的核心思想,即以人为本、以爱国主义为核心的"仁者爱人"的中华优秀文化以及"天下兴亡、匹夫有责"的伟大民族精神,成为根植于人民群众深层意识的中华文化精神标识。不同类型的对口支援发生在不同地区、不同民族,而各地区各民族又共同构成了国内经济统一大市场,因此对口支援的本质就是对国内经济统一大市场的短板进行

---

① 李曦辉:《民族经济学学科新范式研究》,《现代经济探讨》,2019年第9期。

补齐，实现人的全面发展与社会的全面进步，促进各民族对中华文化的认同，形成相互补充、相互依赖、相互促进的共同体关系，推动经济一体化建设的进程。作为具有强大生命力和巨大优越性的模式，对口支援正是当代中华民族共同体建设的确切性和生动性诠释，在形成中华民族强大的凝聚力上发挥了不可磨灭的重要作用。不同类型的对口支援有其具体的工作目标，而这些不同的目标汇总起来在抽象层面就表现为铸牢中华民族共同体意识的核心目标。对口支援的真正价值与未来发展正是铸牢中华民族共同体意识，在经济上让各民族共享改革发展成果，实现共同发展和共同富裕；在文化上促进各民族形成最深层次的中华文化认同，构筑中华民族共有精神家园，进一步发展和壮大中华民族共同体，为实现中华民族的伟大复兴提供共同的精神支柱和强大的精神动力。

## 第五节　中国特色的对口支援理念与实践探索

### 一、对口支援的概念

对口支援在半个多世纪的发展过程中，被运用到不同领域、不同层次、不同内容的实践之中，因此，目前学者们对对口支援的概念界定莫衷一是，分别从不同的研究视角对对口支援的概念进行了不同的定义。

学者们目前普遍认同的关于对口支援的定义来源于《三峡工程移民工作手册》，该手册基于公共管理研究视角，提出对口支援泛指国家在制定宏观政策时为支持某一区域或某一行业，在不同区域、行业之间结对形成对口支援关系，使双方区位或行业的优势得到有效发挥。[1] 近年来，其他典型的对口支援的概念界定如下：有的学者基于政府间的关系，提出对口支援是典型的任务型府际关系网络[2]，也是一项具有中国特色的协作治理模式，是将对口支援作为政治任务的核心，实现各地区各级政府、企事业单位多维互动参与的协作治理模式[3]；也有学

---

① 余翔：《对口支援少数民族地区的政策变迁与发展前瞻》，《华北电力大学学报（社会科学版）》，2013 年第 6 期。

② 郑春勇：《论对口支援任务型府际关系网络及其治理》，《经济社会体制比较》，2014 年第 2 期。

③ 丁忠毅：《对口支援边疆民族地区中的府际利益冲突与协调》，《民族研究》，2015 年第 6 期。

者基于区际利益关系研究视角，认为对口支援是一种政治性馈赠的资源配置方式①；有的学者基于制度主义研究视角，认为对口支援是一项制度创新的成功模式，由中央政府依托自身权威在对口支援的主体和范围上进行制度扩散②，其本质是理顺中央政府、支援方与受援方之间关系的制度性安排，完善三方之间的运行机制是该运行链条最重要的一环，需要协调好三方利益的行为倾向和博弈关系③；有的学者基于区域协调发展研究视角，认为对口支援是一项具有中国特色的帮助欠发达地区加快发展的政策体系模式④，是我国在特定历史时期针对欠发达地区、重大工程建设移民、受灾地区发展建立起来的一种援助形式，是中国特色社会主义的一种实践⑤，是经济实力较强的地区对经济实力较弱的地区的省际间援助政策，有利于控制和缩小地区发展差距，实现区域协调发展、民族团结和边疆稳定⑥；还有的学者基于财政分配研究视角，认为对口支援本质上就是一种横向转移支付方式⑦，是基于我国各地区发展水平存在的巨大差异以及各地区存在的不平衡的资源分布的客观情况，实行的是具有中国特色的横向转移支付政策，以调节各区域间的财政分配关系。⑧

本书基于中华民族共同体视角，将对口支援概念定义为：对口支援是建设中华民族共同体的历史产物和重要手段，以铸牢中华民族共同体意识为核心目标，是实现构建中华民族统一体大市场，构筑中华民族共有精神家园的政策体系模式。

**二、不同视角下对口支援理念解说**

（一）基于制度变迁与政策绩效视角的对口支援

基于制度变迁与政策绩效视角的学者主要从两方面研究对口支援：一方面从

---

① 李瑞昌：《界定"中国特点的对口支援"：一种政治性馈赠解释》，《经济社会体制比较》，2015年第4期。

② 谢伟民、贺东航、曹尤：《援藏制度：起源、演进和体系研究》，《民族研究》，2014年第2期。

③ 杨明洪、张营为：《对口支援中不同利益主体的博弈行为——以对口援藏为例》，《财经科学》，2016年第5期。

④ 赵明刚：《中国特色对口支援模式研究》，《社会主义研究》，2011年第2期。

⑤ 胡茂成：《中国特色对口支援体制实践与探索》，北京：人民出版社2014年版，第31页。

⑥ 任维德：《中国区域治理研究报告2017：对口支援政策》，北京：中国社会科学出版社2018年版，第1页。

⑦ 路春城：《我国横向财政转移支付法律制度的构建——基于汶川震后重建的一点思考》，《地方财政研究》，2009年第3期。

⑧ 花中东：《省际援助灾区的经济效应：对口支援政策实施的经济效应研究——以对口支援四川灾区为例》，北京：北京理工大学出版社2014年版，第1页。

制度变迁及政治学角度研究对口支援的来龙去脉，寻求理论上的合法性支持；另一方面从对口支援的政策出发，探讨政策的实施现状，并对政策的实施效果进行评价。金炳镐和陈烨认为，少数民族省、自治区与有关省市的对口支援是邓小平民族理论的主要实践内容之一，作为一种经济活动，其目的在于促进民族团结，实现各民族共同富裕和共同繁荣。① 温军认为，对口支援是稳定程度相对较高的少数民族经济政策，目的是增强民族地区经济发展活力。② 吕朝辉认为，对口支援是邓小平"两个大局"战略构想对政治地理空间布局的体现，是中国边疆治理现代化的生动实践。③ 张彦虎和李万明认为，对口支援政策属于我国的民族经济扶持政策体系，目的是帮助解决民族地区日益增多的矛盾和问题，增强民族地区自我发展与可持续发展能力。④ 韩喜平和沙吾列·依玛哈孜提出，中华人民共和国成立以来共产党支援边疆政策的演变包括特殊帮扶、政策倾斜、对口支援等，认为对口支援是改革开放特别是西部大开发以来这一阶段的边疆政策体现，旨在缩小边疆地区与其他省区的差距。⑤ 吴开松和侯尤峰认为，对口援藏政策本质上属于宏观民族政策的一部分，因此无法通过投入产出的方法来简单进行计算和评价，也无法通过衡量某个援藏具体项目的效益来对整个对口援藏政策进行评价。⑥ 曾水英和范京京认为，国家运用政治稳定、政治团结和共同富裕的话语体系进行广泛动员，使对口支援政策合法化和正当化。⑦

关于对口支援政策的演进历程、实施现状、实施效果、政策绩效等研究是当前学者广泛关注和研究的内容，政策的反思与评价有利于对政策的实践经验进行提炼总结，可以为相关部门提供有价值和有建设性的意见和建议，进而使学者的思想和观点对政策制定进行影响，因此在政策实施评价的研究方面集中了大量学者的研究。李曦辉是较早研究援藏政策绩效的学者之一，他通过综合分析不同时

① 金炳镐、陈烨：《论邓小平民族理论的主要实践（上）》，《中南民族大学学报（人文社会科学版）》，2004 年第 5 期。

② 温军：《中国少数民族经济政策稳定性评估（1949~2002 年）（下）》，《开发研究》，2004 年第 4 期。

③ 吕朝辉：《"两个大局"战略构想的新时代意蕴、运用及展望——基于西部边疆治理现代化的分析视角》，《社会主义研究》，2020 年第 3 期。

④ 张彦虎、李万明：《试论我国民族经济扶持政策的作用与发展创新》，《北方民族大学学报（哲学社会科学版）》，2012 年第 5 期。

⑤ 韩喜平、沙吾列·依玛哈孜：《新中国成立以来中国共产党支援边疆地区的政策指向及成效分析》，《思想理论教育导刊》，2016 年第 3 期。

⑥ 吴开松、侯尤峰：《对口援藏政策属性与评价原则》，《学习与实践》，2017 年第 2 期。

⑦ 曾水英、范京京：《对口支援与当代中国的平衡发展》，《当代中国史研究》，2019 年第 4 期。

期援藏项目的社会效益，提出国家援藏政策有利于西藏经济社会的发展进步。[1]靳薇通过多个对口援藏经济建设项目的个案调查和实地分析，引发了社会和学界对援藏项目社会效益的广泛关注，她指出，大规模的投资建设取得了良好的社会效益，但也造成了项目维持运作的困难，在财政上形成了对中央财政转移支付的依赖。[2] 同时，靳薇还对援疆工作进行了专题调研，认为培育新疆的可持续发展能力是对口援疆的目的所在，但当前对口援疆政策的承载力是否可以承受应该引起注意和思考。[3] 杨明洪和刘建霞等是近年来对援藏项目工作进行持续关注的学者，他们围绕对口援藏政策进行了大量深入的研究，研究内容涵盖省市对口援藏[4]、央企援藏[5]、对口支持四省藏区[6]、"组团式"援藏[7]等对口援藏的政策变迁、资源配置、政策评价等内容。贺新元认为，援藏机制的形成与发展通过中央西藏工作座谈会的方式，展现了中国各民族的相互关系及发展状况。[8] 马戎在对对口援疆项目进行调查后认为，援疆项目的社会效果有待提高，不仅要改善"硬件"，更要改善"软件"，以争取民心，将"民生工程"转变为"民心工程"。[9]王磊将满足农牧民需求程度、资源配置效率水平、增进社会福利水平等作为衡量对口援藏有效性的指标，对对口援藏有效性进行实证研究，结果表明对口援藏资源配置效率整体上处于较高水平，但对口援藏总体上的粗放性质较为明显，有效性仍需提高。[10] 潘久艳认为，在长期全国援藏的背景下，西藏形成了援助依赖，中央政府形成了策略依赖，使西藏的自我发展能力仍然低于其他民族地区和全国，多级政府目标间的利益博弈、计划经济"无从计划"的困境以及对口援藏导致地区内部差距加速扩大，切实提升西藏政府、企业和农牧民的自我发展能力极为重要。

① 李曦辉：《援藏与西藏经济社会 50 年变》，《中央民族大学学报》，2000 年第 5 期。

② 靳薇：《援助政策与西藏经济发展》，拉萨：西藏人民出版社 2010 年版。

③ 靳薇：《关于援疆问题的调研报告》，《科学社会主义》，2012 年第 4 期。

④ 杨明洪、刘建霞：《省市对口援藏制度及其演化分析》，《民族学刊》，2019 年第 1 期。

⑤ 杨明洪、刘建霞：《中央机关对口援藏制度研究》，《中国藏学》，2016 年第 4 期。

⑥ 杨明洪、尤力：《统筹西藏与四省藏区优惠扶持政策研究》，《西南民族大学学报（人文社会科学版）》，2016 年第 9 期。

⑦ 杨明洪：《扶贫模式与援助方式的双重转换："组团式"援藏的实践与启示》，《西北民族研究》，2018 年第 4 期。

⑧ 贺新元：《中央"援藏机制"的形成、发展、完善与运用》，《西藏研究》，2012 年第 6 期。

⑨ 马戎：《新疆对口支援项目实施情况的调查分析》，《中央民族大学学报（哲学社会科学版）》，2014 年第 1 期。

⑩ 王磊：《对口援藏有效性研究》，北京：中国社会科学出版社 2016 年版。

（二）基于公共管理与府际关系视角的对口支援

基于公共管理与府际关系视角的学者主要从横向府际关系研究对口支援的发展，通过文献梳理可以看到学者们对府际关系的认识不断加深，从对口支援改变传统的"中央—地方"的纵向府际关系开始，学者们对横向府际关系的研究变得更加全面。同时，学者们也从对口支援的中央、支援方、受援方三方的利益协调机制进行研究，探讨对口支援的利益协调关系变化。在横向府际关系研究方面，朱光磊和张传彬认为，对口支援首先是一种横向政府间关系，在本质上是"块块间的互动"，目前容易被扭曲为中央政府"条条主导"下的纵向政府间关系，要注重培育政府间的伙伴关系。[①] 从府际关系出发，郑春勇认为，对口支援形成了典型的任务型府际关系网络，在时间重构和空间嵌套中变得复杂、多样化。[②] 李瑞昌提出，对口关系是一种政治关系，展现出来的是中央的权威，是地理上不相邻的地方政府之间进行结对的权利与义务的规则体现，也是守望相助、荣辱与共的命运共同体意识的共生文化的体现。[③] 杨龙和李培认为，对口支援政策是对府际关系内容的拓展，建立起地区之间的人为联系，使纵向府际关系的内容发生变化，使省际间的横向联系得以加强，扩展横向府际关系。[④]

在利益协调关系研究方面，李瑞昌将对口支援实践界定为一种政治性馈赠，是在中央政府主导下，使行政级别不对等的地方政府之间以馈赠方式实现资源流动的方式，随着对口支援内容和功能的不断拓展，结果会出现支援方政府的压力过大以及受援方政府过度依赖的现象。[⑤] 在此基础上，郑春勇认为，近年来的事实证明，对口支援已经不是单纯的"政治馈赠"，而是双向的"礼物交换"，对口支援从单向的援助已经转变为双方的产业合作，说明受援方政府的产业发展能力得到了提升，形成了"礼尚往来"的"回礼能力"，对此要注意规避的是产业合作带来的恶性竞争和府际利益冲突的风险。[⑥] 丁忠毅在国家治理视域下，认为对口支援是从行政层级的高位推动的跨域协作治理实践，是围绕省际间的利益进

① 朱光磊、张传彬：《系统性完善与培育府际伙伴关系——关于"对口支援"制度的初步研究》，《江苏行政学院学报》，2011 年第 2 期。

② 郑春勇：《论对口支援任务型府际关系网络及其治理》，《经济社会体制比较》，2014 年第 2 期。

③ 李瑞昌：《地方政府间"对口关系"的保障机制》，《学海》，2017 年第 4 期。

④ 杨龙、李培：《府际关系视角下的对口支援系列政策》，《理论探讨》，2018 年第 1 期。

⑤ 李瑞昌：《界定"中国特点的对口支援"：一种政治性馈赠解释》，《经济社会体制比较》，2015 年第 4 期。

⑥ 郑春勇：《对口支援中的"礼尚往来"现象及其风险研究》，《人文杂志》，2018 年第 1 期。

行协调沟通与任务分配的机制。① 韩文龙和祝顺莲认为，对口支援是地区间横向带动的主要形式和显著特征，是除了中央政府的纵向支持外，欠发达省份在发达省份的支持下，实现自身经济社会发展，解决地区发展差异造成的不平衡不充分问题，实现共同富裕的重要路径。②

（三）基于制度组织与组织结构视角的对口支援

基于制度组织与组织结构视角的研究学者们针对对口支援是否属于科层组织结构进行了探讨。最初，学者们普遍认为，对口支援符合"中央—地方"的行政科层体系，但随着对口支援内容的丰富和完善，学者们在引入制度主义理论后，发现对口支援的内容超出了科层运行机制，存在非正式制度的因素在发挥作用。由此可以看出，学者们基于组织社会学视角的主要目的在于探讨对口支援这一庞大、复杂系统得以运行的背后机理，试图对对口支援进行学理上的解释。林雪霏认为，对口支援位于政府科层组织结构中，在实践过程中存在"制度弹性"，能通过"共容利益"缓解科层组织包括政策部门化、制度僵化等"科层制反功能"，但有待深入探索的是激励机制、委托—代理等学理问题。③ 张文礼和王达梅认同科层制机制的存在，他们认为，对口支援同时存在着科层制机制和市场机制两种机制，在实际运作过程中出现了科层制机制失灵和市场失灵现象。科层制机制以自上而下的行政体制为动力，目的是完成上级的任务，避免受到惩罚，或者实现晋升；市场机制以企业谋利为动力，目的是使企业获得利润最大化。因此，他们提出了对口支援的合适道路就是实现科层制机制与市场机制的有机结合。④ 谢伟民、贺东航和曹尤基于社会学制度主义视角，认为对口支援在正式制度之外还存在着非正式制度，并一改大多数文献基于经济理性分析援藏工作的做法，强调援藏行为的非经济人的理性计算，更多地体现援助方的义务和责任，认为国家借助全国支援西藏的价值、观念体系及意义框架等非正式制度的建立和互动，通过对口支援促进援藏工作不断巩固并获得社会合法性。⑤ 谢伟民以

① 丁忠毅：《国家治理视域下省际对口支援边疆政策的运行机制研究》，《思想战线》，2018年第4期。

② 韩文龙、祝顺莲：《地区间横向带动：实现共同富裕的重要途径——制度优势的体现与国家治理的现代化》，《西部论坛》，2020年第1期。

③ 林雪霏：《扶贫场域内科层组织的制度弹性——基于广西L县扶贫实践的研究》，《公共管理学报》，2014年第1期。

④ 张文礼、王达梅：《科层制市场机制：对口支援机制的反思》，《西北师范大学学报（社会科学版）》，2017年第5期。

⑤ 谢伟民、贺东航、曹尤：《援藏制度：起源、演进和体系研究》，《民族研究》，2014年第2期。

对口援藏中的部分内容——教育援藏为研究对象，进一步探讨脱离科层制机制的对口支援行为，认为教育援藏依赖于支援方的非正式互动，应该将其视为制度而非政策，关注制度过程中的组织因素，特别是价值逻辑与市场逻辑在教育援藏工作过程中的冲突。[①] 不同于之前学者们提出的科层制机制的说法，孙勇等认为对口支援西藏的行为不是在封闭的科层制组织内部运行的，在更大程度上主导对口援藏工作的是合法性机制，这是典型的同一组织场域多种组织系统力量的交织现象。他们基于组织社会学的新制度主义，提出政治正确、情感纽带与共同记忆是构成对口援藏行为的制度基础，具有强大的稳定性。[②]

（四）基于贫困治理与公共服务视角的对口支援

基于贫困治理与公共服务视角的学者主要研究了对口支援在扶贫、反贫困等贫困治理中的作用，以及在民族地区、边疆地区等欠发达地区实现基本公共服务均等化的作用。在贫困治理方面，薛丽娥认为，对口支援作为解决民族地区发展问题的重要手段，体现了沿海地区与民族地区对"两个大局"的服从与响应。[③] 与此同时，罗绒战堆则关注到人员流动的作用，认为作为扶贫攻坚的手段，对口援藏工作的深入开展加强了对西藏的投入和援助，也带来了商品的大流通和人员的大流动，这是市场经济的必然。西藏的经济社会发展需要打破传统的自然经济封闭圈，这就需要各民族参与到西藏的发展建设中来，排除外来干扰，独立自主地制定西藏的人口发展政策。[④] 陈志刚基于贫困治理机制解释了对口支援的作用，认为民族地区由于资本积累不足导致内部资本投资匮乏，对口支援作为政府投资的重要形式之一，是外部资本投资形成经济发展的第一推动力的体现。[⑤] 张秀兰和徐晓新进一步提出，对口支援不仅仅带来了外来资本的注入，对口支援是一种能促型的反贫困模式，通过反贫困的国家规划，高度组织化和体系化的协调办公室，以及动员机制和干部激励机制构成反贫困的"三驾马车"驱动体系，

———————————

① 谢伟民：《制度与行为：教育援藏过程中的组织因素》，《马克思主义与现实》，2015 年第 5 期。

② 孙勇、杨杰、马伟著：《对口支援西藏工作实践及组织结构与机制演化分析——基于组织社会学新制度主义的分析视角》，《西藏大学学报（社会科学版）》，2019 年第 3 期。

③ 薛丽娥：《关于解决少数民族地区极贫问题的思考》，《贵州民族研究》，1998 年第 2 期。

④ 罗绒战堆：《西藏的人口、资源、贫困与计划生育——从扶贫攻坚研究引出的思考与建议》，《西藏研究》，1998 年第 4 期。

⑤ 陈志刚：《对口支援与散杂居民族地区小康建设——来自江西省少数民族地区对口支援的调研报告》，《中南民族大学学报（人文社会科学版）》，2005 年第 3 期。

避免了踏入发展中国家的能力陷阱。[①] 王小林认为，对口支援是中国扶贫治理结构的创新，创建了动员全社会参与脱贫攻坚的制度，以及在全球开启了最大规模的多维扶贫实践，是对国际上福利经济学中解决贫困问题的超越。[②] 刘小珉认为，对口支援特别是对口援疆和对口援藏是民族地区反贫困的实践，是解决发展不平衡不充分问题的战略选择，客观上促进了各民族的交往交流交融，使各民族在不断扩大的规模和范围上，实现频率更快的接触以及层次更深的交往。[③]

在基本公共服务均等化方面，黄伟和高玉提出公共服务建设是系统工程，但民族地区不能简单依赖外在帮助，要完善对口支援的形式，增强自身实现基本公共服务均等化的能力，特别是在文化公共服务合作、环境保护和生态补偿上大有可为，作用巨大。[④] 任维德基于边疆民族地区的地理位置和人口分布特点，提出流动公共服务模式的替代方案，认为对口支援政策要将流动公共服务纳入考虑范围中，通过中央政府和支援方政府弥补"流动公共服务"部分的费用，缓解受援方政府财力的困难，实现基本公共服务在地区之间的均等化。[⑤] 王达梅和翟秋阳认为，对口支援实质上是中国特色的公共服务均等化的横向援助制度，有利于我国各地区实现公共服务均等化，这是基于我国国情形成的，但要重视支援方的利益补偿，还要夯实社会力量参与的社会基础。[⑥]

（五）基于区域协调与区域发展视角的对口支援

基于区域协调与区域发展视角的学者在对口支援的研究中产生了较大的反差，对对口支援的区域协调发展效果褒贬不一。有的学者认为，对口支援并没有实现区域协调发展的目标，反而出现了"越支援越穷"的现象；有的学者则持相反观点，认为对口支援的模式适合中国区域发展的特点，应该加以发展和实施。在对对口支援的区域协调发展效果持否定观点的学者中，胡际权认为，西部

---

① 张秀兰、徐晓新：《中国的能促型反贫困模式——反贫困三驾马车驱动体系中的中国实践》，《江苏社会科学》，2016 年第 3 期。

② 王小林：《新中国成立 70 年减贫经验及其对 2020 年后缓解相对贫困的价值》，《劳动经济研究》，2019 年第 6 期。

③ 刘小珉：《民族地区反贫困 70 年的实践与启示——基于民族交往交流交融视角》，《贵州民族研究》，2019 年第 11 期。

④ 黄伟、高玉：《少数民族地区公共服务建设的难点及对策》，《新视野》，2010 年第 5 期。

⑤ 任维德：《"流动公共服务"研究论纲——兼论边疆少数民族地区服务型政府建设》，《内蒙古社会科学（汉文版）》，2014 年第 1 期。

⑥ 王达梅、翟秋阳：《公共服务横向援助制度研究》，《西北师范大学学报（社会科学版）》，2015 年第 2 期。

地区发展的难题在于要素短缺，对口支援作为外部作用，有利于强力推动西部发展，但这种"输血式""喂奶式"的外部作用，容易出现"扶持依赖"现象，西部地区应该形成自我发展的内在动力。① 戴天宇等认为，在西部大开发中，对口支援本质上是作为政府主导的西部大开发的资金流入渠道，其不足之处就是对口支援的资金流入规模依然远远不如市场机制主导下的资金流出规模，作为逆市场调节，其效果会遭受市场的挑战。② 周晓丽和马晓东认为，对口支援应该从单向无偿援助走向多元互利的对口合作，因为随着对口支援的任务越来越重、内容越来越多，难以继续有效发挥其解决地区间经济社会发展不平衡问题的作用，依靠政治性大规模动员难以长期维持下去，需要制度化保障对口支援的合法有序开展，实现双方利益的均衡性，以提高支援方投入的积极性，从而实现多元参与的局面。③ 田钊平基于共生理论，认为对口支援的本质特征是发达地区对欠发达地区的援助和帮扶，是一种靠"抽肥补瘦"的方式来缩小区域发展差距的方式，并没有达到经济协作的标准，对此要基于区域间合作发展与互惠互利的原则，构建起东西部地区之间的经济协作机制。④ 柳建文认为，民族地区与有关省市的合作是由对口支援式合作及平等互惠式合作组成的，对口支援式合作是层次比较低的地方合作，依靠政府的政治动员进行无偿、基础的建设，没有体现市场机制中的自发互利以及多元、可持续的性质，因此，随着经济发展和基础设施的改善，边疆的地方合作要从对口支援向平等互惠过渡。⑤ 赵晖和谭书先认为，不同的对口支援关系存在较大的差异性，虽然对口支援可以实现资源的人为定向外溢效应，但区域均衡发展是无法简单通过对口支援来实现的，需要重点提升受援地区的自我治理能力，同时，区域均衡还有赖于中央政府更为科学的治理策略。⑥

在对对口支援的区域协调发展效果持肯定观点的学者中，李战奎认为，经济区规划要按照对口支援的原则进行中心—边缘的搭配划分，因为在沿海地区帮助

① 胡际权：《论西部大开发中的要素市场体系建设》，《改革》，2002 年第 5 期。

② 戴天宇、刘凌云、王力：《西部大开发资本流入的经济学分析》，《当代经济科学》，2002 年第 5 期。

③ 周晓丽、马晓东：《协作治理模式：从"对口支援"到"协作发展"》，《南京社会科学》，2012 年第 9 期。

④ 田钊平：《我国东西部地区经济协作机制构建的研究》，《西南民族大学学报（人文社会科学版）》，2013 年第 2 期。

⑤ 柳建文：《地方合作转型、治理重构与边疆民族地区长治久安》，《云南社会科学》，2015 年第 1 期。

⑥ 赵晖、谭书先：《对口支援与区域均衡：政策、效果及解释——基于 8 对支援关系 1996—2017 年数据的考察》，《治理研究》，2020 年第 36 卷第 1 期。

内陆地区发展的过程中，区域经济发展并没有很好地显现出扩散效应和涓滴效应，因此，要借助对口支援在区域协调发展中的作用，在原有东、中、西三大地带的基础上，建立地区搭配的横向区域，通过中央政府对不同搭配区实行均等化的财政政策，构成不同搭配区平等的竞争关系，实现中心与边缘真正的协同发展。① 张庆杰将对口支援和扶贫区别开来提出，作为区域互助机制的核心内容，对口支援从一定意义上来说就是横向的转移支付，相比于作为区域扶持机制的核心内容，扶贫从一定意义上来说就是纵向转移支付，他认为这两项区域机制都是帮助欠发达地区加快发展的重要措施。② 钟开斌认为，对口支援是一项中国特色的横向资源转移和区域合作机制，其发展体现了从地方试点形成的宝贵经验，进而推广到全国各地进行应用，是区域、行业乃至部门间开展合作与交流的有效形式，有利于促进对口支援的双方区位或行业的优势得以有效发挥。③ 邬晓霞和魏后凯认为，对口支援是国家区域援助政策的一部分，其中，市场失灵是根本动因，社会公平是目标导向。他们提出，各地区的要素禀赋和发展差异形成了不平衡的区域发展现状，因此要采取差别化的国家区域援助政策，切实提高政策实施效果。④ 贾若祥提出，区际利益关系是不同区域之间的经济利益关系，有利于解决区域发展问题，而对口支援本质上就是区际利益关系的体现，重点要放在实现基本公共服务均等化上，加快构建全国统一市场，这是区际利益关系的核心内容。⑤ 朱天舒和秦晓微认为，由于我国存在着经济、社会、生态等不同程度的二元结构，从世界发达国家经验来看，区域平衡发展必须先解决民生问题，同时，必须加强干部人才培养，为区域平衡发展提供政治保障，而这些内容恰恰需要通过对口支援来有效解决和提供，因此，对口支援是以政府为主导的，具有积极作用的区域协调互动机制。⑥ 朱碧波提出，鉴于当前边疆区域与其他区域非均衡发展的二元结构，单纯凭借市场在人才资源配置中的主导性作用，很容易导致边疆区域与其他区域在人才市场上出现马太效应。应该认识到人才对口支援是强化边疆自主发展能力、提升边疆发展内生动力、促进边疆跨越式发展的重要推手，我

① 李战奎：《协同效应与边缘地经济发展》，《理论与改革》，2008 年第 6 期。
② 张庆杰：《完善管理体制机制，促进区域协调发展》，《宏观经济管理》，2009 年第 1 期。
③ 钟开斌：《对口支援灾区：起源与形成》，《经济社会体制比较》，2011 年第 6 期。
④ 邬晓霞、魏后凯：《实施差别化国家区域援助政策的科学基础与基本思路》，《江海学刊》，2011 年第 3 期。
⑤ 贾若祥：《区际经济利益关系研究》，《宏观经济管理》，2012 年第 7 期。
⑥ 朱天舒、秦晓微：《国家支持与对口支援合作：我国区域平衡发展模式分析》，《中国行政管理》，2012 年第 6 期。

国在推进边疆区域与其他区域协调发展的过程中理应大力推进其他区域对边疆区域的人才对口支援。①

（六）基于公共财政与转移支付视角的对口支援

基于公共财政与转移支付视角的学者关于对口支援是否符合横向转移支付制度，是否应该建立起基于对口支援的横向转移支付机制产生了截然不同的观点，关于横向转移支付的研究也产生了很大的分歧。学者们的不同观点其本质在于如何看待对口支援，在非正式和制度化的界线中形成了不一致的观点，进而导致对作为正式制度的横向转移支付是否应该在中国建立产生了很大的分歧。有的学者认为，应该建立基于对口支援的横向转移支付制度。丛树海认为，我国当前虽然没有形成正式制度化、规范化、具有法律意义的横向转移支付制度，但对口支援作为非制度化、非规范化、非法制化的政策模式，却具有横向转移支付性质，并客观存在于多年的实践之中。② 何遐祥对我国建立横向财政转移支付法律制度的必要性与可行性进行了探讨，认为从多年的实践来看，对口支援有效缩小了我国各地区各民族之间的经济发展差距，对于实现财政公平和生态和谐，促进和谐社会构建具有重要的作用，建立横向财政转移支付法律制度具有可行性和必要性。③ 徐阳光认为，公共财政关系是由纵向转移支付和横向转移支付构成的，目前来看，我国尚未建立横向财政转移支付制度，从我国广阔区域的多年实践经验来看，对口支援机制其实就是横向转移支付制度的雏形，有效促进了区域经济协调发展。应该以对口支援为基础，促进横向转移支付的法制化发展，为经济发展方式的转变提供法律保障。④ 贾若祥认为，除了纵向转移支付，横向转移支付是我国财政制度的另一种有效补充手段，特别是对口支援，在应对重大灾害、实现绿色发展、增进民族团结、促进民族地区发展等方面取得了重要成效，应该推动横向转移支付发展成为规范化、正式化、法制化的财政制度，为对口支援的横向转移支付提供法律依据和保障。⑤ 石绍宾和樊丽明认为，对口支援符合公共财政的职能范畴，在内容和目的上具有多元性特征，同时具有较强的"政治动员性"

---

① 朱碧波：《人才聚集：边疆跨越式发展的关键议题与行进路径》，《湖北民族学院学报（哲学社会科学版）》，2019 年第 5 期。

② 丛树海：《财政支出学》，北京：中国人民大学出版社 2002 年版。

③ 何遐祥：《横向财政转移支付法律制度研究》，《甘肃政法学院学报》，2006 年第 5 期。

④ 徐阳光：《横向财政转移支付立法与政府间财政关系的构建》，《安徽大学学报（哲学社会科学版）》，2011 年第 5 期。

⑤ 贾若祥：《我国区域间横向转移支付刍议》，《宏观经济管理》，2013 年第 1 期。

色彩，有利于在我国广土众民的特殊国情中进行区域间政府资源再配置，是中国式横向转移支付，在促进区域协调发展方面具有不可替代的作用。①

有的学者则不完全认同建立横向转移支付制度的做法。王玮认为，对口支援虽然体现出了横向财政转移支付的典型特征，但对口支援终究不是规范化、正式化、法制化的制度，因此其所呈现出来的横向财政平衡效应也不显著，并提出我国当前及今后相当长的一段时间内都没有建立横向转移支付制度的现实基础，将对口支援作为横向转移支付的手段不具备可行性，应该将其定为临时性的应急措施。② 有的学者则取中间观点，认为要辩证看待对口支援作为横向转移支付的观点。伍文中提出，对口支援是一种基于财政平衡视角下的政府行为，体现出了中国特色的横向财政转移支付的特征，但中国特色的横向转移支付可能适用范围更广。③ 伍文中、张杨和刘晓萍认为，从国家财政体系实现均衡建设的角度考虑，应该把对口支援体系进行拆解，有的对口支援类型可以纳入横向财政转移支付体系，有的对口支援类型其实不适用于国家财政均衡体系，而应该划归到市场经济体系或者国家应急动员体系。④ 杨志勇则提出了另一种财政体制改革的模式，认为出于对口支援多年来作为横向转移支付的既定事实，这是客观事物发展的结果，无论如何都必须对其进行规范，以提高对口支援资金的使用效率，明确中央财政资金的拨款规模，因此应该实现纵向转移支付与横向转移支付的有机结合，建立起综合化的财政转移支付模式。⑤

### 三、对口支援的研究述评

在当前的研究中，学者们关于中国特色的对口支援理论及其实践探索的研究已经非常丰富，基于不同的视角对对口支援的内容进行了全面、深入的研究，为解释对口支援这一中国本土特色实践产物的理论机理及运用理论，指导对口支援的应用与发展做出了卓有成效的贡献。有的学者基于贫困经济学理论，从贫困治

---

① 石绍宾、樊丽明：《对口支援：一种中国式横向转移支付》，《财政研究》，2020 年第 1 期。

② 王玮：《中国能引入横向财政平衡机制吗？——兼论"对口支援"的改革》，《财贸研究》，2010 年第 2 期。

③ 伍文中：《从对口支援到横向财政转移支付：文献综述及未来研究趋势》，《财经论丛》，2012 年第 1 期。

④ 伍文中、张杨、刘晓萍：《从对口支援到横向财政转移支付：基于国家财政均衡体系的思考》，《财经论丛》，2014 年第 1 期。

⑤ 中国社会科学院财政与贸易经济研究所课题组、杨志勇：《"十二五"时期的财政体制改革》，《中国人民大学学报》，2010 年第 6 期。

理与公共服务的研究视角，探讨了对口支援在贫困治理结构与预设图景中的理论来源，从中国本土实践出发，对民族地区的扶贫问题、特殊贫困地区的发展政策、东西部扶贫协作计划、全面建成小康社会、脱贫攻坚战等特殊国情中对口支援发挥的角色和作用进行了深入研究，提出对口支援作为逆市场手段是对欠发达地区的外来资本注入，利用对口支援实现基本公共服务均等化，促进人口素质的提高，以进行权利和能力的反贫困治理，这些都是中国贫困治理的重要创新，对口支援的理论和实践丰富和完善了贫困经济学理论体系，为世界提供了贫困治理的中国方案和中国智慧。

有的学者基于发展经济学理论，从区域协调与区域发展以及公共财政与转移支付的研究视角，主要围绕对口支援与区域协调发展、对口支援与横向转移支付之间的关联关系进行了大相径庭的研究与讨论。在对口支援与区域协调发展中，一方面有人认为对口支援促进了区域的协调发展，他们从区域协调互助机制、区域二元发展结构、要素市场体系建设、边缘地协同效应、资源配置马太效应等方面论述了对口支援可以克服资源配置中的市场失灵，实现区域协调的公平保证与互助合作；另一方面有人认为对口支援是"输血式、喂奶式"的外在支援，导致的结果是援助依赖、越支援越穷等现象，难以实现区域协调的目标，他们从市场与政府主导机制的差异、自身成长内外动力的区别、经济合作与援助帮扶的差别、单向无偿与多元互利的分歧等方面论述了对口支援作为非市场手段的弊端，强调了区域协调发展的实现要依赖市场经济的自发合作与互惠互利。在对口支援与横向转移支付中，学者们主要针对对口支援能否满足建立横向转移支付制度的现实条件进行了不同观点的探讨。有人认为对口支援就是中国特色的横向转移支付制度，已经具备了建立法律制度的可行性和现实性；有人认为对口支援一直是非制度化的实践，不足以满足横向转移支付制度在中国的建立条件；有人认为对口支援的内容庞杂，需要对其分门别类、厘清关系后，才能探讨其财政转移支付模式的性质，以上共同之处则是他们都着力于中国财政体制改革的研究，以及国内外财政转移支付模式的对比研究。学者们以对口支援为对象，在实现发展经济学理论体系的中国化及发展经济学理论创新等方面取得了显著的成绩，他们迥然相异的观点恰恰体现出对口支援作为中国特色的本土实践产物，具有重要的研究价值和研究意义。学者们已有的大量研究，使我们在面对西方经济学理论及西方国家的经济发展模式在中国的应用时，可以进行辩证的思考和理性的研究，揭示出经济学管理学中国学派理论创新的重要性和必要性。

有的学者基于制度经济学理论，从制度变迁与政策绩效、公共管理与府际关系，以及制度组织与组织结构的研究视角，探讨了对口支援作为制度存在的形式，揭示了对口支援的起源和分类、演变和绩效的规律，通过制度分类中正式制度与非正式制度、组织结构中科层制机制与市场机制、国家理论中治理机制与制度环境、政府行为中府际关系与利益协调等诸多内容，探讨了对口支援制度与经济发展、资源配置之间的内在机理与影响因素，致力于为对口支援的发展寻找效率和收益更高的制度变迁与创新形式。学者们运用制度经济学理论，通过对口支援研究，揭示了现实世界中存在的无法用传统经济理论很好解释的问题，以对口支援这一中国特色现象对制度经济学理论进行了创新和发展。

与此同时，我们也发现，在已有的研究文献中，学者们研究的落脚点基本集中在对口支援的政策评价、经济效益、社会效益以及援助效率等对比性和评价性结论上。本书基于学者们丰富的研究成果，结合目前已有的大多基于贫困经济学、发展经济学、制度经济学等西方经济学理论的研究，以"经济人假设"为基本前提，追求"纯经济"的物质化、货币化、数量化的对口支援研究。实际上，中国经济发展实践的关键主线就是以铸牢中华民族共同体意识为核心，探索出一条具有中国特色的帮助、扶持各民族经济发展和实现各民族共同进步的成功之路。经济发展不仅是一个物质问题，还是一个精神问题。我们的经济发展在于培育形成共有的中华民族文化，而不是经济发展了，各民族却越离越远了。培育和铸牢中华民族共同体意识，有助于在共同的文化圈内形成规模巨大、范围广阔的市场，有助于实现生产要素配置的规模和范围效益。我国通过多年的实践成为全球第二大经济体，实现了经济继续高速发展的目标，这就是对我们所持的发展观最好的支撑。对口支援是重要的帮扶政策，如果没有中华民族共同体意识的铸牢，没有中华民族凝聚力的增强，国家就会时刻面临解体的危险，那么产生什么样的经济效益都是无意义的。因此，已有研究关于民族、宗教、文化等非经济因素在对口支援中扮演的角色和作用上，研究不够、着墨较少，缺少深入探索和全面解释对口支援在中华民族多元一体格局中的价值和作用，缺少关于铸牢中华民族共同体意识与对口支援关系和规律的探讨。

另外，随着中国特色社会主义进入新时代，中国经济社会的发展面临百年未有之大变局，对口支援面临着新的环境、新的任务、新的局面、新的问题，同时，"一带一路"倡议的提出和实施，使对口支援中绝大部分的受援地区成为对外开放的枢纽、门户和前沿。已有的研究大量学习借鉴了西方的经济学理论和民族国家理论，试图借用西方的理论对中国特色的对口支援进行深入分析。然而，分析研究的结果却与中国的发展实践产生了较大的偏离，即无差异的经济人假设和不承认民族文化差异的民族国家理论解释不了对口支援的现实，不能解决所有问题，需要对已有研究的支撑理论进行总结和修正，探索出对口支援未来的新办法和新思路。不同民族文化形成的不同场域会影响人们的经济行为，这解释了西方经济学没能解释的中国千百年来经济发展特征的原因。通过经济一体来强化中华民族文化认同，在共同的中华民族文化基础上，才能塑造出均质化的劳动力统一大市场，进而建设出一体化程度不断提高的中华民族共同市场，不断扩大中华民族经济发展的规模和范围效益，推动中华民族积极参与到全球化的进程之中，促使中国经济在世界经济舞台上持续繁荣发展下去，最终形成全球化时代经济发展的中国范式。目前，已有的研究集中于对对口支援政策实施以来的时间轴进行研究，有的立足于中华人民共和国成立前后的时间轴的对比研究，运用历史唯物主义对中华民族多元一体格局形成的千年历史时间轴的研究尚不够深入，较少对对口支援这一本土实践产物的历史产生机理及文化影响机制进行诠释，对关于对口支援彰显中国特色社会主义制度显著优势的机制和机理的研究不够全面和深入，几乎没有关注到对口支援在发展和壮大中华民族共同体中真正的核心价值和关键作用。

总而言之，在新时代背景下，结合当前中国特色的对口支援理论与实践探索的基础，针对对口支援已有研究中的不足之处，本书认为，需要强化研究如何通过对口支援塑造统一的劳动力大市场，进而促进中华民族共同大市场的形成，实现规模与范围效益的最大化；需要强化研究如何通过对口支援加强各民族最深层次的中华文化认同，形成对"伟大祖国、中华民族、中华文化、中国共产党、中国特色社会主义"的认同；需要强化研究对口支援与铸牢中华民族共同体意识的理论逻辑与实践逻辑的机理与规律研究。因此，本书基于中华民族共同体视角，探讨在共同的中华文化背景下对口支援的形成和发展的特殊规律，探讨在对口支援过程中各民族如何从文化认同到经济一体，如何通过中华民族文化认同实现国民经济更大的规模与范围效益，并通过经济学视角分析对口支援在铸牢中华民族共同体意识中扮演的角色和发挥的作用，提出新时代对口支援工作的发展方向与提升路径。

# 第六节 对口支援研究的新视角

## 一、基本含义

### （一）中华民族

"民族"一词是在世界近代史中才形成的观念，欧洲资产阶级革命结束后，形成了民族与国家的概念，随后兴起了民族主义研究的浪潮。厄内斯特·盖尔纳认为，要从"意愿和文化与政治单位结合"的角度来给民族下定义。① 本尼迪克特·安德森认为，"民族是一个想象出来的政治意义上的共同体"，"它被想象为本质上有限的，同时也享有主权的共同体"。② 埃里克·霍布斯鲍姆认为，"民族单位与政治单位是全等的"，民族"与当代基于特定领土而创生的主权国家息息相关"。③ 作为民族主义研究的集大成者，安东尼·史密斯认为，民族是"具有名称，在感知到的祖地上居住，拥有共同的神话、共享的历史和与众不同的公共文化，所有成员拥有共同的法律与习惯的人类共同体"，他在与族群的概念比较中强调了民族与众不同的公共文化、共同的法律与习惯、拥有成文且标准的民族历史的关键特征。④

马克思认为，民族是人类社会发展到一定历史阶段的产物，民族是一个最普遍的社会现象，当今世界上每一个人无不从属于一个民族。民族作为社会共同体，是一定社会经济形态的结构形式，它随着社会经济形态的发展变更而发展变更。斯大林对民族作了经典的定义，他认为，"民族是人们在历史上形成的一个有共同语言、共同地域、共同经济生活以及表现于共同文化上的共同心理素质的

---

① 厄内斯特·盖尔纳：《民族与民族主义》，韩红译，北京：中央编译出版社 2002 年版，第 73 页。

② 本尼迪克特·安德森：《想象的共同体：民族主义的起源与散布》，吴叡人译，上海：上海人民出版社 2016 年版，第 6-7 页。

③ 埃里克·霍布斯鲍姆：《民族与民族主义》，李金梅译，上海：上海世纪出版集团 2006 年版，第 9 页。

④ 安东尼·史密斯：《民族主义：理论、意识形态、历史（第 2 版）》，叶江译，上海：上海人民出版社 2011 年版，第 13-14 页。

稳定的共同体"。① 斯大林关于民族的定义对第三世界国家的民族主义运动与共产主义运动产生了重要影响。

据考察,"民族"一词是在 19 世纪末 20 世纪初传入中国的,梁启超是"民族"一词的最早引用者,"中华民族"一词在其 1905 年发表的《历史上中国民族之观察》中起初用来称呼汉族,而用"中国民族"指代中国各民族的总称。辛亥革命以后,"中华民族"才逐渐用作中国各民族的总称。关于民族的定义,周恩来特别提出,"在我国,不能死套斯大林提出的民族定义。那个定义指的是资本主义上升时代的民族,不能用它解释前资本主义时代各个社会阶段中发生的有关的复杂问题"。② 梁漱溟曾表示,近现代中华民族的形成虽然以现代民族国家的建立为标志,但这个现代民族国家建立的依据,最根本的是在于文化民族决定了中国民族的形成。③ 费孝通认为,中华民族与汉族、少数民族是分属于不同层次的认同体,中华民族是高一层次认同的民族实体,是包括中国 56 个民族的民族实体。④ 他还提出,中华民族是在近百年来中国和西方列强的对抗中以自觉的民族实体形式出现的,但在几千年的历史过程中则是以自在的民族实体存在的。⑤ 2018 年,《中华人民共和国宪法》进行了修正,历史上首次将"中华民族"写入宪法,在宪法序言第七和第十自然段增加了"中华民族伟大复兴"的内容,具有里程碑式的意义。这标志着中华民族的政治与文化属性以根本法的形式进行了确立和保障,是对由 56 个民族组成的民族共同体以及 56 个民族的宪法地位的认定,关系着国家认同和国家统一,意义重大而深远。

本书研究的中华民族兼具文化与政治双重属性,也具备内涵及外延双重内容。在文化上,中华民族是我国各民族的总称,具有深厚的历史文化根基,各民族世世代代在历史长河的交流交融中形成了共同的历史记忆和文化传统,共同创造了中华文化的伟大结晶,在当代表现为 56 个兄弟民族共同组成的、占世界人口最多的文化共同体。在政治上,中华民族在内涵方面代表着统一的多民族国家的基本国情,是 56 个民族的总称,同时作为国家民族也指向了中华人民共和国

---

① 斯大林:《斯大林选集(上卷)》,中共中央马克思恩格斯列宁斯大林著作编译局译,北京:人民出版社 1979 年版,第 64 页。

② 中共中央统一战线工作部、中共中央文献研究室:《周恩来统一战线文选》,北京:人民出版社 1984 年版,第 339 页。

③ 梁漱溟:《梁漱溟全集(第三卷)》,济南:山东人民出版社 1990 年版,第 330 页。

④ 费孝通:《中华民族多元一体格局》,北京:中央民族大学出版社 2020 年版,第 11 页。

⑤ 费孝通:《中华民族多元一体格局》,北京:中央民族大学出版社 2020 年版,第 17 页。

的所有国民，是凝聚全体中国人的重要政治标识的政治共同体。在外延方面，中华民族是指屹立于世界民族之林的中国民族整体与总体称谓，以坚实、统一的整体代表着中国各民族的政治共同体。

（二）共同体

由民族学研究者来看，共同体被视为民族的概念，民族的定义常被解释为共同体，意为某个民族的集合体，具有一定的文化特征与自我意识。安德森对共同体的理解是，"民族被想象为一个共同体"，民族被设想为"一种深刻的，平等的同志爱"。① 民族作为政治的共同体，不是由宗教、语言、族群等社会要素决定的，共同的族群、共同的语言、共同的文化都不再是政治共同体的理由，作为想象的产物，意识形态对于民族这个政治共同体的创造发挥着中心作用。霍布斯鲍姆认为，共同体的过程就是把"个人对小家园的真挚情感，转化为对国家民族的爱"。② 史密斯认为，共同体起源于"族群的范畴"模式，是"一个拥有名称、共享起源的神话，共同拥有历史记忆，具有一个或多个共同文化的因素，至少在精英层中间有与祖土相联，以及有团结一致的情感的人类群体"。③

由社会学研究者来看，共同体是社会的集称，作为形而上的概念，代表着特定环境下个体之间各种各样的关系的集合。滕尼斯提出了"共同体"与"社会"两个概念，共同体就是"通过包含了人们的相互扶持、相互慰藉、相互履行义务的肯定关系，在人们彼此之间传递，并且被视为人的意志及其力量的外在表现，由此形成被理解为真实的与有机的生命的群体"。共同体概念的本质特征就是在一个确定时间段之内人们共同的、指向相同方向的意志，以肯定的形式在习惯那里实现，也以一种特殊的方式，即通过义务感而具有了有效性，呈现出人与人之间真实的、有机的、有生命力的关系。④ 马克思阐述了人类社会发展的三种社会共同体形态，第一种为"人对人依赖"的前资本主义社会共同体，第二种为人对物依赖的资本主义社会共同体，第三种为"个人全面发展"的共产主义社会

① 本尼迪克特·安德森：《想象的共同体：民族主义的起源与散布》，吴叡人译，上海：上海人民出版社 2016 年版，第 7 页。

② 埃里克·霍布斯鲍姆：《民族与民族主义》，李金梅译，上海：上海世纪出版集团 2006 年版，第86-87 页。

③ 安东尼·史密斯：《民族主义：理论、意识形态、历史（第 2 版）》，叶江译，上海：上海人民出版社 2011 年版，第 119 页。

④ 斐迪南·滕尼斯：《共同体与社会》，林荣远译，北京：商务印书馆 2019 年版，第 67-107 页。

共同体。① 共同体在不同的阶段有着不同的定义和概念。马克思在第一种类型中，用"共同存在物"来定义古代共同体；② 在第二种类型中，认为其本质是一种"货币关系"，用"市民社会"或"异化的'社会'"来定义资本主义的"虚假的共同体"；③ 在第三种类型中，用"自由人联合体"来定义未来共产主义的"真正的共同体"。④

本书研究的中华民族共同体就是从新石器文化时期至今，一直生活在中国疆域上的中华古今各民族的联合共同体。自古以来，各民族在共同体发展的历史长河中，历经无数次的斗争、分裂、重组，通过迁徙、杂居、融合，各民族组成的共同体朝着大统一的总趋势不断发展、迈进，呈现出中华文化一致性与多样性的协调统一。中华民族共同体兼具民族含义与社会含义，在古今各民族既保持特色又彼此渗透的进程中，形成的相互依存、相互促进、共同发展的民族关系，创造和发展了既包容各民族多元文化又为各民族所认同的共同拥有的中华文化，进而基于长期的交往和融合的基础，发展成为统一而不能分割的有机整体。另外，中华民族共同体又是古今各民族在经济结构、文化传统、政治框架、精神认同等方面凝结成的同呼吸、共命运、心连心的社会存在关系和社会结构方式，并随着经济社会的文明形态发展，呈现出不断演进和迈向更高阶段的趋势，并在不同阶段有其特殊的内涵及意义。

（三）认同

认同在《辞海》中被解释为"泛指个人与他人有共同的想法，人们在交往过程中，为他人的感情和经验所同化，或者自己的感情和经验足以同化他人，彼此间产生内心的默契"。认同通常包括民族认同和文化认同，两者相互包含。文化认同意指对某种文化的价值判断持肯定意见，或者是对某种文化的认知和归属感。盖尔纳认为"文化而不是社群，提供了内部的约束力，国家需要其成员们在文化上具备相同的特征，通过社会生活所必需的道德热情和社会认同来管理和激

①　马克思、恩格斯：《马克思恩格斯文集（8）》，中共中央马克思恩格斯列宁斯大林著作编译局译，北京：人民出版社 2009 年版，第 52–59 页。

②　马克思、恩格斯：《马克思恩格斯选集（第一卷）》，中共中央马克思恩格斯列宁斯大林著作编译局译，北京：人民出版社 2012 年版，第 49–63 页。

③　马克思、恩格斯：《马克思恩格斯选集（第一卷）》，中共中央马克思恩格斯列宁斯大林著作编译局译，北京：人民出版社 2012 年版，第 164–167 页。

④　马克思、恩格斯：《马克思恩格斯选集（第一卷）》，中共中央马克思恩格斯列宁斯大林著作编译局译，北京：人民出版社 2012 年版，第 422 页。

励它的公民"。① 因此，"工业社会的高层次文化不再与信仰和教会相联系，其所维持的是要求使用与社会同样广阔的国家的资源，身份基本上不起作用，有很强的流动性"，人人都能掌握共同的、世故的高层次文化。② 盖尔纳特别推崇高层次文化的重要作用，其前提基础在于人们对民族的、国家的高层次文化的认同，只有这样的高层次文化认同才能发挥民族的作用。

民族认同通常被解释为对所属民族的归属认知与感情依附，建立在祖先、血缘、地域、习俗、文化等基础上，具有强烈的感召力和持久的存续性，以民族凝聚力的形式表现出来。安德森认为，民族认同是一种现代人物的"叙述方式"，叙述的目的在于记忆成"我们自己的"，这是形成民族认同的重要环节。③ 伊罗生在转引埃里克松的研究时指出，认同就是那样一种"真正的安全感以及自己知道何去何从的归属感"的原乡感情或由依附感所形成的族群认同。④ 史密斯认为，认同表示"某一客体长时间保持不变，或在一定时间内维持某一特定的样式"，这同样适用于文化认同，但民族认同则因为其集体的特征和历史的文化基础而与众不同。⑤ 他提出，民族认同是在总体的层面界定文化连续和变化的机制，并包含个体成员与集体之间的关系。哈贝马斯认为，认同就是建立在想象的血缘关系和文化认同基础上的"我们—意识"。⑥ 陈连开认为，"中国各兄弟民族的总体认同就是中华民族"，"只要是中华民族的一员，首先都承认自己是中国人，爱中国，维护中国的统一与中华民族的大团结，就是总体上的民族认同"。⑦

因此，本书研究的中华民族共同体意识包括文化认同和民族认同。在文化认同上，中华民族共同体意识表现为最深层次的中华文化的认同，是对自古以来各民族共同创造、交融汇聚的中华优秀传统文化与中华民族精神的继承与弘扬，接纳和吸收中华各民族共享、共通的精神标识和文化符号，愿意积极融入共同的中

① 厄内斯特·盖尔纳：《民族与民族主义》，韩红译，北京：中央编译出版社 2002 年版，第 184 页。

② 厄内斯特·盖尔纳：《民族与民族主义》，韩红译，北京：中央编译出版社 2002 年版，第 185-186 页。

③ 本尼迪克特·安德森：《想象的共同体：民族主义的起源与散布》，吴叡人译，上海：上海人民出版社 2016 年版，第 200 页。

④ 哈罗德·伊罗生：《群氓之族：群体认同与政治变迁》，邓伯宸译，桂林：广西师范大学出版社 2015 年版，第 69-76 页。

⑤ 安东尼·史密斯：《民族主义：理论、意识形态、历史（第 2 版）》，叶江译，上海：上海人民出版社 2011 年版，第 19-29 页。

⑥ 尤尔根·哈贝马斯：《包容他者》，曹卫东译，上海：上海人民出版社 2018 年版，第 180 页。

⑦ 陈连开：《中华民族研究的理论与方法》，《中华民族多元一体格局》，费孝通主编，北京：中央民族大学出版社 2020 年版，第 262 页。

华民族的经济大市场。在民族认同上，中华民族共同体意识表现为对代表各民族整体与根本利益的中华民族统一体的强烈认同，体现为共同的意识形态、法律规范、核心价值与政治文化，是维护和促进民族团结与国家统一的重要支撑，最终目的在于推动中华各族人民不断增强对"伟大祖国、中华民族、中华文化、中国共产党、中国特色社会主义"的认同，共同凝聚力量实现中华民族伟大复兴。

（四）中华民族共同体认同

中华民族共同体思想是习近平新时代中国特色社会主义思想的重要组成部分，是在中国共产党成立以来民族工作理论与实践的基础上，对党的民族工作思想的创新和丰富。党的十八大以来，中国特色社会主义进入新时代，习近平总书记对当前和未来一段时间的民族工作提出一系列新观点、新主张与新论断，形成了内涵丰富、逻辑严密的新时代民族工作重要思想。通过不同阶段习近平总书记关于中华民族共同体认同的论述，我们可以探究和总结中华民族共同体思想的发展路径，也可以更加深入地了解中华民族共同体认同的真正内涵和核心本质。

2013年10月，习近平在给中央民族大学附属中学全校学生的回信中写道，"我国各族人民同呼吸、共命运、心连心的奋斗历程是中华民族强大凝聚力和非凡创造力的重要源泉"①，提出了对中华民族共同体发展过程的判断，中华民族的历史是由各民族共同缔造的。2014年3月，习近平在全国"两会"召开期间看望政协委员时提出了四个"认同"，包括对"伟大祖国、中华民族、中华文化、中国特色社会主义道路"的认同。② 这是关于民族认同的概念和定义，在民族工作中是首创，为之后中华民族共同体意识的提出奠定了基础。

2014年5月，习近平在第二次中央新疆工作座谈会上提出，要在各民族中牢固树立国家意识、公民意识、中华民族共同体意识③，首次提出了"中华民族共同体意识"这个概念，强调各民族要"牢固树立"，这是与国家意识和公民意识并列的意识，主要体现为民族团结的内涵。同时，他还指明了增强中华民族凝聚力的重要路径是各民族交往交流交融。2014年9月，习近平在中央民族工作会议上提出，加强中华民族大团结，长远和根本的是增强文化认同，建设各民族共有

---

① 《习近平信贺民大附中百年》，《人民日报》，2013年10月7日。
② 《习近平等看望政协委员并参加分组讨论》，《人民日报》，2014年3月4日。
③ 《习近平：坚持依法治疆团结稳疆长期建疆　团结各族人民建设社会主义新疆》，《人民日报》，2014年5月30日。

精神家园，积极培养中华民族共同体意识①，对中华民族共同体意识进行了升华，从"牢固树立"转化为"积极培养"，是之前提出的"国家意识、公民意识、中华民族共同体意识"的综合，更积极，更丰富。同时，他认为，共同体意识培养的本质就是"文化认同"，对意识形态把握的要求也更加全面、更加深刻。习近平还对中华民族与各民族的多元一体的辩证统一关系进行了论述，中华民族是一个命运共同体，中华民族和各民族的关系，是一个大家庭和家庭成员的关系，这是对中华民族共同体意识的丰富和完善，也是首次从命运共同体的角度阐释中华民族。2015 年 8 月，习近平在中央第六次西藏工作座谈会上提出，要大力培育中华民族共同体意识，加强民族团结，不断增进各族群众对伟大祖国、中华民族、中华文化、中国共产党、中国特色社会主义的认同②，形成对中华民族共同体意识和民族认同的进一步升华。从"积极培养"升华为"大力培育"，要求扎根思想深处，范围要求更广，力度要求更大，同时由"四个认同"升华为"五个认同"，加上了对"中国共产党"的认同，并将原先的"中国特色社会主义道路认同"升华为"中国特色社会主义认同"，形成了完整的中华民族共同体意识的内涵，体现了对民族工作思想的根本把握，也体现了对中国特色社会主义的道路自信、理论自信、制度自信。2017 年 10 月，习近平在中国共产党第十九次全国代表大会上提出，实现中华民族伟大复兴是近代以来中华民族最伟大的梦想，全面贯彻党的民族政策，深化民族团结进步教育，铸牢中华民族共同体意识，加强各民族交往交流交融，促进各民族像石榴籽一样紧紧抱在一起，共同团结奋斗、共同繁荣发展。③ 由此，习近平提出了"铸牢中华民族共同体意识"的论断，形成了对中华民族共同体意识的创造性拓展和完善。从"牢固树立"到"积极培养"再到"大力培育"，最终形成"铸牢"，可以看到对中华民族共同体意识的重视程度和工作要求在不断加强和提高，目标对象也从个人层面逐步上升到国家层面，发展为个人"牢固树立"、社会"积极培养"、民族"大力培育"、国家"铸牢"相结合的综合层面，铸牢中华民族共同体意识成为了全国全社会各族人民的共同责任和使命，对新时期协调民族关系具有重要的指导意义，是新时期民族工作的重要思想指引。

---

① 《中央民族工作会议暨国务院第六次全国民族团结进步表彰大会在北京举行》，《人民日报》，2014 年 9 月 30 日。

② 《依法治藏富民兴藏长期建藏　加快西藏全面建成小康社会步伐》，《人民日报》，2015 年 8 月 26 日。

③ 《习近平在中国共产党第十九次全国代表大会上的报告》，《人民日报》，2017 年 10 月 28 日。

2019 年 9 月，习近平在全国民族团结进步表彰大会上提出了新时代民族工作的鲜明特征是"中华民族一家亲、同心共筑中国梦"，民族人口分布格局的新特点是"大流动、大融居"，各民族在社会生活中紧密联系的广度和深度前所未有。[①] 习近平对中国梦、中华民族共同体意识与民族团结之间的关系作出重要指示，提出要实现中华民族伟大复兴的中国梦，根本保证在于各族人民亲如一家，工作主线是铸牢中华民族共同体意识。至此，可以看出，习近平的中华民族共同体思想以及关于铸牢中华民族共同体意识的论述基本发展成熟。新时代的民族工作重心在于中华民族的塑造，其目标在于实现中华民族伟大复兴的中国梦，建设中华民族共同体既要加快少数民族和民族地区发展，又要注重铸牢中华民族共同体意识，构筑中华民族共有精神家园，增强各族群众对中华文化的认同，最终实现更好推动人的全面发展、社会的全面进步，实现中华民族伟大复兴。中华民族共同体意识的内涵包括了对"五个认同"作为民族认同以及"中华民族共有精神家园"的文化认同。铸牢中华民族共同体意识的实践路径在于促进各民族交往交流交融，总体而言，铸牢中华民族共同体意识是为了建设中华民族共同体。

## 二、研究思路

本书基于辩证唯物主义与历史唯物主义，从民族经济学视角对中华民族共同体的形成和发展路径进行建构，揭示数千年来中华民族共同体演变的逻辑，即"从经济居先到文化认同"[②]，进而提出"从文化认同到经济一体"的延伸逻辑。本书探讨了中华各民族如何从经济联系到交往交流，从交往交流到文化认同，从文化认同到共同发展，从共同发展到经济一体的问题，展现了中华各民族通过经济活动与各民族不断接触，形成了经济共同体、文化共同体，这是共同认同与创造中华民族文化的过程，也是实现国民经济的规模与范围效益的过程。在此基础上，通过民族与民族主义、共同体、多元一体相关研究揭示出对口支援对于建设中华民族共同体的机理与作用，通过民族经济学探讨对口支援在建设和发展中华民族共同体过程中的作用，即从经济居先到文化认同，从文化认同到经济一体。具体而言，就是研究对口支援如何补齐社会主义市场经济发展中的短板，铸牢中

---

① 《习近平：坚持共同团结奋斗共同繁荣发展　各民族共建美好家园共创美好未来》，《人民日报》，2019 年 9 月 28 日。

② 李曦辉：《民族经济学学科新范式研究》，《现代经济探讨》，2019 年第 9 期。

华民族共同体意识，塑造统一的劳动力大市场，扩大中华民族的共同市场，实现中华民族以一个共同体的身份参与到全球化的进程之中。同时，以对口援藏援疆为案例，探究对口援藏援疆如何以实现人的全面发展为终极目标，促进各民族交往交流交融，维护国家统一和增强民族团结，牢固树立各民族的国家认同与中华民族认同，为实现中华民族伟大复兴提供强大动力。

根据研究思路，本书共有五章，具体内容如下：

第一章，导论。首先，本章主要介绍了问题的提出、研究的意义，对对口支援的一般理论解释（包括贫困经济学、发展经济学、制度经济学）进行了概述，进而在对口支援研究中，指出西方经济学理论的局限与困境，提出了新时代对口支援的理论归宿。其次，本章回顾了中国特色的对口支援理论与实践探索，对对口支援的概念、不同视角的对口支援理论解说进行了文献综述，并根据已有研究进行了述评。最后，本章将中华民族共同体作为对口支援研究的新视角，介绍了其基本含义、研究思路与研究方法。

第二章，对口支援的理论解释：基于经济与文化的视角。本章首先以民族经济学为中华民族共同体经济维度的一种解说，从民族经济学的研究回顾和研究逻辑进行阐述，提炼出从经济居先到文化认同，从文化认同到经济一体的逻辑链。本章按照中华民族共同体经济维度的逻辑链，从三部分研究中华民族共同体的经济过程，一是从分工与交换理论的角度研究从农牧互补格局到多元一体格局的变化过程，提出中华民族共同体起源于复杂的地理环境与多元的经济类型，形成于官方互市与民间贸易，动力是交通道路与经济网络；二是从规模与范围理论的角度研究从政治大一统到经济统一大市场，提出中华民族共同体起源于天下国家观与中华文化观，形成于大一统与朝贡体系，动力是正统之争与文化认同；三是从认同与发展理论的角度研究从中华文化认同到实现人的全面发展，提出中华民族共同体的起源历经了从编户齐民到改土归流的发展，形成于从五族共和到民族平等历史进程中，动力是从迁徙杂居到相互融合的变化。

第三章，对口支援的核心目标：铸牢中华民族共同体意识。首先，本章研究对口支援的历史基础、形成过程、发展现状，具体按照全面性、应急性、补偿性、发展性及专项性五种类型的对口支援模式进行研究。其次，本章将中华民族共同体理念作为对口支援的新研究视角，基于民族与民族主义、共同体、多元一体等基础理论研究，阐述了从文化认同到经济一体的理论逻辑，通过文化认同实现了各民族劳动者统一的劳动力市场塑造，实现了各民族的共同发展、共同富裕，实现了人的全面自由发展等经济一体化的机理。最后，本章运用民族经济学解释了对口支援以铸牢中华民族共同体意识为核心目标的理论逻辑，根据"经济居先—文化认同—经济一体"的递进式逻辑链，指出对口支援源自对国内经济发展短板的补齐，有助于实现中华文化认同与中华民族共同体建设，进而有助于实现劳动力统一大市场与各民族共同发展、共同富裕。

第四章，对口支援的发展趋势与提升路径。本章从三个方面思考和探索对口支援的未来发展路径：一是明确对口支援工作的发展导向，具体而言，要以实现人的全面发展为对口支援的终极目标，以社会主义制度优势为对口支援的价值彰显，以双循环新发展格局为对口支援的发展动力，以中华民族多元一体为对口支援的成效标志；二是丰富对口支援工作中的外化诠释，具体而言，要丰富对口支援本土实践的理论阐释，提炼中华优秀传统文化的精神标识，营造讴歌英雄、学习模范的舆论氛围，建设中华民族亲如一家的美好家园，推出讲述对口支援故事的文艺创作；三是扩大对口支援的政策应用，具体而言，要主动宣介以对口支援为内容的中国共产党治国理政的故事，以促进各民族交往交流交融为对口援藏援疆的工作重心。

第五章，结语。本章对全书的核心观点和关键内容进行了提炼和总结。

### 三、研究方法

本书采用规范研究方法和经验研究方法，在实际研究中，通过规范性理论与经验性理论在知识上的互补性，为本书的研究提供支持。本书将综合运用以下几种研究方法：

（一）历史分析方法

历史分析方法是通过对时间历程与历史发展的考察和思考，从客观事实出发，追溯历史发展规律，将时间历程与历史发展相结合进行分析，探索事物变迁的历史因果关系，总结事物发展的历史内在规律。本书贯穿历史分析方法，对中华民族发展历史的经济过程进行认真梳理，找出中华民族形成与经济发展的关系和规律，以历史为镜，深入做好中华民族共同体经济维度的理论阐释。同时，通过历史分析方法进行全方位的对口支援考察，将其置于政策推行演变的历史过程之中，研究纵向的历史变化及不同历史时段之间的纵向比较。对民族经济学与中华民族共同体发展过程中面临的具体问题进行演绎推理，最终推导出切合实际、具有理论意义的中华民族共同体经济维度的研究逻辑。

（二）经验分析方法

本书通过对相关经验性资料的获取与运用，针对研究问题已有的相关经验进行整理，采集研究对象具体涉及的数据。本书主要研究具体政策对具体目标影响群体的效果评估，基本假设认为，由于政策目标并不必然断清或者政策并未得到充分的执行，因此并非所有的政策均可成为评估分析的对象。评估分析将通过经验研究界定政策的实际目标，判断这些目标如何被测量。评估中的影响分析主要是评估政策的效果是否符合最初的目标设定，以及政策执行之后其对与政策有关的社会群体的实际影响究竟如何。

（三）案例分析方法

从不同的学科视角出发，应用符合本书研究主题的问卷调查与理论分析工具对案例展开实证分析，以验证本书提出的相关假设。对于对口支援政策实施过程中面临的具体事项，按统计学原理进行分类，从中抽取典型的对象进行调查；在典型调查的基础上，对案例进行细致入微的解剖与分析，找出其中具有代表性的问题进行深入研究，一起得出共性的理论，用来指导新时期对口支援工作。

# 第二章 对口支援的理论解释：
# 基于经济与文化的视角

## 第一节 民族经济学：经济与文化的研究视角

### 一、研究回顾

民族经济学作为正式学科设置是由施正一和黄万纶在 1979 年共同倡导提出建立的，他们被视为第一代民族经济学的典型代表，这一年也被视为民族经济学的创建阶段。施正一认为，民族经济是在民族共同的经济生活或经济联系的基础上逐渐形成的一个特殊概念或范畴，重点在于少数民族的经济及民族地区的经济。他提出，民族经济学是由民族和经济两个要素结合而成的一个特殊有机体或研究领域，在这个领域中，经济规律的运行不仅有着不同的特点，而且由于存在着某些特殊性的经济条件与民族条件，还形成了某种特殊规律，或某种一般规律与共有规律在这个领域中的特殊表现，这就构成了民族经济学的研究对象，即民族经济规律运动的特点、形式与作用。[①] 黄万纶将民族经济学的研究对象重点放在我国少数民族经济本身所具有的特殊的矛盾及其在社会发展过程中的特点、结构和规律上，作为当时社会主义现代化建设需要的一门新兴学科，民族经济学对于少数民族和民族地区的研究目标在于发挥民族地区的经济优势，加速民族地区的社会主义现代化建设，为党和国家指定的相关民族经济方针政策提供依据。他

---

[①] 施正一：《施正一文集》，北京：中央民族大学出版社 2015 年版，第 291 页。

认为，民族经济学所研究的不是少数民族经济的自然方面，而是少数民族经济的社会方面，即研究少数民族经济的社会生产方式，主要是生产关系，包括少数民族经济的基本理论、民族地区各部门经济、各单个少数民族经济、少数民族经济史、少数民族经济思想史、少数民族经济的形势和现状、少数民族经济的发展预测等。[1] 民族经济学创建后，第一代民族经济学学者围绕学科构建、研究方法、研究对象、研究范式等进行了卓有成效的研究，例如李文潮等。创建阶段的民族经济学研究的特点在于突出少数民族和民族地区的特殊性，以探讨其在国家和社会经济普遍性中的发展规律和结构特点，这与当时的国家发展背景是密切相关的。民族经济学的提出恰逢党的十一届三中全会举行之后，中国开始迈向改革开放的新时期，国家的发展战略和经济重心正在探讨和摸索之中，第一代民族经济学学者强调突出少数民族及民族地区的特殊性，有其历史客观必然性，当时社会历经"文化大革命"十年内乱，百废待兴、重新起步，他们的声音为少数民族及民族地区的发展赢得了关注和支持。

在 20 世纪末 21 世纪初，随着民族经济学的逐渐完善，涌现出了第二代民族经济学的研究学者，典型代表包括高言弘、童浩、陈庆德、刘永佶、王文长、王天津、龙远蔚、翁乾麟等，他们大量丰富的研究推动民族经济学进入发展阶段。高言弘在 1990 年出版了《民族发展经济学》，基于发展经济学对民族经济学进行了解构，认为民族经济学的研究重点在于我国少数民族现代化经济建设的过程，包括各民族的产业结构特点及发展规律、经济发展的战略选择和发展模式、对外经济与民族经济的联系等，民族经济发展问题的主线在于研究如何在民族地区发展社会主义商品经济和社会生产力，最紧迫的任务就是研究如何使部分民族尽快脱贫致富，有效开发地区的资源优势，走向现代化的发展道路。他认为，民族发展经济学是一门新兴经济学科，它实质上是研究加速民族经济和整个国民经济发展的一门学科。[2] 1990 年出版的《民族经济学》一书，基于区域经济学对民族经济学进行解构，认为民族经济实质就是一种区域经济，主要指的是民族地区的经济[3]，基本内容包括民族地区的农业和工业、贸易和交通、产业结构和资源开发、人才/技术/资金开发等内容。陈庆德在 1994 年出版了《民族经济学》，基于经济人类学和发展经济学对民族经济学进行了解构，认为其是前两者"联姻"

---

① 黄万纶：《论少数民族经济的研究对象》，《青海社会科学》，1983 年第 1 期。
② 高言弘：《民族发展经济学》，上海：复旦大学出版社 1990 年版，第 7—8 页。
③ 《鄂西民族经济》编辑部：《民族经济学》，南宁：广西民族出版社 1990 年版，第 2—4 页。

的产物。他认为，民族经济学来自经济学家对不同民族的文化特点所进行的研究，是通过人类学和经济学融合的方式产生的，关注的焦点在于各民族在经济发展中的民族平等问题，致力于厘清民族经济与文化的差异，以此探讨民族经济平等发展的问题。刘永佶在 2008 年出版了《中华民族经济发展论》，基于政治经济学对民族经济学进行了解构，认为民族作为人类社会存在的总体方式，其存在和作用会对经济活动形成界定和制约。另外，经济的发展又是民族形成和发展的基础，是首要和根本原因，只有发展了经济才能为民族聚合、吸收成员提供必要条件，具体而言，表现为通过个人劳动素质技能的提高来满足不断增长的需要，在社会制度中也表现为生产关系与劳动者社会地位的演进。他提出，民族经济发展的根据和标志，都要归结于劳动者素质技能的提高和发挥程度，劳动的质与量，是民族经济发展的唯一源泉。[①] 从第二代民族经济学研究学者的成果可以看出，他们的研究与当时的经济社会发展息息相关。在"两个大局"和"三步走"战略的背景下，东部沿海地区的成功使学者们迫不及待想将其发展模式和发展经验运用到民族地区，因此，大部分学者主要从区域经济学、发展经济学、政治经济学等角度，结合少数民族或民族地区的特点对民族经济学的解构进行研究，并推动民族经济学进入发展阶段。第二代民族经济学的学者们纷纷从不同的学科视角对其进行解构，以获得该学科的研究范式，但也可以看出，由于民族经济学的学科定义、研究对象及研究范围存在分歧、尚未统一，基础理论的运用无法达成共识，因此，难以形成统一、普遍的基本学科范式。尽管如此，第二代民族经济学学者们辛勤努力，力争在各类学科尤其是民族学和经济学中获得主流地位，以使民族经济学从特殊性的研究回归到普遍性的研究中，推动民族经济学在"摸着石头过河"的发展阶段进行了大量有益的探索，对当时主要分布在中西部地区的民族地区与东部地区的经济发展差距进行研究，并引起了广泛重视。

进入 21 世纪以后，第三代民族经济学的研究学者在数量上实现了飞跃，说明民族经济学吸引了越来越多学者的关注和研究，推动着民族经济学先后进入成熟和革新两个阶段。与此同时，中国开始实施区域协调发展战略，将改革开放后优先发展东部沿海地区的战略转变为统筹兼顾东中西部经济发展，提出并开始实施财政转移支付制度、西部大开发战略、振兴东北老工业基地战略、中部地区崛起战略、扶贫开发政策、全面对口支援政策、兴边富民行动和牧区建设扶持政策等经济发展战略和政策。这些战略和政策主要覆盖了少数民族及民族地区，为第

---

① 刘永佶：《中华民族经济发展论》，北京：中国经济出版社 2008 年版，第 19 页。

三代民族经济学的研究学者提供了广阔的研究空间和丰富的素材。大部分学者围绕国家实施的系列发展战略和经济政策进行了卓有成效的研究，推动民族经济学进入成熟阶段，此时的典型代表人物包括李忠斌、丁赛、黄健英、张丽君、包玉山、马丽娟等。李忠斌认为，民族经济学就是研究多民族国家内民族集团与单个民族的经济生活及居住区域经济增长和经济发展特殊性及其一般规律的一门科学①，作为一般研究，需要把所有少数民族视为一个整体以研究民族经济政策的制定；作为个别研究，主要着眼于个别民族与其居住区域的经济生活和经济增长的关系。② 丁赛等主要针对民族地区全面建成小康社会与收入差异等问题进行了研究，对全面建成小康社会的监测指标与地区发展、民生指数中的民族地区具体指数进行了量化研究③，同时对城乡和不同民族居民家庭的住房财产差异进行了实证分析，丁赛认为需要重点关注不同民族家庭的人均收入差异。④ 黄健英认为，民族经济学研究的主要内容是民族内部和不同民族之间的经济关系及各民族经济行为，通过对经济关系和经济行为的研究，探寻民族经济发展的规律和特点。⑤ 此外，她对兴边富民政策与边境民族县域经济的发展模式进行了研究，提出少数民族经济具有明显的地域特征，在看到边境少数民族县域经济与中国其他县域经济共同特征的同时，更关注边境少数民族县域所承担的保障边疆地区社会稳定和国防安全的战略意义。⑥ 张丽君等主要围绕民族地区与西部大开发战略、脱贫攻坚政策的实施情况进行研究，提出民族经济政策以追求各民族平等及共同富裕为目标，要在确保相对独立的同时，结合国家宏观战略与地区微观实际进行构建，注重与区域经济政策相区别，通过直接帮助与间接支持相结合的方式确保实施的稳定性与灵活性⑦，并构建少数民族扶贫开发的政策绩效评估体系。由此可以看到，在民族经济学的成熟阶段，第三代民族经济学的学者们大部分利用数学分析方式对少数民族及民族地区的经济发展政策进行研究，研究方法进一步深化和细化，主要采取定性研究和定量研究相结合的方式，并侧重于通过统计分

---

① 李忠斌：《关于民族经济学研究中几个问题的讨论》，《中南民族学院学报（人文社会科学版）》，2003 年第 1 期。

② 李忠斌、郑甘甜：《少数民族特色村寨评价指标体系研究》，《广西民族研究》，2013 年第 3 期。

③ 丁赛、刘小珉、龙远蔚：《全面建成小康社会指标体系与民族地区发展》，《民族研究》，2014 年第 4 期。

④ 丁赛：《农村汉族和少数民族收入差异的经验分析》，《中国劳动经济学》，2006 年第 4 期。

⑤ 黄健英：《民族经济学研究中几个问题的讨论》，《中央民族大学学报》，2005 年第 6 期。

⑥ 黄健英：《边境少数民族县域经济发展模式研究》，《黑龙江民族丛刊》，2010 年第 4 期。

⑦ 张丽君、韩笑妍、王菲：《中国民族经济政策回顾及其评价》，《民族研究》，2010 年第 4 期。

析、模型分析、静态均衡等定量研究的方法进行指标构建和绩效评估等。

随着中国特色社会主义进入了新时代，特别是在党的十八大以后，社会的主要矛盾发生了转化，同时，"一带一路"倡议、人类命运共同体、铸牢中华民族共同体意识、"双循环"格局等新发展理念相继提出，民族地区成为对外开放的桥头堡和最前沿，少数民族和民族地区面临前所未有的发展机遇，如何阐释新时代下民族经济学的发展成为了客观的需要和必然的趋势。由此，新时代中国的发展推动着民族经济学进入了革新阶段，迫切需要解读中国实践、构建中国理论，探索民族经济发展真正蕴藏的内在逻辑，从中国和世界的联系互动中探讨人类面临的共同课题。因此，创新与发展新时代的民族经济学成为了第三代民族经济学研究学者的又一重要使命。李曦辉提出的民族经济学新范式与中华民族经济学是当前革新阶段的典型理论。李曦辉认为，民族经济学新范式的核心，就是回应经济全球化的需要，就是对民族过程的政治文化效果进行经济学分析，按照经济学而非民族学的范式进行规范研究的一门科学。它的研究对象为民族过程，包括民族分离、民族融合、民族相容和民族认同等，并探寻这一过程的经济学价值。它的研究范围包括世界范围内的所有民族，而非仅仅研究中国的少数民族。[①] 他对民族经济学的范式与理论进行了明确的界定，从民族维度研究区域、国家、世界的经济发展问题，以求探索出基于民族维度的经济规律，从经济学视角观察民族过程并提供合理的经济学解释，同时，也为经济全球化进程引入民族因素，为"一带一路"倡议和人类经济发展增添一个新的理论支撑与解释维度。[②] 同时，李曦辉还在民族经济学新范式的基础之上提出了建立中华民族经济学的设想，他认为中华民族经济学是马克思主义政治经济学的中国化表述，来源于我国的历史经验，并将服务于"两个大局"。他将中华民族经济学定义为"研究经济活动对中华民族共同体意识影响的学说，它归属于马克思主义政治经济学，是马克思主义中国化的学科"，认为中华民族经济学的研究对象是基于中华民族共同体意识形成的维度，研究所有对共同体产生影响的经济现象，研究它们对共同体意识的思想层面的影响，也研究它们对共同体具体层面的影响，同时基于民族的维度研究人类面临的经济问题，并研究这些因素对民族消亡以后人类认同方面的影响，

① 李曦辉：《全球化中国版之"一带一路"支撑理论研究——兼论民族经济学的时代价值》，《区域经济评论》，2017 年第 6 期。

② 李曦辉：《民族经济学学科新范式研究》，《现代经济探讨》，2019 年第 9 期。

分析研究未来人类认同的趋势，帮助人类寻找美好的未来。[1]

### 二、研究逻辑：经济居先—文化认同—经济一体

本书对中华民族共同体的经济维度解释是基于民族经济学的研究成果，特别是李曦辉关于民族经济学新范式论述和中华民族经济学设想，从经济学视角对中华民族共同体的形成和发展路径进行建构，即在"经济居先—文化认同"的逻辑基础上[2]进行研究。李曦辉提出，"中国的民族国家模式是经济居先、文化一体，我国不同族体之间先有经济往来，逐渐形成文化认同，最后才是建立统一的民族国家，文化上的多元一体，就是我们民族国家模式的核心反映"。[3]

本书从中华民族共同体客观的事实结果出发，从分工与交换、规模与范围、认同与发展等视角，追溯自古以来中华民族共同体的起源、形成、发展的历程，在民族经济学新范式的基础上提出"文化认同—经济一体"的理论逻辑，这是对"经济居先—文化认同"的理论逻辑链进行延伸，如图2-1所示。本书认为，构建经济一体化的前提条件是经济活动成员文化认同的形成，只有在文化认同的基础上，才能构建起均质性的劳动力统一大市场，进而促进经济一体化的形成和发展。

图2-1　中华民族共同体形成的理论逻辑

"经济居先"的逻辑阐述主要基于西方经济学、马克思主义政治经济学、民族经济学进行论述，中华民族共同体的形成以经济动因为首要原因，也是经济一体化发展的客观需要和必然结果。施正一认为，共同的经济生活是民族共同体的基本特征之一，民族与经济之间构成了一种必然的内在本质联系。[4] 刘永佶认为，一体化是中华民族经济的共同点，因此，中华民族之所以能在世界上率先形

---

① 李曦辉：《建立中华民族经济学》，"经济学中国学派：域观范式"学术研讨会（2020），北京：经济学管理学中国学派研究60人论坛，2020年12月20日。

② 李曦辉：《民族经济学学科新范式研究》，《现代经济探讨》，2019年第9期。

③ 李曦辉：《论民族国家模式差异化的根由》，《中央社会主义学院学报》，2018年第3期。

④ 施正一：《施正一文集》，北京：中央民族大学出版社2015年版，第285页。

成民族，并拥有强大的凝聚力，不断强化民族性并融合周边部落、氏族，根本原因也在经济的一体化。① 李曦辉认为，我国不同族体之间先有经济往来，逐渐形成文化认同，最后才是建立统一的民族国家，文化上的多元一体，就是我们民族国家模式的核心反映，因此，需要运用民族经济学对其中的民族过程的政治文化效果进行经济学分析，按照经济学而非民族学的范式进行规范研究。② 自古以来在中华大地上，各民族由于复杂的地理环境与多元的经济类型以及农牧互补的格局，促进了各民族的自然分工形成，各民族基于生态环境和社会传统的多样性而形成不同类型的经济，根据各民族自身的需求进行交换，并发展形成官方互市与民间贸易。在不断扩大的规模和范围中，生产力较高的民族给生产力较低的民族带去了技术和知识，促进了相互之间生产力的提高和文化的传播，进而反过来推动着贸易的发展壮大。在经济一体化的强大动力下，各民族在中华大地上编织起庞大的交通道路网络，市场网络依附于交通网络，人们得以通畅地你来我往、互惠互利，在经济上逐渐形成了相互补充、相互依赖、相互促进的共生关系，并在相互渗透中进一步发展了中华文化，形成对中华文化的认同，逐步相互融合成中华民族共同体。

"文化认同"的逻辑阐述主要基于民族与民族主义理论、中华民族多元一体理论，强调中华文化认同在中华民族共同体形成和发展中的关键作用。刘永佶认为，中华民族经济的一体化以政治大一统为前提和保证，在大一统的政治机制中，由统一的民族文化导引经济。③ 他还提出，经济承载文化，而文化对经济的制约和导引是全方位的，还体现在民族文化与政治的关系中，并通过政治再作用于经济。李曦辉认为，中华民族统一的前提是文化认同，统一多民族国家的形成也是因为对统一文化的认同，如果离开了文化这一先导，不但统一的民族国家无法维系，就连一体的中华民族也将会四分五裂，以儒家文化为代表的中华文化成了各民族共同认同的文化。有了文化这条纽带，就形成了中华民族赖以生存发展的骨架。④中华民族是有着与其他民族截然不同的形成与认同过程的，经由交往特别是经济交往，实现了文化认同。在经济的强大动力下，各民族之间得以密切往来、彼此渗透、相互融合，中华文化博大精深、兼容并蓄的特点，吸引着周边各民族，各民族的多元文化特色注入中华文化，使中华文化不断发展壮大，也使

---

① 刘永佶：《中华民族经济发展论》，北京：中国经济出版社 2008 年版，第 51-53 页。

②④ 李曦辉：《论民族国家模式差异化的根由》，《中央社会主义学院学报》，2018 年第 3 期。

③ 刘永佶：《中华民族经济发展论》，北京：中国经济出版社 2008 年版，第 51 页。

更多的民族源源不断地加入中华民族共同体之中，各民族形成中华文化认同，进而实现了血统的混合和文化的包容。各民族共同创造的中华文化形成了强大的凝聚力和认同感，促进了中华民族共同体的形成，使各民族凝聚成为统一而不能分割的中华民族共同体。

"经济一体"的逻辑阐述主要基于共同体、马克思主义政治经济学以及民族经济学的理论与实践研究，对中华民族共同体的形成和发展进行了论述。经济一体的含义包括了均质化的劳动力统一大市场，各民族劳动者共同发展、共同富裕，以及实现人的全面自由发展的经济一体化等内容。中华民族共同体随着历史的发展，在不同阶段有其特殊的内涵及意义。以 1949 年中华人民共和国的成立为历史的分水岭，中华民族共同体是中华民族从自在民族共同体到自觉民族共同体的发展转化，也是滕尼斯所说的古老"共同体"走向衰落，发展成为安德森所说的民族的"想象的共同体"，进而朝着马克思和恩格斯论述的自由人联合体的"真正的共同体"不断发展。李曦辉认为，现阶段的劳动者已经处于自身的全面发展阶段，其所赖以生存的生产力也需要更大的共同体来加以容纳，以目前还存在民族差别的世界来讲，就是需要政治化的国家民族来容纳生产力的发展，于是，研究我们最大范围的共同体——中华民族共同体认同就显得非常必要。[①]由于中华文化的包容性，各民族形成对中华文化的认同，许多部落、族群、民族实现了从奴隶制、领主制向更高一级制度的转变，也实现了更加自由和解放的民族发展过程。在两千多年的历史长河中，绝大部分的民族迈向了自由劳动的阶段，迈向了人类更高文明社会形态的阶段，促进了各区域、各民族的政治、经济、社会和文化的一体化发展，为统一多民族的国家格局与中华民族共同体的最终形成和发展奠定了基础，创造了条件。直到中华人民共和国成立后，实现了各民族平等的根本大事，各民族又开始迈向了共同发展和共同繁荣的历史征程，并朝着实现人的全面发展的宏伟目标不断进步。在各民族的劳动者构建起均质性的劳动力统一大市场的前提条件下，才能实现各民族劳动者的共同发展、共同富裕，才能真正促进人的自由全面发展，以及促进经济一体化的形成和发展。

---

① 李曦辉：《建立中华民族经济学》，"经济学中国学派：域观范式"学术研讨会（2020），北京：经济学管理学中国学派研究 60 人论坛，2020 年 12 月 20 日。

## 第二节　分工与交换：从农牧互补格局到
## 多元一体格局

基于分工理论，我们可以对中华民族共同体的形成与发展进行经济学分析，首先要看到自古以来在中华大地上各民族由于自然条件和生产生活方式的不同，促进了各民族自然分工的形成。分工不仅在民族之间、地区之间形成，还在民族内部、部门内部、家庭内部等形成，进一步带动了效率的增加和生产力的提高，并形成了生产剩余。于是，出于对生活的保障需要和品质要求，人与人之间的物物交换、互相交易开始形成，并逐步拓展到地区之间、民族之间、国家之间，在这个过程中人们开始互相交往。双方在交往中相互吸引、相互依赖，促进了社会的凝聚和团结，在此基础上随着交往的深入，交往的民族群体形成了初级形式的共同体，最后在历史漫漫长河中逐步向着更高级的共同体发展。在这数千年的发展过程中，不同的民族群体由于自然分工而产生的交换需要，在交换过程中促进了交往的发展，这其中不仅有经济的作用，但又是什么使得不同的民族群体产生吸引和依赖？是什么形成了社会的凝聚和团结？是什么促成了共同体的出现及发展？贯穿其中的就是经济基础上的中华文化认同。因此，中华民族共同体数千年来形成的核心逻辑就是不同民族之间由于自然分工产生了交换的需要，在交换过程中形成了交往，在交往过程中形成了对中华文化的认同，并逐步相互融合成共同体，促进新的中华文化发展，在共同团体的基础上形成发展程度更高的分工，形成共同体内部以及外部的新民族交换与交往、认同与融合的循环上升的发展路径。

### 一、理论：分工与交换

亚当·斯密在《国民财富的性质与原理》第一章中阐明了"劳动分工"，他认为，劳动分工是生产效率提高的主要原因。[1] 基于对劳动者微观视角的观察，他提出，生产力提高主要依靠分工的形成，社会经济发展的过程就是劳动分工深

---

[1]　亚当·斯密：《国民财富的性质与原理》，赵东旭等译，北京：中国社会科学出版社 2007 年版，第 12–13 页。

化的过程。促进分工演进和推动分工深化是提高生产力的关键。对于分工产生的原因，亚当·斯密从人性的角度来解释，人类独有的交换倾向导致了劳动分工的必然结果。① 亚当·斯密进一步提出，人类互相交换倾向的来源在于"自利之心"，这是人们从事交换活动的基础。这个"自利之心"其实与他在《道德情操论》里所表述的一样，人天生具有自利性，这是个人从事一切经济活动的动机。这一观点后来被发展成为"经济人假设"，并广泛应用于经济学。

涂尔干对亚当·斯密的分工观点进行了批判，认为亚当·斯密仅仅将劳动分工视为一种经济现象，只关注生产产量的增加，并没有看到劳动分工的社会维度，即它是如何创建依赖关系来整合社会，并使之内聚的。涂尔干在其社会学思想的奠基性作品《社会分工论》中专门进行了论述，不仅关注利益，还关注能够将个人维系起来的社会纽带，关注具有道德性的集体意识或共同意识对社会的作用，深刻揭示了分工形成的社会根源以及分工特有的社会功能。涂尔干通过生物学领域科学家的研究，发现劳动分工的规律不仅适用于社会，还适用于有机体。涂尔干对分工的认识不再仅从个人的微观视角去分析，也否定了分工来源于交换的观点，而是从整个生命世界的宏观视角去看。于是，涂尔干提出要用一种全新的眼光来看待劳动分工，"劳动分工的最大作用，并不在于通过功能分化提高生产率，而在于功能彼此紧密的结合"。② 涂尔干认为，分工不仅带来了经济收益，而且改变了人们相互孤立的状态，形成了相互联系，同舟共济，构成了社会和道德秩序本身。正因为"我的意象"和"他人的意象"相互独立、相互有别，因此，在劳动分工的条件下它们才能够紧密结合在一起，甚至完全融为一体。③ 所以，涂尔干对分工的认识不仅限于亚当·斯密提出的财富的增加和生产力的提高，还延伸到社会领域，看到了分工对于社会团结、社会凝聚力的整合与作用。

马克思和恩格斯提出的分工理论是对亚当·斯密分工理论的扬弃，他们站在整个人类历史发展的视角对分工理论进行了创新。他们提出，"各民族之间的相互关系取决于每一个民族的生产力、分工和内部交往的发展程度"，"一个民族

---

① 亚当·斯密：《国民财富的性质与原理》，赵东旭等译，北京：中国社会科学出版社 2007 年版，第 35 页。

② 埃米尔·涂尔干：《社会分工论》，渠敬东译，北京：生活·读书·新知三联书店 2017 年版，第 20-24 页。

③ 埃米尔·涂尔干：《社会分工论》，渠敬东译，北京：生活·读书·新知三联书店 2017 年版，第 25-26 页。

的生产力发展水平，表现于该民族分工的发展程度"。① 马克思和恩格斯认为，分工的出现是人类文明的巨大进步，分工的进一步扩大是生产和交往的分离，出现了直接以交换为目的的生产，随之而来的是贸易。马克思、恩格斯与涂尔干都看到了分工的社会学意义，不同的是，涂尔干认为，分工的结果不仅变成了社会团结的主要源泉，还变成了道德秩序的基础；马克思和恩格斯不仅看到了分工积极的一面，还看到了分工消极的一面，认为分工和私有制是相等的表达方式，个人的力量由于分工被异化为物的力量，只能依靠消灭分工的办法来消灭。② 他们认为，分工使不同阶级的相互分离的个人有了一种必然的联合。③ 因此，马克思和恩格斯认为，分工起源于人类的生产生活方式和物质条件，并随着社会的发展表现为不同的所有制形式，最终消失于共产主义社会中的共同体，实现各种物质条件的联合。

### 二、起源：复杂的地理环境与多元的经济类型

各民族的繁衍生息都与其生存生活的地理环境息息相关，地理环境是各民族存在和发展的必不可少的条件。地理环境是人类从事生产活动无法脱离的空间和物质前提，是物质资料生产的必要条件。李斯特认为，"决定国际和国内分工的，主要是气候和造化本身"。④ 韦伯在谈及德国东西部差异时指出，各自的地理状况不同导致了东部生产的更大的一致性，而西部更能发展出密集的地区贸易，因为西部农业生产所面对的气候以及其他自然条件显著不同，这有利于贸易的进行。⑤ 显而易见，地理环境的复杂性、差异性会导致自然产品和生产方式的多样性，这是人类社会分工的自然基础，造就了不同地区和不同民族间生产生活方式的不同，形成了多元的经济类型。中华大地幅员广阔、地大物博，地形、地貌复杂，气候、水文丰富多样，肥田沃土、茫茫草原、纵横江河为中华各族先民提供了农业、牧业和渔业的天然基地。古代典籍对中国版图的确切描述最早见于《尚

---

① 马克思、恩格斯：《马克思恩格斯选集（第一卷）》，中共中央马克思恩格斯列宁斯大林著作编译局译，北京：人民出版社 2012 年版，第 147 页。

② 马克思：《资本论（第一卷）》，北京：人民出版社 1968 年版，第 403 页。

③ 马克思、恩格斯：《马克思恩格斯选集（第一卷）》，中共中央马克思恩格斯列宁斯大林著作编译局译，北京：人民出版社 2012 年版，第 199 页。

④ 弗里德里希·李斯特：《政治经济学的国民体系》，陈万煦译，北京：商务印书馆 2017 年版，第 159 页。

⑤ 马克斯·韦伯：《民族国家与经济政策》，甘阳译，北京：生活·读书·新知三联书店 2018 年版，第 145 页。

书·禹贡》，"东渐于海，西被于流沙，朔南暨，声教讫于四海"。由此可以看出，中华大地是一个天然独特的地理单元，四周存在着自然形成的地理屏障，北边是沙漠和草原，西边是高山和高原，东边和南边面朝大海，使中华先民在这一片内部自成结构的大陆上相互依存和相互融合。杨松华提出，各地经济条件的巨大差异和物产的多样性使中国形成了三个自然经济区，具体是中部农耕区，包括黄河中下游地区；南部农耕渔猎区，包括长江中下游、淮河、汉水及珠江流域；北部游牧区，包括蒙古高原和青海东部。① 许倬云认为，中国古代自然形成的三种方式构成了三种形态的经济文化区，包括"旱地农业经济文化区、稻作农业经济文化区、狩猎采集经济文化区"。② 独特复杂的地理环境形成了农牧两大类型的经济和文化，这是自然形成的分工，进而形成了中华各民族的多元经济类型。这种按自然条件的特殊性发展起来的不同经济类型和地区性差异，为各民族之间的交换奠定了基础。

农耕经济区包括黄河流域与长江流域的水田和旱地经济区，这里生活的民族是新石器时代发展粟作农业的族群，以及靠近东海岸地区牧养和农耕兼具的族群。在距今五千年左右，农耕经济区的农业就已经开始发展了，正如《周易·系辞》所描述的"神农氏作，斫木为耜，揉木为耒，耒耜之利，以教天下"。由此可见，随着耒耜等工具的发明和耕作技术的提高，农业逐渐成为先民们的主要生活来源。以至后来在夏商周三代从多元发展成一体的，作为汉民族的祖先华夏族，其名称就是与农业相关。《尚书正义》对"华夏"的解释就是"冕服采章曰华，大国曰夏"，认为夏朝开始形成华夏族；《释名》说道，"夏，假也，宽假万物，使生长也"，表示夏天能够促进农作物的生长。由此可以看出，农耕经济的天然分工以种植粮食为主，粮食主要是谷物，被称为"粒食之民"。到春秋战国时期，农业的模式基本成熟，《孟子·梁惠王上》记载了当时的农业物质生活情况，"五亩之宅，树之以桑，五十者可以衣帛矣……百亩之田，勿夺其时，八口之家可以无饥矣"，谷物生产、蚕桑业及小家畜饲养构成了人们衣食的基本来源，并伴随着铁制农具的推广采用，如《盐铁论·水旱》所记载的"铁器，民之大用也"。因此，我们可以看到，正因为在农耕经济区百姓基本上能满足自身生活的需要，农耕民族相较游牧民族而言，社会结构更加稳定和完善，并在以后发展成为中华民族的主体民族。

---

① 杨松华：《大一统制度与中国兴衰》，北京：北京出版社2004年版，第13页。
② 许倬云：《说中国》，桂林：广西师范大学出版社2015年版，第20页。

在畜牧经济区，游牧民族的各族在不同的历史时期诞生、壮大、融合、消失与再生。我们通过游牧、狩猎民族的名字就可以了解他们的生活和生产方式，如"狄"字是带着狗在火边围坐的象形，这反映出了放牧人群喜欢饲养牧犬和围火而居的生活特征；"夷"字在《说文解字》中被解释为"从大从弓"，是携带长弓的狩猎和渔猎民族的象形；"戎"字在《说文解字》中被解释为"从戈从甲"，是民族尚武的象形；"羌"字"从羊从人"，是羊与人的组合，是西域牧羊人的象形。由此我们也看到了中华文化是以文化异同作为文化分野，而不是以血统为基本要素。由此可以看出，畜牧经济区的生产生活就是游牧民长期放牧、狩猎、渔猎，过着追逐水草而居的生活，如《史记·大宛列传》所述，"行国，随畜"，这里的游牧民族的"行国"就是相对于农耕民族的"住国"而言的。通过历史的描述，我们可以还原畜牧经济区各民族的生产生活方式，游牧民族作为畜牧狩猎经济的天然分工的结果，生产农耕民族不一样的产品和作物，而经济的不稳定性也是游牧民族生产生活方式的典型特征，行国忽强忽弱，兴衰无常。

中华大地上的自成格局，各种不同的地形与生产方式，形成各种不同的地方文化条件，也由此形成了不同文化面貌的各民族。中华先民自古以来对"民族"的认识就是一种文化的概念，对不同民族的区分是按生活方式和风俗习惯等不同的文化差异来辨别的，而这正是自然分工形成的结果，反映了由分工产生的不同生产方式和经济类型。复杂多样的地理环境和自然条件使中华各民族形成了各具特色的生产方式和社会传统，以及各式各样的经济类型分工，各地区、各民族生产不同的物资，拥有不同的资源，必然会在一定空间形成经济交流的客观条件和要求，所以，各地区、各民族之间物物交换、互相交易就在客观上显得十分必要和合理。正如李曦辉指出的，与其他民族不同，中华民族是在一个相对特殊的环境中形成与发展起来的，中华民族的形成得益于农牧互补的经济格局。农牧互补经济格局的天然分工促使中华各民族通过经常的交流与交换而互相补充，奠定中华民族共同体持续发展壮大的深厚根基。

### 三、形成：官方互市与民间贸易

马克思指出，在古代，每一个民族都由于物质关系和物质利益而团结在一起。① 韦伯认为，交易的产生可以追溯到远古的人类历史之中，而人们如此早地参与交易的一个原因就是资源被不平均地分布在世界之中，生活在一个生态领域的社群不得不开始与其他社群进行交易。初期，贸易属于种族群体之间的事物，它并不发生于同一部落或同一社群的成员之间。在最古老的社群中，贸易是一种外向的行为，只针对其他部落。② 由于中华各民族农牧自然分工格局呈现出农牧交错分布、民族交错分布、多元文化交汇的特点，因此，各民族在经济上就逐渐形成了相互补充、相互依赖、相互促进的共生关系。

先秦时期，由于史料较少，难以确切地知道各民族物物交换的起点，《易经·系辞》记载，"（神农氏）日中为市，致天下之民，聚天下之货，交易而退，各得其所"。根据记载，夏商周时期已经形成朝贡这样一种特殊经济交流和贸易方式，可见各民族的经济往来已经发生。在夏商周时期，直接以交换价值为目的的商品生产就已经存在了，并出现在各民族的贸易往来之中。到了周朝，《尚书·酒诰》就曾描绘了"肇牵车牛，远服贾用，孝养厥父母"的图景，到远方从事货物的买卖是一种长距离的商业贸易活动，以此进行交换的一定是本地缺乏的物品。西周时期已经大致形成了两类商人，一类是官商官贾，另一类是独立商贾、自由商贾，并在王畿各城市及各诸侯国都城设有市场管理机构。不同地区的人使用不同过往货物的玺节，各民族之间的贸易往来兴盛，这无疑是中原地区与边疆地区频繁经济交流的结果。到了春秋战国时期，农民的余粟、余布以及四方土特产都已经商品化，市场上的商品名目繁多，各地商贾往来于诸市进行交易。正如《周礼·考工记》所述的"通四方之珍异"，各地区各民族之间的商品和土特产品交换的规模和范围越来越大，四方的土特产品大都出现在了中原地区的市场之中。因此，随着地域分工的发展，四方更多产品成为商品，吸引了越来越多奔走四方的商人。《管子·禁藏》描述了往来于中原和边疆地区从事长途贩运贸易的商人，"其商人通贾，倍道兼行，夜以续日，千里而不远者，利在前也"。可以看出，由于天然分工的农牧地区不平衡发展，形成了全国生产种类多样而各区域相对单一的经济特点，官方互市和民间贸易代表着各民族各区域从互通有无、物物交换发展为贸易往来，出现了《史记·货殖列传》所描述的"天下熙熙，皆为利来；天下攘攘，皆为利往"的交易兴盛和商业繁荣的局面，既形成了

---

① 马克思、恩格斯：《马克思恩格斯全集（3）》，中共中央马克思恩格斯列宁斯大林著作编译局译，北京：人民出版社1960年版，第169页。

② Weber M.，*General Economic History*，New Brunswick：Transaction，1981，pp. 230–239.

农牧经济的共生互辅，又为各民族相互交往、相互依赖、相互融合奠定了经济基础，并逐步发展成为一股强大的凝聚力，使中华大地的各民族结合成为一个不可分割的整体，推动着中华民族共同体的形成与发展。

互市与贸易对于游牧民族而言极其重要，虽然其开展了部分农业生产，但更多地依赖于粮食、茶、酒、纺织品和金属工具等产品的供给。正是由于农牧民族生产要素互补的特点，游牧民族在与农耕民族发生联系后，就会形成紧密的经济交往以及各民族之间较为固定的相互依赖关系，并在中华文化认同的作用下，朝着一体化方向不断发展。华夏族像滚雪球一样，融合了越来越多的民族经济成分，形成了一个幅员辽阔、兼容并蓄的大中华民族和紧密联系的共同体经济。游牧民族都是主动"请市"于中原王朝，而如果中原王朝"禁市"，游牧民族则会因贸易而挑起战争，这样的历史不断在中华大地数千年来重复上演着。贸易稳定与否也影响共同体关系的关键因素。如《汉书·匈奴传》所言，"匈奴自单于以下皆亲汉，往来与长城下"，匈奴"尚乐关市，嗜汉财物；汉亦关市不绝，以中其意"，强烈要求与汉朝和亲及通关市，即"和亲，通关市，给遗匈奴"。《史记·刘敬传》记载，汉初匈奴"控弦三十万，数苦北边"，直到汉朝"以適长公主妻之"，并答应与匈奴互市，"以岁时汉所余"易"彼所鲜"，由此换来边疆"无事"。《后汉书·应劭传》记载，鲜卑"数犯障塞，且无宁岁。唯至互市，乃来靡服"。《宋史·食货志》记载，宋设置榷场与西夏党项族互市，亦称为"和市贸易"，"非官市者，听与民交易。入贡至京者，纵其为市"，互市盛况如《续资治通鉴·宋纪》所记载，"自与通好，略无猜情，门市不讥，商贩如织"。而当宋禁止互市时，则会如《宋史·郑文宝传》所述，"戎人乏食，相率寇边"，"关、陇民无盐以食，境上骚扰"，所以，结果只会是《续资治通鉴长编》所言，"亦禁私市，西人发兵压境，昌言遣使问其所以来之攻，西人言：'无他事，只为交易不通。'使者惧其兵威，辄私许之"。《明仁宗实录》记载，"西域使客，多是贾胡，假进贡之名，借有司之力，以营其私"，各民族的民间贸易越来越盛，"边疆无警，畿辅晏然"。互市及贸易的经济交往对于密切民族间的关系具有非常重要的作用。由于农牧互补格局而形成的经济文化的交流与互补，使各民族逐渐发展成相互依存、相互促进的关系，各民族的经济不断融合，呈现出百花争艳、多元一体的发展格局，为中华民族及共同体的形成奠定了坚实的基础。

**四、动力：交通道路与经济网络**

商品交换和交通有着密切的关系，商品交换离不开交通。只有不同的人群彼此接触、交往才能产生交换，而人群的流动、交往离不开交通。司马迁在《史记·平准书》中说道，"农工商交易之路通，而龟贝金钱刀布之币兴焉"，说明了商业与交通之间的关系。苏轼曾说，"都会待百货而后盈"，百货需待途通而后方能交流。瑞典经济社会学家理查德·斯威德伯格表示，"在历史上的一个较早的发展阶段，长途贸易就出现了"，"长途贸易是非常赚钱的，而本地贸易则相反，因此便有了各种从事长途贸易的行动者以及各种水平的投资"，"一旦商人离开他所在的社区，经商的风险就会上升，经商活动就需要专门的保护了"。①因此，在经济利益的驱逐下，随着分工和交换的区域不断扩大，各民族之间的贸易也兴盛起来，交通网络的修建与完善使贸易触角伸向更广阔的各民族地区。葛剑雄认为，经济上的互相制约和依赖，必然产生对交通运输的需求，但这种需求能否满足就取决于交通运输的能力。交通越发达，运输越便利，就越容易建立起稳定的地区间贸易和交流关系，这种关系又成为地区间联合或统一的经济基础。于是，我们可以看到，交通网络的铺展带来的不仅仅是各民族之间经济交往的深入，还有中华文化影响范围的不断拓展，让更多的民族逐渐对中华文化产生深厚的认同，在经济与文化的共同体作用下，使各民族之间的相互依存关系不断强化，中华民族的向心力、凝聚力不断增强，中华民族共同体的发展更加密切、牢固和壮大。多元民族经济区在中国巨大的版图中交错分布，各民族各区域在相互帮助和交融中生产出各民族各区域极具特色的产品，为了进行通畅的交流和贸易，于是产生了铺建交通网络的巨大动力，背后虽然有政治、军事的原因，但主要还是为了经济协作、商业贸易和相互往来。在中华大地上逐渐延伸开来的交通网络，使得在大一统的中华民族大家庭的人们更通畅地你来我往、互惠互利，各民族在相互渗透中进一步发展中华文化，增强共同体认同，促进中华民族的形成与发展。

在分裂割据、关卡林立的春秋战国时代，长途贸易的商业行为和通畅的交通网络建设是不可能实现的。秦朝一统天下后，开始实行"车同轨、修驰道、通水路、去险阻、设邮传"的大规模建设，使秦国各地有了发达的交通网络，移除了交通要道和经济交流中的各类障碍物，改变了春秋战国时期交通受阻的状态，为商品的远距离交换和互补提供了客观条件。交通网络的畅通促进了生产力的发展，带来了各民族各地区丰富的剩余产品，进一步促进了商品的交换流通，如

①　理查德·斯威德伯格：《经济社会学原理》，周长城等译，北京：中国人民大学出版社2005年版，第101页。

《史记·货殖列传》记载的"周流天下，交易之物莫不通"，还有"周人既纤，而师史尤甚，转毂以百数，贾郡国，无所不至"，这都反映出了秦汉时期的交通路网已经十分发达，并且形成了相当巨大的商运规模，体现了交通运输的强大实力。隋唐时期，发达的水运交通有力地促进了货物流通，开凿大运河形成了全国整体的水路运输网络，以漕运为中心连通长江、黄河、淮河和珠江等主要水系和支流。隋唐王朝还特别重视修筑通往周边民族地区的交通道路，对于加强汉族与少数民族的经济联系和文化交流具有重要的作用，各民族通过交通干道进行密切的联系和交流，从而形成了一个具有强烈中华文化认同的整体国家观和中华民族共同体的民族观。如《皇华四达记》记载的"长安通南诏道、吐蕃道"，"中受降城入回鹘道即参天可汗道"，"安西入西域道"等。我们可以看到历代王朝都把中华周边各民族视为大一统制度下的一分子，就是这样的天下国家观促进着各民族多元的经济、文化不断朝着一体化方向发展。在这些交通要道中，最出名的就是西向干道通往西域远至欧洲，形成于唐达鼎盛时期的丝绸之路。《后汉书·西域传》曾记载了丝绸之路的贸易盛况，"立屯田于膏腴之野，列邮置于要害之路。驰命走驿，不绝于时月；商胡贩客，日款于塞下"。唐朝诗人岑参还说，"凉州七里十万家，胡人半解弹琵琶"，在中华文化的熏陶下胡汉的生活习惯和文化认知已经融合在一起了。可见，在商品流通的带动下，西域各民族的生产方式已经与汉族交融在了一起。另一条交通要道在中华民族历史上也扮演着重要的角色，即《资治通鉴》中所记载的"参天可汗道"。自此以后，这条"参天可汗道"成了了北方草原游牧民族迁徙到中原的主要通道，历史上几次大规模的草原游牧民族的迁徙活动都是利用此交通干道展开的。由此可见，交通道路网络不仅打通了农耕经济区与畜牧经济区交往和贸易的经济通道，还打通了农耕民族与游牧民族长期交往、互相吸收、相互融合的文化通道。在宋辽夏金时期，各王朝将陆路交通继续向周边地区延伸，打通了崇山峻岭的陆路通道，由此可见，当时的生产力和科技水平已然很高，主要的陆路通道体现在连接中部与岭南的大庾岭商道的扩建，西南滇桂博马商道的贯通，以及川陕运茶通道的凿通，由此带来了通道沿线贸易的兴起，商人络绎不绝，少数民族也融入到中华民族的大经济市场中。正是各民族之间这种相互依存和不可分割的经济关系，进一步加深了对中华文化的认同，确保了中华民族共同体在最终必然走向统一。在元明清时期，国家再次实现高度的大一统，元朝建立了四通八达的驿路和星罗棋布的大小驿站，把各地区与元朝统治的心脏大都紧密联系在一起，并开通了京杭大运河；明朝继续开辟全国商业往来频繁的南北和东西交通大道，设立驿传制度保证交通及转运畅通，并在全国兴修主要交通干线；清朝已经在全国搭建起四通八达的交通运输网，由官马大道与分支辅路共同组成，以陆路为主，水陆联运，覆盖了整个清王朝的版图，将各地农村、市镇、城市都连接起来，呈现出从京师向全国各地放射的格局，成为当今国道公路网的基础。清朝形成了中国疆域的最终版图，中华各民族地区都成为了中国疆域不可分割的组成部分，是中华大地上各民族数千年来共同推动的结果。从秦朝车同轨、修驰道、去险阻开始，历经两千多年的发展，到清朝已经形成了四通八达的庞大交通网，为各民族的商品往来和贸易创造了物理空间和客观条件，而后带来了中华文化的传播和发展，形成了中华各民族的文化认同，进而促进了中华民族共同体的形成，并屹立于世界的东方。

在中国庞大的经济网络下，从中央到边疆，从农村到城市，都与交通网络系统密切相关，干道、支线以及河流航道编织成一个相当固定的交通网络。各区域各民族经由市场网络实现商品的集散和流通，市场网络依附于交通网络，以经济交换功能将中国凝聚成一个难以分割的经济共同体。而后在这个网络上，各民族彼此来往、相互融合，中华文化圈与交通网络、市场网络彼此叠合、互相强化，形成强大的凝聚力和广泛的吸引力，促进着中华民族共同体的所有成员紧密联系为互相依存的整体。交通网络系统在中华民族共同体的形成与发展过程中发挥着极其重要的作用。于是有的学者提出，中南半岛的越南、朝鲜半岛以及日本这三个地区自秦汉以后，就大量地接收中国文化和中国移民，一直以藩属国的角色存在于中华天下国家体系中，为何后来没有成为中国的一部分？究其原因，这三个地区有一个共同点，"从中国本部进入这些地区，都要经过海路"。常规的线路就是经广州由海路进入越南，经山东半岛由海路进入朝鲜半岛和日本。这样的交通方式不是经由中华大地的交通网络主干道渗透各处，"海路交通没有可寻的主干道和分支道，只是从一个港口到另一个港口，乃是跳跃式的联结，不同于陆路的交通，后者能够编织为持续存在的道路网，网罗新的地区位于中国的版图内"。① 从这个角度出发，可以看到中华大地上这张庞大的交通道路网对于中华民族共同体的形成发挥了不可或缺的重要作用，最终推动了中华民族多元一体格局的出现。

---

① 许倬云：《说中国》，桂林：广西师范大学出版社 2015 年版，第 87–88 页。

## 第三节　规模与范围：从政治大一统到
## 经济统一大市场

自古以来，中华民族共同体在各民族分工与交换的经济基础上形成，并呈现出螺旋式循环上升的发展路径。在中华民族共同体发展壮大的过程中，是什么动力推动着中华民族在共同体内外不断形成更高发展程度的分工，是什么动力促使着中华民族共同体从初级形式向着更高级形式不断发展壮大，又是什么动力促进着中华文化变得兼容并蓄、博大精深和源远流长？数千年来，中华民族的发展动力就是不断扩大的规模与范围。正如亚当·斯密所说，分工受到市场范围的限制，分工取决于市场规模，因此，农耕民族与游牧民族在自然分工的基础上往更高程度的分工发展时，同样会受到交换市场规模大小的限制，于是，各民族的交换就会寻求更大的规模与范围，也正因如此，吸引了越来越多的民族参与到中华民族共同体的经济分工与交换中，其结果就是中华民族共同体的边界不断扩大。

### 一、理论：规模与范围

亚当·斯密另一个重要的理论观点是关于市场规模的论述。他认为，随着交换的发展，分工也将有进一步的发展，但要受到市场范围的限制。换言之，就是市场规模、市场拓展及发育程度的限制。分工和交换的发展程度是由市场规模决定的。通过市场规模的大小，我们可以从供求关系中分析市场拓展与分工发展的关系。不断进行分工的商品生产者在市场中扮演的角色就是市场供给者或商品供给者，市场扩大，代表着市场的需求扩大，为商品供给者的商品提供更广的销路，促使商品生产者通过进一步的分工提高劳动生产力，增加商品供给。反之，市场狭小意味着市场需求不足，商品销路不畅，导致商品供给者失去通过进一步分工来提高生产能力的动力。那么如何扩大市场规模，作为经济自由主义者，亚当·斯密与古典经济学家的观点一样，通过经济自由化扩大市场规模，通过"看不见的手"发挥市场调节功能。然而，亚当·斯密并非认为通过市场调节就足够了，他也十分重视"国家轮子"的正常运转。[①] 承袭亚当·斯密的自由经济思

---

① 亚当·斯密：《道德情操论》，蒋自强等译，北京：商务印书馆1997年版，第231~232页。

想，大卫·李嘉图同样反对重商主义的贸易保护政策，提倡自由贸易，但与亚当·斯密的以绝对优势为基础的贸易理论不一样，他提出了比较优势贸易理论。李嘉图提倡的国际贸易背后蕴藏的思想是扩大市场规模和范围，由此可以尽可能地生产更多的产品，因为规模可以不断拓展。① 我们可以看到，李嘉图对分工的观点已经突破了亚当·斯密的微观视角，置之于国际的宏观视野之下，但他忽视的一点是，国际分工和贸易包含着不同国家、不同阶级，甚至包括宗主国和殖民地之间的矛盾。约翰·穆勒对斯密和李嘉图的分工和贸易观点进行了创新，强调互利的作用。他把商品的交换范围从国内市场推向国际市场，提出国际贸易能够有效地运用世界的生产能力，通过对外贸易获得本国完全不能生产的商品，使参加贸易的国家的生产物增加，使世界上的各种生产力得到更为有效的利用。② 穆勒认为，通过贸易进行的交往是进步的源泉，贸易可以迅速消除战争。贸易的作用已经融入了社会学的领域，其核心思想在于更大的市场规模和范围，有利于分工的发展和生产技术的改进，有利于文明的传播和和平的保障。

相比于古典经济学家更加强调均衡的思想，20 世纪后的经济学家更加关注演变和变异的主题。贝蒂尔·俄林在总结斯密、李嘉图、穆勒的分工和贸易理论的基础上，提出了动态的贸易理论。俄林认为，生产要素禀赋的地区间差别导致每个地方具有不同的生产能力和专业化的优点，进而在经济活动过程中产生多样的需求，于是引起了贸易的倾向和商品在地区间的流动。因此，他提出，生产要素禀赋上的差别就是贸易的原因。由于内部经济缺乏可分性，而外部经济同样不完全可分，因此，大规模经济是贸易产生的原因。③ 俄林认为，每个地区的生产要素供给有限，不可能有效地生产所需要的一切物品。俄林通过要素禀赋的差异，深刻剖析了大规模经济节约性存在的根源，以动态的视角看到了贸易的本质，就是将一个地区的需求同另一个地区的供给联系起来。阿林·杨格在继承和发展古典经济学家的经济进化观的基础上，提出了"杨格定理"，他假定一国的经济禀赋是既定的，不管怎样，决定其产业效率的一个最重要因素就是市场的规模，外部经济是产业间分工扩大、迂回生产的结果，带来的报酬递增应归于动态

---

① 大卫·李嘉图：《政治经济学及赋税原理》，郭大力等译，北京：商务印书馆 1962 年版，第 113 页。

② 约翰·穆勒：《政治经济学原理及其在社会哲学上的应用（下卷）》，赵荣潜等译，北京：商务印书馆 1991 年版，第 122-123 页。

③ 贝蒂尔·奥林：《地区间贸易和国际贸易》，王继祖等译，北京：首都经济贸易大学出版社 2001 年版，第 9-50 页。贝蒂尔·奥林又译为贝蒂尔·俄林。

领域，包括新自然资源应用、科学知识增加、人力素质提高等。① 小艾尔弗雷德·钱德勒是对规模与范围经济进行深入研究且颇有建树的现代经济学家，他认为，在规模和范围经济的条件下，带来的是更有效率的单位之间货物和服务的交换，在一定条件下，规模越大，范围越广，其交易的边际成本就越少，由此带来了经济效益的增加。②

现代物理学家杰弗里·韦斯特从生物、物理和经济的视角进一步揭开了规模经济背后的机理，他认为，"规模经济就是规模扩大带来的系统性节约"，"当人类开始组成一定规模的社区时，他们便为地球带来了一种全新的根本动力"，"这是超越生物领域意义的动力学，也导致了规模经济的发现"。③ 他对于规模与范围经济作用的观点颠覆了以往人们关于市场规模大小、产品多少的物理想象，指出了社会互动、社会经济活动增长与更大的规模经济之间的相互关系，所有社会经济活动都围绕着人与人之间的互动进行，人们之间联系的最大数量与总人数之间的简单非线性二次平方关系带来了各种各样有趣的社会影响，连接所有公众的社会网络中信息流的规模效应形成持续创新和财富创造的驱动力。韦斯特认为，"作为构成城市的两大主要因素，物理基础设施和社会经济活动这两种完全不同的网络的整合和相互作用魔法般地带来了规模经济效应以及创新和经济产出的极大增长"。④

## 二、起源：天下国家观与中华文化观

自古以来，中华大地得天独厚、特点鲜明的地理环境，以及由农牧互补格局形成的天然分工，使中华古代先民形成了朴素原始的思维，奠定了"天下国家"的思想基础。埃米尔·涂尔干表示，"每一民族对这个所谓的人类模式都有着自己独特的观念，观念本身是从民族自身的精神气质中产生出来的。每个民族都可以依照自己的想象来表现这个人类模式"。⑤ 塞缪尔·亨廷顿认为，"文明和文化都涉及一个民族全面的生活方式，文明是放大了的文化。它们包括价值观、准

---

① 阿林·杨格：《报酬递增与经济进步》，贾根良译，《经济社会体制比较》，1996年第2期。

② 小艾尔弗雷德·钱德勒：《规模与范围：工业资本主义的原动力》，张逸人等译，北京：华夏出版社2006年版，第16-17页。

③ 杰弗里·韦斯特：《规模：复杂世界的简单法则》，张培译，北京：中信出版社2018年版，第20-32页。

④ 杰弗里·韦斯特：《规模：复杂世界的简单法则》，张培译，北京：中信出版社2018年版，第257-329页。

⑤ 埃米尔·涂尔干：《社会分工论》，渠敬东译，北京：生活·读书·新知三联书店2017年版，第355页。

则、体制和在一个既定社会中历代人赋予了头等重要性的思维模式"。[1] 因此，中华民族自古对国家的想象就是"天下国家"的政治和文化形态。王柯认为，周边民族与中原王朝同属一个"天下"的天下国家思想，就是中国多民族统一国家思想的起源。[2] 所谓"天下国家"就是指当时观念中把全部人类当作一体，从中央到地方，只有统治权的顺位而没有边界的区划。[3] 如《尚书·商书·盘庚》中的记载，"天其永我命于兹新邑，绍复先王之大业，厎绥四方"；《尚书·夏书·禹贡》曾描述了大禹治水，"九州攸同，四隩既宅，九山刊旅，九川涤源，九泽既陂，四海会同"。可以看出，"九州""四海"即中华古代先民关于"天下"的地缘政治想象，一开始就是一个统一的整体概念，古代先民对规模与范围的认识从远古以来就是国家没有边界的，由此奠定了中华民族共同体在发展过程中追求规模经济与范围经济的思想基础。而"天下国家"的思想基础受中原地区农耕经济发展的影响，推动着古代中国不断追求更大的规模经济和范围经济，进而形成更大的分工和交换。正如约翰·R. 麦克尼尔和威廉·H. 麦克尼尔所说，"当水稻种植成为中国和其他东亚社会的基础之后，那种连续不断的田间劳作便对这些地区的家庭关系和大规模的社会结构起到了形塑的作用，使其按照一条与其他地区截然不同的路线向前发展"。[4] 这个发展的路线就是"中国文明对于其周边的各个民族产生了激励的作用，其结果就是在有文字记载的历史时期，以中国为中心的东亚都市网络持续地向外部新的地域拓展，并一直延续到今天"。[5]

从春秋到战国，中华民族的文化观已经基本形成，通过"天下国家"等思想文化交织的网络，形成了共同的文化心理和民族意识，在文化上形成了强烈的认同感，并且这种认同的范围在不断扩大，如连锁反应般辐射、膨胀、融合、交汇，为秦、汉开始的"今天下为一，万里同风"（《汉书·终军传》）的大一统文化格局奠定了基础。中华民族在社会变迁中遵循的是族类与文化并重，而把文

① 塞缪尔·亨廷顿：《文明的冲突与世界秩序的重建》，周琪译，北京：新华出版社 2009 年版，第 20 页。

② 王柯：《从"天下"国家到民族国家：历史中国的认知与实践》，上海：上海人民出版社 2020 年版，第 12 页。

③ 许纪霖、刘擎：《多维视野中的个人、国家与天下认同》，上海：华东师范大学出版社 2013 年版，第 137 页。

④ 约翰·R. 麦克尼尔、威廉·H. 麦克尼尔：《麦克尼尔全球史：从史前到 21 世纪的人类网络》，王晋新等译，北京：北京大学出版社 2017 年版，第 42 页。

⑤ 约翰·R. 麦克尼尔、威廉·H. 麦克尼尔：《麦克尼尔全球史：从史前到 21 世纪的人类网络》，王晋新等译，北京：北京大学出版社 2017 年版，第 55 页。

化标准放在首位，"因为华夏是大融合的产物，就其多重来源而言，华夏可以说是夷蛮戎狄所化成，分别与四周各民族都有共同的渊源"。① 变迁过程中包含着丰富的文化内涵和历史文化认同意义，并从民族意识中形成了文化差异的认识，进而在"不易其俗""不易其宜"的文化多元基础上，实现"修其教""齐其政"的政治统一理念，这种文化观念和国家统一的思想观念密切结合，产生了巨大的凝聚作用，使中华民族可以不断吸收各民族成分及其文化而发展壮大，呈现出不断汇聚、融合、吸收的特点，使中华民族共同体不断实现更高程度的分工，进而追求更大规模和范围的思想基础。因此，中华民族"天下国家"等文化观，使各民族基于生态环境和社会传统的多样性形成各种不同的经济，根据各民族自身的需求进行交换。在这个过程中，由于中华文化兼容并蓄的特点，形成了中华民族强大的凝聚力和认同感，进而实现了中华民族共同体规模和范围的不断扩大，促进了经济一体化的不断发展，创造了光辉灿烂的中华文明。

### 三、形成：大一统与朝贡体系

"大一统"思想萌芽于先秦时期，形成和实践于秦汉时期，对隋唐等后世王朝产生了直接影响。② "大一统"的"天下"观念虽然产生于中原地区的农耕民族，但这种观念却影响到了众多的边疆民族，尤其是北疆的游牧民族，天下"大一统"观念实质上成为多民族国家疆域形成的核心动力。持续的争斗导致现实中的政权疆域分布格局不断出现分裂和统一交替的情况，也不断波及中华大地的各个角落，最终促进了统一多民族国家的形成，同时也将众多的民族凝聚成为中华民族。伴随大一统产生的就是朝贡体系。古代朝贡是一种特殊的经济交流方式，自夏朝起就有了史料记载，游牧民族称臣纳贡是对中原王朝的认可和归附，同时也是游牧民族为了获得必要的生产工具和生活用品，或做生意牟利，以进贡的手段进行通商贸易，某种意义上也促进了规模经济和范围经济的发展。朝贡体系是确立政治隶属关系的标志之一，是构建和维持"天下"秩序的体系之一，在朝贡贸易中，大一统政治制度是第一位的，贸易方面的作用是从中衍生出来的。日本学者滨下武志认为，古代中国的贸易由朝贡贸易、互市贸易等官营贸易以及民间贸易组成，朝贡关系是其中一种以多重性质为特征的体制，朝贡的根本特征在

---

① 费孝通：《中华民族多元一体格局》，北京：中央民族大学出版社 2020 年版，第 289 页。
② 李大龙：《从"天下"到"中国"：多民族国家疆域理论解构》，北京：人民出版社 2015 年版，第 59-90 页。

于，它是以商业贸易行为进行的活动，也就是说，朝贡关系使以朝贡贸易关系为基础的贸易网络得以形成。① 约翰·R. 麦克尼尔和威廉·H. 麦克尼尔认为，"文明社会通过高水平的交换和合作所产生出来的财富与力量，具有极强的吸引力，远远超过了各种固有的社会紧张关系"。② "向草原各个部落支付的大量贡品，起到了将中国商品和生活方式传播到整个大草原，甚至深入到中亚地区的历史效用。而传播的内容非常丰富，因为中国人口尤其是南方地区人口的大规模增长，为中国经济的拓展提供了保障"。③ 因此，古代中国大一统政治的实现，促使交通网络铺展和交通工具创新，促进了驿站信息传输和人员往来，文字、货币与度量衡统一，以及与经济贸易相关的重要因素的实现，为交易成本的降低提供了可能性。朝贡贸易体系的发展，使得市场规模不断得以拓展和延伸，有利于实现规模经济和范围经济，并进一步促进各区域各民族专业化分工的发展，促进贸易往来与交流交往，充分显示了中华各民族经济间密切的内在联系和不可分割的整体性。

公元前 221 年，中国历史进入了一个新的时代，秦朝建立起空前统一的多民族大帝国，为了巩固统一，秦朝推行了"九州共贯""六合同风"的巨大统一工程，包括废分封、立郡县、地同域、书同文、度同制、行同伦、车同轨、修驰道、通水路、去险阻、设邮传等一系列涵盖政治、经济、文化各方面的措施。统一工程客观上去除了商品经济流通的障碍，改变了各区域各民族的经济闭塞和交通受阻的情况，实现了道路和水路交通网络相连接，方便了各区域各民族的经济和物资交流，为中华民族规模经济和范围经济的实现发挥了不可磨灭的重要作用。汉承秦制，实现了"大一统"思想的政治现实，巩固了大一统政权，扩大了大一统规模，实现了"四海为境，九州为家"（《汉书·严助传》）以及"广地万里，重九译，致殊俗，威德遍于四海"（《汉书·张骞李广利传》）的格局和盛况，把先秦以来特别是《春秋公羊传》的"大一统"理想变成了现实。秦汉的政治大一统，为各民族的经济发展创造了统一、安定、有序的政治和社会空间，各地区各民族的人才、观念与物资在全国的交通网络和市场网络内不断流动

---

① 滨下武志：《近代中国的国际契机：朝贡贸易体系与近代亚洲经济圈》，朱荫贵等译，北京：中国社会科学出版社 2004 年版，第 31-36 页。

② 约翰·R. 麦克尼尔、威廉·H. 麦克尼尔：《麦克尼尔全球史：从史前到 21 世纪的人类网络》，王晋新等译，北京：北京大学出版社 2017 年版，第 109 页。

③ 约翰·R. 麦克尼尔、威廉·H. 麦克尼尔：《麦克尼尔全球史：从史前到 21 世纪的人类网络》，王晋新等译，北京：北京大学出版社 2017 年版，第 119 页。

与周转，各种资源在全国各处分布、调配和整合，推动了规模经济和范围经济的初步形成。如《汉书·西域传》载杜钦所言，"凡中国所以为通厚蛮夷，慑快其求者，为壤比而为寇也"，即尽管朝贡起到了贸易的作用，但其最主要的还是政治功能，在于维护"大一统"的天下秩序，从而达到安定边疆的目的。因此，朝贡体系是确立政治隶属关系的标志之一，是构建和维持"天下"秩序的体系之一，在朝贡贸易中，大一统政治制度是第一位的，贸易方面的作用是从中衍生出来的。

秦汉之后，中国历史进入了三国、两晋、南北朝的动荡时期，大一统局面被封建官僚和军阀所替代。在经历了较长时期的分裂、割据后，隋唐王朝重新走向了更大规模的统一多民族国家的重建，实现了空前的民族大融合，并展现了与秦汉王朝不一样的"大一统"特点。第一，秦汉王朝的"大一统"疆域观念是"陛下以四海为境，九州为家"（《汉书·地理志》），隋唐王朝的"大一统"疆域观念变成了"天子以四海为家"（《旧唐书·礼仪二》）。从"九州为家"到"四海为家"，可见王朝疆域和管辖区域的扩大和深入，隋唐王朝实现了长城南北的统一，将中原农耕腹地与周边纵深地域结合了起来，以羁縻府州隶属皇朝，至于"万国朝未央"或"万国之会"（《柳宗元集·卷二十六》）的盛景。第二，秦汉王朝的大一统君主是"威德遍于四海"（《汉书·张骞传》）的皇帝，隋唐王朝的大一统君主变成了享有"天可汗"和"皇帝"（《通典·边防十六》）双重尊称的"天下共主"。长城以北的游牧民族第一次明确唐皇帝是自己的最高君主，出现了"文皇南面坐，夷狄千群趋。咸称天子神，往古不得俱。献号天可汗，以覆我国都"（《柳宗元集·卷一》）的景象。第三，秦汉王朝的"大一统"文化观念是区分文化和地域的统一，隋唐王朝的"大一统"文化观念变成了"天下一家"的统一。《资治通鉴·卷一百九十八》记载"自古皆贵中华，贱夷狄，朕独爱之如一，故其种落皆依朕如父母"。由此可见，隋唐王朝"大一统"的思想和观念呈现出开放、自信、兼容，你我一家、彼此不分的特点。在隋唐的政治大一统下，经济发展高度繁荣，朝贡贸易体系也得到了巨大发展，推动着隋唐的规模经济和范围经济达到历史未有之盛况，出现了"百蛮执赞，万国来庭，朝野欢娱，华夷胥悦"（《唐大诏令集·卷三》）的写照，达到了"前王不辟之土，悉请衣冠，前史不载之乡，并为州县"（《唐大诏令集·卷十一》）的辉煌。

隋唐之后，进入了又一次从分裂到统一的时期，元王朝将西藏划归宣政院统辖，第一次将西藏纳入中央政权的控制和管理之下，西藏进入了多民族国家疆域的凝聚历程，成为了不可分割的一部分。元朝实现了空前规模的统一，将边疆与中原各民族紧密联系在一起，实现"无此疆彼界"之分，各民族相互往来，"适千里者如在户庭，之万里者如出邻家"（《麟原文集·前集·卷六》）。元朝大一统局面的出现，进一步扩大了中华民族的规模经济和范围经济，促进了中华民族共同体的发展。明朝的大一统进一步发展为"天下一统"和"华夷一家"，明太祖曰："天下守土之臣，皆朝廷命吏，人民皆朝廷赤子"（《明史·卷一百三十六》）。清王朝的大一统彻底否定了"华夷之分"的思想，代之以"天下一家，满汉官民，皆朕臣子"（《清世祖实录·卷四十》），所谓华夷只是地域的区别，"本朝之为满洲，犹中国之有籍贯"（《大义觉迷录·卷一》）。清朝的大一统已经剔除了民族偏见，强调各民族自古生活在中国之域内，"朕统一寰区，无分中外，凡有人民，皆吾赤子"（《圣祖仁皇帝圣训》）。清朝通过了"改土归流"和"臣民"整合等措施，同时还制定了《大清律例》《理藩院则例》《蒙古律例》《回疆则例》《钦定西藏章程》等系列律令，以法的形式实现对各民族的意识整合。由此可见，清朝的大一统对奠定中国的版图做出了巨大贡献，也奠定了如今统一多民族国家的基本格局。在元明清的大一统制度发展到历史之巅时，整个中华民族共同体也发展成了一个完整的不可分割的整体，"大一统"思想和中华文化整体观扎根在各民族人民的心里，对中华文化的认同成为凝聚各民族人民的重要精神力量。与此同时，朝贡体系也伴随"大一统"制度的发展达到了历史新高度。滨下武志认为，近代亚洲市场的形成来源于中国的朝贡体系。[①] 朝贡体系发展之完善，折射出的就是往来巨大的朝贡贸易数量和金额。

从古代中国政治大一统的历史来看，国家会统一，也会分裂，但总体趋势是走向统一；民族会融合，也会分裂，但总体趋势是走向融合。杨松华表示，"一个永远不争的事实是，大一统制度几乎无一例外地被新王朝接受了下来，即使在分裂时期，各分裂国的皇帝也无不把重建大一统国家作为自己的最高目标"。[②] 这背后的原因就在于政治大一统带来了经济统一大市场，促进了生产力的发展，形成了规模经济和范围经济，推动了各区域各民族分工的专业化发展，分工形成了交换的强烈需求，又促进了经济一体化的发展，即便进入分裂时期，追求经济

---

① 滨下武志：《近代中国的国际契机：朝贡贸易体系与近代亚洲经济圈》，朱荫贵等译，北京：中国社会科学出版社 2004 年版，第 5 页。

② 杨松华：《大一统制度与中国兴衰》，北京：北京出版社 2004 年版，第 31 页。

一体化的物质力量终将趋向统一与融合，而在这其中起到润滑作用的就是中华文化的"大一统"思想在历史长河中的长期稳定和开放包容的作用。受中华文化影响、在大一统基础上产生的朝贡体系，在不同国家和民族与中原王朝持续不断的交往与互动中，传播了中华文化，并影响至今。"大一统"制度自秦朝到清朝时发展到了历史之巅，整个中华民族共同体也发展成了一个完整的不可分割的整体，"大一统"思想和中华文化整体观扎根在各民族的心里，对中华文化的认同成为凝聚各民族的重要精神力量。与此同时，朝贡体系也伴随"大一统"制度的发展达到了历史新高度。历代的政治大一统制度以及大一统的附属物朝贡体系，在古代中国和亚洲的经济发展中扮演了重要的角色，大一统制度和朝贡体系便于清除人为的经济障碍，整合市场，促进各类资源与生产要素流通，充分发挥经济潜力；便于开展各类大型公共工程建设，建设覆盖全国各地的道路网和水路网，兴修水利，提高应对自然灾害的能力；同时也便于各民族在和平与安全的环境中互相往来，通婚通商，增强相互间的感情与交易间的信任。基于以上优势，大一统制度和朝贡体系降低了各区域各民族之间的交易成本，扩大了市场规模，实现了中华民族经济的规模和范围效应，反过来又促使各民族结合成一个不可分离的民族共同体和经济统一体。

### 四、动力：正统之争与文化认同

"正统"一词最早见于《春秋》，《汉书·王褒传》中王褒对宣帝说，"共惟《春秋》法五始之要，在乎审己正统而已"，集注：服虔曰："共，敬也"，公羊家观点认为"五始"的关键在于正统，强调兼统和元始。"大一统"之集大成者董仲舒在《春秋繁露》中曾表示，"王正月"代表着正人伦纲纪，是"大一统"的需要。"正统"意味着兼综天下和上溯于天，是各朝各代君主的竞逐对象。中华民族两千多年的大一统历史，就是各民族不断克服分裂，不断走向日益巩固统一的政治历程。构成大一统历程的深层原因，就如亨廷顿和博兹曼所说，是各民族心灵深处不断巩固和增强的中华文化认同，无论是汉民族王朝政权还是少数民族王朝政权，都在追求着承继中华正统地位，进而形成了对中华文化认同的延续，使大一统成为中华历史发展的主流。因此，围绕中华正统地位的争夺与对中华文化的认同是保证中华民族统一和凝聚的重要源动力。中华民族是文化的共同体，是在先秦时期"天下国家"等思想基础上逐渐发展起来的，血统是先天的，文化是后天的，因此，建立在文化基础上的中华民族很容易像滚雪球一般越来越大。① 由此可见，中华文化是中华民族存在的重要原因，不同的民族对中华文化认同与否就决定了其是否有成为正统的机会

其一，"正统之争"可见于各朝各代各民族以"血缘、族源"的名义，将远古神话传说中的"三皇五帝"作为同源共祖的观念进行阐述，认祖归宗本身就是对中华文化的强烈认同。汉民族向来自称华夏族为"炎黄子孙"，华夏族前身的夏商周也如此记载。在长城以南，秦朝称"秦之先，帝颛顼之苗裔"（《史记·秦本纪》），而在长城以北，匈奴称"匈奴，其先夏后氏之苗裔"（《史记·匈奴列传》），都称"三皇五帝"为其始祖。魏晋南北朝时期出现了混战、割据的局面，大一统不复存在，因此，正统之争就显得尤其重要。前赵政权的君主匈奴人刘渊，以汉朝之甥，自称"汉王"，强调自己在中原建立政权的合法性，可以看出其背后代表的文化认同，后来更是直接以"刘氏"继承人自居了。夏政权的君主匈奴人赫连勃勃在刻石颂功德时写道，"我皇祖大禹以至圣之姿，当经纶之会……传世二十，历载四百……巍巍大禹，堂堂圣功。仁被苍生，德格玄穹"（《晋书·赫连勃勃载记》），表明他是以禹的继承者自居的。前秦政权的君主氐人苻洪称，"其先盖有扈之苗裔"（《晋书·苻洪载记》）。隋唐王朝皇室本身是鲜卑族与汉族结合的结果，重新实现大一统后，唐太宗以秦始皇、汉武帝的直接继承者表明正统的地位，更重要的是尊崇儒学，如唐玄宗所说，"弘我王化，在乎儒术……故能立天下之大本，成天下之大经"，以中华文化为立国之根基。宋辽夏金时期，中国历史再次进入了大分裂时代，辽朝的契丹人源自鲜卑人，开国初基于本民族青牛白马的神话故事（《辽史·太宗纪下》）"以辽水名国"，以"蕃"自称外于"中国"，开始正统之争后，"其国书始去国号，而称南、北朝"，以"北朝"自称居于"中国"，并在辽国史《皇朝实录》中称辽为轩辕后，在《辽史》中亦称"辽之先，出自炎帝"。西夏朝的党项人源自羌人，《隋书·党项传》载，"党项羌者，三苗之后也"，在西夏立国后元昊称帝，提出"天授"之说，可见中华文化认同对西夏的深刻影响，于是有"蕃汉弥人同一母，语言不同地区分"（《宋史·夏国传》）之说，表达了对中华同祖的亲密认同感。金朝女真人在灭北宋后，开始以中华文化正统自居，"诏定前代帝王合致祭者"，"始祭三皇五帝四王"，立"三皇、五帝、禹、汤、文、武皆垂世立教之君"（《金史·章纪宗四》），对中华先祖及历代帝王的祭祀可见金朝对中华文化的深刻认同。

---

①  费孝通：《中华民族多元一体格局》，北京：中央民族大学出版社 2020 年版，第 17 页。

元朝实现中国历史前所未有的统一，开国皇帝忽必烈（蒙古人）在《建国号诏》中从三皇五帝论起历代正统皇朝，表明自身是名正言顺地侧身于中华正统皇朝序列，表达了对中华文化的倾心、重视和认同，以中华人自居。清王朝是中国封建社会最后一个统治王朝，由满人建立，也是将正统地位之争发挥至极的最后一个少数民族政权。清朝从建立伊始，就把对中华文化一脉相传的正统地位自觉表示认同，并一再强调其正统的合法、合理性，突出特征就是每一位清帝特别重视祭祀炎黄二帝，强调"自古帝王，受天明命，继道统而新治统"（《炎黄汇典》）。特别是在面对汉族文人以"夷狄"质疑清朝正统地位时，雍正帝表示清朝"肇基东海之滨"无可讳言，但"上天厌弃内地无有德者，方眷命我外夷位内地主"（《大义觉迷录》）。清朝统治者的思想深处所传达的依然是对中华文化的认同与传承，从整个中华历史的高度诠释了"天下一统"，有力加强了中华民族共同体的认同感和凝聚力。

其二，"正统之争"可见于各朝各代各民族通过与中原王朝"和亲"以列入"正统"序列的努力，"和亲"并不会改变整个民族的血统关系，但通过"和亲"却是对中华文化的接受和认同。在汉王朝时期，如西域龟兹王绛宾迎娶汉解忧公主之女后，"愿与公主女俱入朝……留且一年……乐汉衣服制度"（《汉书·西域传》）。各少数民族政权都以姻亲关系强调了自身的正统合法性。在唐王朝时期，吐蕃赞普松赞干布"奉表求婚"，与文成公主和亲后进一步向中华文化认同迈进，不仅派贵族子弟入长安学习，还聘请唐朝人到吐蕃掌管文书，后世赞普都尊称唐帝为"舅"，自称"甥"，唐蕃会盟碑至今存于西藏拉萨大昭寺前。回纥可汗与唐"喜于和亲，其礼甚恭"，并自称"今为子婿，半子也"（《旧唐书·回纥传》），此后一直延续到宋，"回鹘世称中朝为舅，中朝每赐答诏亦曰外甥。五代之后皆因之"（《宋史·回鹘传》），这正是对中华文化认同的生动例证。

其三，"正统之争"还可见于各朝各代各民族推行中华文化的实际行动，崇儒学、兴教化，扩大中华文化的影响力，以求获得传承中华文化的正统之权。前秦政权的君主氐人苻坚在兴办太学、培养儒生方面是典型代表，"坚广修学官，召郡国学生通一经以上充之，公卿已下子孙并遣受业"（《晋书·苻坚载记》），其学官办得很有规模，产生了良好的社会效果，强调德政的中华文化精髓得以阐释和实践，并扩大了中华文化的覆盖面，苻坚还修建了明堂，努力扮演大一统与中华文化正统继承者的角色。北魏开国之初就推广中华文化，拓跋珪"初定中原……便以经术为先。立太学"（《魏书·儒林传序》），甚至在朝廷上"断诸北语，一从正音"（《魏书·献文六王传·咸阳王禧传》），以汉语为官方语言，其效果就是"移风易俗之典，与五帝而并迹；礼乐宪章之盛，凌百王而独高"（《洛阳伽蓝记》）。隋唐时期，中原王朝"盖德泽洽，则四夷可使如一家"（《资治通鉴·卷一百九十七》），大力推广中华文化，西南、东北、西北等各少数民族"率以儒教为先，彬彬然与诸夏肖矣……其向风仰流，归吾化哉"（《全唐文·卷七百九十四》），"于其国内设文籍院，以储图书。设胄子监，以教诸子弟。稽古右文，颇极一时之盛"（《渤海国志长篇·卷十六》），各少数民族接受和学习中华文化，强化中华文化认同。在宋辽夏金时期，《辽史·义宗倍传》曾记载，辽朝建国初就建孔子庙，并且极力推广儒家文化。从关于基层的记载可以一睹辽朝尊孔崇儒给社会带来的影响，"务农桑，建孔子庙学，部民服化"（《辽史·大公鼎传》），"务农桑，崇礼教，民皆化之"（《辽史·萧文传》），以至元朝名臣契丹人耶律楚材叹曰："辽家尊汉制，孔教祖宣尼"（《怀古一百韵寄》）。各民族学习中华文化之盛，可从汉语言的传播窥探其规模，宋朝许亢宗在《奉使行程录》中曾记载了一个现象，在契丹、渤海、奚、高丽、女真诸族错综复杂的地区，人们在交往中，"凡聚会处，诸国人言语不通，则各为汉语以证，方能辨之"，可见汉语在各民族交往中的重要地位和作用，也可以看出各民族在经济文化上有着极其密切的联系。元朝实现统一后，历代君主都倾心并致力于推行中华文化，以获中华正统地位，加封孔子为"大成至圣文宣王"（《元史·武宗纪》），将多部文化经典译成蒙古语以供更多的人学习，"命奎章阁学士院以国字译《贞观政要》，镌板模印，以赐百官"（《元史》），同时面向更大范围"立京师蒙古国子学，教习诸生"（《元史·选举志》），中华文化学习规模发展迅速，"自京师至于偏州下邑，海陬徼塞，四方万里之外，莫不有学"（《金华黄先生文集·卷十》）。

清末学者、维新思想家王韬在《弢园文录外编》中指出，"苟有礼也，夷可进为华；苟无礼也，华则变为夷"。正是因为"华夷可变"的存在，所以才有了历史上各王朝各民族竞逐"正统"以得"天下"的斗争。在中华历史上，在历朝历代文人将相的眼中，王朝之上有"天下"，而这个"天下"恰恰就是中华文化仁义德政组成的正统，代表着王朝统治最高权力的合法性。美国政治学者白鲁恂也表示，"中国其实不是一个国家，而是一种伪装成国家的文明"。[1] 历史学家钱穆指出，古代中国与罗马帝国的扩张形式是不同的，罗马帝国是以军事为后盾

---

① Pye L. W.，"China：Erratic State，Frustrated Society"，*Foreign Affairs*，Vol. 69，No. 4，1990.

进行对外扩张的，而古代中国则是以文化为中心将四周向内凝聚，中国人常把民族消融在人类观念里面，也常把国家观念消融在天下或世界的观念里。① 这是中华民族独有的发展模式，中华文化历史悠久、文明灿烂而又未曾中断，维系着中华民族共同体在历史的波涛骇浪中历经两千多年的发展而统一和凝聚、发展和壮大。历代各朝各民族在角逐正统之争后，貌似获得了自由选择文化的权力，依历史之潮流选择中华文化，中华文化的宝贵之处正在于可以兼容并蓄各民族的文化和认同，不以排他性为前提，因此也就很快可以获得各民族对中华文化的认同。正如许倬云认为，中华文化引以为傲的独特之处，并不是以其优秀的文明去启发与同化四邻，而是中华文化自身的容纳之量与消化之功，并以消化融合后的庞大能量，构成一个动能强大的核心体，继续不断吸纳四周的文化，不断成长和深化。② 李曦辉认为，自古以来中华大地上各民族的构成不以血统为辨，而以文化认同为辨，使得中华民族在形成过程中可以最大程度地吸收自愿融入进来的各民族，扩大了民族认同的范围，有利于实现规模经济和范围经济的效益。③ 因此，自古以来的正统之争由此产生对中华文化的认同，构成了中华民族共同体不断发展和壮大的源动力，吸引着周边各民族加入中华文化的正统之争中来，无论他们成功与否，都被更加先进的中华文化所折服，接纳、认同并吸收中华文化，并将各民族多元的文化特色注入中华文化，使中华文化不断发展壮大，也使更多的民族源源不断地加入中华民族共同体之中，实现血统的混合和文化的包容，以及地理疆域、民族实体、文化网络的持续不断扩大，进而为中华民族共同体的经济发展实现规模经济和范围经济提供源源不断的动力。

## 第四节 认同与发展：从中华文化认同到实现人的全面发展

认同与发展在人类社会中看不见、摸不着，但自人类文明社会形成至今，小

---

① 钱穆：《中国文化史导论》，北京：商务印书馆1994年版，第23、第132页。

② 许倬云：《万古江河：中国历史文化的转折与开展》，长沙：湖南人民出版社2017年版，第102—104页。

③ 李曦辉：《论民族国家模式差异化的根由》，《中央社会主义学院学报》，2018年第3期。

到个人和家庭，大到氏族、部落、族群、民族和国家，都是社会中的客观存在，并以不同的生产关系形式表现出来，构成了人类文明社会的历史和未来。中华民族共同体的形成与发展自古以来也是围绕着"认同与发展"的主题在不断演变。中国从蕞尔小国发展成多民族统一的泱泱大国，究其原因，一方面是中华文化包容性的特点，由于各民族对中华文化的认同，促使各民族不断加入和融入中华民族共同体中；另一方面是在中国古代的封建社会里，民众享有更高程度的开放和自由，自秦汉开始，地主制的经济制度的发展趋势就是农民不断地从地主和土地的束缚中解放出来，人身依附关系越来越弱，由此造就了各民族大量的迁徙和贸易往来。由此，中华大地上的许多部落、族群、民族实现了从奴隶制、领主制向更高一级制度的转变，也实现了更加自由和解放的民族发展过程。对中华文化的认同使得包容的中华文化基因存在于各民族中，反过来又进一步促进了中华民族共同体的稳定和凝聚，也促进了璀璨绚丽的中华文化的发展。因此，中华民族共同体并不像韦伯所说的罗马帝国那样一张"脆而细的薄网"，在中华文化的作用下，促进了中华民族共同体的不断发展壮大。展望中华历史，古代中国各民族的发展就是朝着更加自由、解放的趋势不断发展的，朝着更高阶段的人类社会文明形态共同迈进。但古代中国受限于历史条件，民族关系始终处于被压迫和不平等的状态，直到中华人民共和国的成立，几千年来民族间不平等的关系被彻底终结，实现了各民族平等这一人类历史上的根本大事。而后在社会主义制度和经济初步形成后，各民族又开始迈向了共同发展和共同繁荣的历史征程，并朝着实现人的全面发展的宏伟目标不断进步。因此，认同与发展是中华民族共同体形成和发展的经济逻辑，也是中华民族共同体延续和壮大的必然选择。

### 一、理论：认同与发展

经济社会学对认同与发展的研究更多地站在了民族、阶级、国家等社会概念和社会意义的角度，探讨了认同与发展的经济学意义，并且更多地关注了认同与发展的关系，发展是认同的目的，是聚焦在认同基础上的发展。关于认同的相关理论在前文已经作了详细论述，这里主要从发展的角度进行理论的阐述。马克思站在人类解放的历史视角对社会文明形态的发展进行了全面的论述，"社会生产关系，是随着物质生产资料、生产力的变化和发展而变化和改变的"。[1] 人的自由全面发展理论的提出就是马克思整个理论体系的最高价值命题，也是对人类文明社会发展的高

---

[1] 马克思：《资本论（第一卷）》，郭大力等译，北京：人民出版社1968年版，第367页。

度概括。马克思指出，"人类历史的演进经历了三大社会形态"①，具体而言，第一阶段为"人对人依赖"的以自然经济为主的原始社会、奴隶社会和封建社会的古代阶段，第二阶段为"人对物依赖"的以商品经济为主的资本主义社会和社会主义社会的当前阶段，第三阶段为"个人全面发展"的以自由劳动和时间经济为主的共产主义社会的未来阶段。人类的三个阶段以及不同的社会文明形态逐渐升级，依次演进。由此可以看出，马克思对发展的理解是对西方经济学中对劳动"对象化"和"异化"的批判，认为人是自由的存在物，人的真正本质在于劳动，目的是发展自己的本质能力。② 因此，从他的历史唯物主义观来看，"必然王国"是人类生存的异化状态，这是一个生产力还相对不发达的状态，人们还生活在私有制、分工的社会中，"自由王国"是"必然王国"的飞跃，这是人类生存的高级状态，"建立在生产力高度发达的基础上，并彻底消灭了私有制和社会分工"。马克思描述了"真正的共同体"是人类未来社会的美好蓝图，那是一个"联合体"，"每个人的自由发展是一切人的自由发展的条件"。③

## 二、起源：从编户齐民到改土归流

学者们关于秦汉时期的社会经济形态是奴隶制还是封建制，或者说古代中国是从什么时候开始进入封建制的有着大量的研究和探讨。从秦汉时期的生产力发展水平，以及与此生产力的性质和水平相适应的生产关系的总和来看，更多的学者倾向于认为秦汉时期已经确立了封建制，并奠定了此后王朝社会的基本格局，比欧洲社会确立封建制的时间早。这个历史意义在于相较于欧洲民众，中华先民更早获得了一定程度的自由，特别是在中原王朝的封建制建立后，更多的自由劳动者出现，秦朝的编户齐民就是典型的标志。就如韦伯所说，"在古代西方，自给自足庄园中的非自由劳动反而日益占据经济的主导地位"，"古代经济中的非自由劳动部分和劳动力的积累达到惊人的程度"。④ 正是由于非自由劳动的存在阻碍了欧洲经济的发展，也因为欧洲的非自由流动导致了各民族无法进行长期交

---

① 马克思、恩格斯：《马克思恩格斯文集（8）》，中共中央马克思恩格斯列宁斯大林著作编译局译，北京：人民出版社 2009 年版，第 52-59 页。

② 马克思、恩格斯：《马克思恩格斯文集（8）》，中共中央马克思恩格斯列宁斯大林著作编译局译，北京：人民出版社 2009 年版，第 157-162 页。

③ 马克思、恩格斯：《马克思恩格斯全集（1）》，中共中央马克思恩格斯列宁斯大林著作编译局译，北京：人民出版社 1956 年版，第 273 页。

④ 马克斯·韦伯：《民族国家与经济政策》，甘阳译，北京：生活·读书·新知三联书店 2018 年版，第 10 页。

往，致使亚欧大陆的西岸上没有形成民族共同体，没有留存下来古欧洲的文明。与之相反，古代中国由于更早地进入封建制，一定程度上解放了自由劳动者，不用依附于奴隶主个人，农耕劳动者才有可能将剩余的产品带到市场上易其所需，游牧劳动者因其"逐水草而居"的生活方式得以产生交换的可能，从而在农牧互补的分工格局下，促进各区域各民族交换与贸易的产生。有了自由劳动，所以就有了贸易往来，有了贸易往来，于是便有了文明传播。交换与贸易促进了各民族之间的相互交往，推动了中华文化的传播。李斯特认为，文化的特点就在于，更高水平的文化相较于较低水平的文化更加具有吸引力，于是，当两个不同文化水平的民族进行接触和交流时，较低水平文化的民族总是被更高水平的文化所折服。① 古代中国自秦汉时期起呈现出的整体趋势就是劳动者的自由程度不断提高，同时，自由劳动者的数量不断增多，为经济发展释放更多的自由要素，促进经济发展形成更高程度的分工，带来更大规模的贸易往来。因此，不断扩大的贸易往来推动了文化传播，形成更大范围的中华文化认同，促进各民族之间的交流交往与相互融合，推动更多的少数民族向人类社会更高的文明阶段迈进，更深层次地融入到经济共同体中，最终推动中华民族共同体的形成与发展。

在"天下国家"思想的影响下，在战国时期已经出现了"编户齐民"的国家形态，政府按户登录人口，谓之"编户"；理论上，凡编户之民皆脱离各级贵族特权的人身束缚或压迫，是一国君主直接统治的平等人民，谓之"齐民"，由此，"编户齐民"作为封建制的产物，成为王朝制度的基石。秦统一全国之后，立郡县制度，实施编户齐民制度，将编户齐民的范围拓展到"天下"，天子领有万民，彻底打破了农奴制转变为编户齐民的天下国家。汉袭秦制，继续实行编户齐民，在编户齐民的基础上实行徙民实边，如《汉书·平帝纪》所记载"募徙贫民，县次给食。至徙所，赐田宅什器，假与犁、牛、种、食"，移居边疆充作编户民，填充边疆人口真空。许倬云认为，这种编户齐民的国家形态延续了两千年之久，在近代世界大变化以前，中国文化与经济在这种国家形态下有相当长时期的涵泳与凝聚，中国的政治体、文化体及经济体三者几乎完全重叠；即使在三者扩大的过程中，新吸纳的部分也往往逐步融入其中，成为巨大共同体的一部

---

① 弗里德里希·李斯特：《政治经济学的国民体系》，陈万煦译，北京：商务印书馆 2017 年版，第 125 页。

分。① 自秦汉时期起，农耕经济区以"天子"为中介的形式，实现了农奴的自由，逐步迈向自由劳动的阶段，当然这种自由是有限度的自由。农耕经济区的各民族相较畜牧经济区而言，率先从氏族制、奴隶制中摆脱出来，进入更高一级人类文明的封建制，自由劳动的出现也促进着经济、政治及文化形态的进一步发展，并由此揭开了吸引、接触、斗争、凝聚、解放、混杂和融合畜牧经济区各民族的历史进程，也开启了中华民族共同体形成和发展的序幕。由于中原王朝编户齐民与徙民实边的出现，周边各民族的劳动者与中原王朝的自由劳动者开始了频繁的交换与贸易，受战争、贸易、移民、屯田等因素的影响，越来越多的周边各民族加入到了中原王朝。技术、商品和态度不断从各个文明的核心地带逐渐向外传播，一条文化带便显现了出来，而且沿着这条文化带分布的各个地区的社会和环境的各种张力也随之加强。无论何时，某个地方的精英集团一旦在获取城市生活方式和奢侈品等的欲望驱使下选择模仿文明的各种方式，那么他们就得背弃当地原有的礼仪仪式、权利和习俗。为了满足各种新的欲求、趣味，他们往往还得加强农业生产并使之商品化。② 由于游牧民族的文明形态、社会制度、风俗习惯等与农耕民族大为不同，因此，从秦汉时期到明清时期，中原王朝实行了从"因俗而治"到"羁縻之制"再到"土司制度"的政策。

秦汉时期，中原王朝开始实行"因俗而治"的政策，如《后汉书·乌桓鲜卑列传》所记载，"徙乌桓于上谷、渔阳、右北平、辽西、辽东五郡塞外……置护乌桓校尉，秩二千石，拥节监领之"。匈奴、乌桓、鲜卑、羯、羌等游牧民族随着世代的发展，久居郡县与农耕民族杂居，在文化的熏陶之下，到了魏晋南北朝时期，逐渐从因俗而治发展成为中华文化认同，通过编户齐民获得自由之身后从事农耕生产，逐渐使本民族迈向更高一级的人类文明形态，融入中华民族共同体。如《晋书·石勒载记》记羯人石勒"遣使循行州郡，核定户籍，劝课农桑"。再如《魏书·官氏志》载北魏王朝的鲜卑人"散诸部落，始同为编民"，《魏书·贺讷传》载拓跋珪"诏给内徙新民耕牛，计口授田……离散诸部，分土定住，不听迁徙，其君长大人皆同编户"。随着与农耕民族的接触、贸易和交往，在"大一统"政治和"正统之争"的推动下，游牧民族在经济方式上转变为农耕经济，学习中原文化并形成中华文化认同，部族之众转变为编户齐民，最终融

① 许倬云：《历史大脉络》，桂林：广西师范大学出版社2009年版，第35页。
② 约翰·R. 麦克尼尔、威廉·H. 麦克尼尔：《麦克尼尔全球史：从史前到21世纪的人类网络》，王晋新等译，北京：北京大学出版社2017年版，第108页。

入到中华民族共同体之中，实现了文明形态的进化。

到了盛唐时期，唐朝统治者深刻领会到了在中华文化下"因俗而治"的重要作用，实行了羁縻府州制度，"唐置羁縻诸州，皆傍塞外，或寓名于夷落"（《新唐书·地理志》）。唐高祖曾表达了羁縻制度的目的，"因而镇抚，允合机宜，分命行人，就申好睦，静乱息民，於是乎在"（《全唐文·命行人镇抚外藩诏》），唐朝以文化的力量变夷狄为中华，背后可以看出"天下国家"等思想的根源，也可以看出中华文化博大精深、开放多元的魅力，中华文化的门户始终是向着各民族所有人敞开的。《资治通鉴·卷二百三十三》记载了羁縻府州制度的成效，"开屯田以供粮粮，设牧监畜马牛，军城戍逻，万里相望"。随着历史车轮的前进，越来越多的周边民族通过羁縻之策融入到农耕经济中，推动着中华民族共同体的发展和壮大，后人评价道"统制四夷，自此始也"（《唐会要·卷一○○》）。土司制度作为羁縻府州制度的延续和替代，"以土官治土民"，自元朝兴起，其基本内容是"因其疆域，参唐制，分析其种落"（《西园闻见录·卷七十九》），其核心还是因俗而治与羁縻之制，但它又有其不同，"置郡县，署守令，行赋役，施政化，与中州等"（《元史·卷一百六十六》），对边境地区实行与中原一样的直接管辖，还要求"括户口，立赋税，以给屯戍"（《元史·卷一三三》）。元朝时期，土司地区通过赋税的形式将纳税者也列为编户齐民，这说明土司地区已经处于中华王朝的版图之内，已经明确成为其正式领土的一部分。到了明朝，土司制度已经发展到繁盛时期。明朝在土司地区"命谕其部众，有子弟皆令入国学"（《明史·卷二百零四》），"土官应袭子弟，悉令入学，渐染风化，以格顽冥，如不入学者，不准承袭"（《明史·卷三百一十》）。到了明朝，土司制度所起的作用更多地在于普及文化，以达到"文教以化远人"的目的，加强各民族之间的联系和交流，使中华民族共同体的统一和整体观念更加深入人心，从而为土司地区各民族在人类社会文明形态方面的进步以及与中原王朝民族的融合提供重要保障。

到了清朝，土司制度发展为改土归流制度，取消世袭土官，代之以非世袭的流官，"置郡县，易封建，则九州之大归于一统，此长治久安之道也"（《普洱府志稿·卷九》）。清朝的改土归流制度加速了土司地区氏族制、奴隶制、领主制的衰败，促进了土司地区的经济向地主经济转变。改土归流使原本隶属于土司统治的土民从处于社会最底层中解放出来，成为有一定人身自由的个体农民，即自由劳动者。许多边远边疆的土司地区，改流之前，土司对土民"赋役无名，刑杀任意，抄没鬻卖，听其所为"（《永顺府志·卷一三》），"任取其牛马，夺其子女"（《清世宗实录·卷二〇》），土民"终身无见天日之期"（《清史稿·卷五一二》），还有的土司经常"掠掳汉民作奴"（《清史稿·卷五一三》）。改流之后，一大批土民被解放出来，土司的部分土地"分给兵民保户及土人等耕种"（《清实录·卷四》），同时"给以耕牛谷种，俾各安业"（《乌蒙纪年·卷四》），"立保甲，稽田户"（《清史稿·卷五一五》），"土民客家一例编"（《永顺府志·卷一一》）。清朝统治者还提倡"崇文治，正人心，变风俗"，使土司地区内地化和土司地区的少数民族与中原其他民族相融合。历经两千多年，中国版图内的地区和民族，从因俗而治开始，经过羁縻之制、土司制度，发展为改土归流，实现编户齐民，这是中华各民族实现认同与发展的重要历史进程，也是中华民族共同体形成和发展的重要关键环节。从编户齐民到改土归流，这是古代中国封建地主经济从形成发展到鼎盛的表现。在不断发展壮大的中华文化的吸引、凝聚和推动下，中华各民族相互学习、取长补短，相互依存、相互融合，在两千多年的历史长河中实现了绝大部分的民族迈向自由劳动的阶段，迈向更高社会文明形态的阶段，促进了各区域各民族的政治、经济、社会和文化的一体化发展，为统一多民族的国家格局和中华民族共同体的最终形成和发展奠定了基础，创造了条件。

### 三、形成：从五族共和到民族平等

传统的"天下国家"观到晚清时期，在西方文明与坚船利炮的冲击下逐渐发生了瓦解，清王朝唯我独尊、闭关锁国的体系开始崩溃，中华各民族从此被迫卷入了世界的发展潮流和历史进程，引起了中华文化认同的危机，形成了以西方为中心的文明论。公元前221年到公元1840年的两千余年是中华民族自在发展的历史阶段[①]，中华民族经历着王朝的更迭，虽然没有形成自觉的民族意识，但在客观上已经形成了根本利益一致和整体不可分割的中华民族共同体。从1840年到当前，是中华民族从自发到自觉联合的历史阶段[②]，面对威胁中华各民族共同根本利益的帝国主义外部世界，面对帝国主义分裂、蚕食、殖民中国的阴谋和行径，中华民族在近代反帝反封建的斗争中开始觉醒，形成中华民族的实体意识。从此，中华各民族的关系发生了根本变化，推动着中华民族共同体的真正形

---

①② 费孝通：《中华民族多元一体格局》，北京：中央民族大学出版社2020年版，第98—103页。

成，拉开了中华各民族真正迈向认同与发展的历史序幕，为中华文化注入了新的血液和灵魂，奠定了中华民族实现伟大复兴的重要基础。

晚清时期，从自强运动、戊戌变法到晚清新政，所追求和模仿的就是西方文明的国家主义和物质实利主义，造成了民国初年的政治乱局与精神危机。梁启超惊叹曰，"世界主义，属于理想；国家主义，属于事实。世界主义，属于将来；国家主义，属于现在。今中国岌岌不可终日，非我辈谈将来，道理想之时矣"（《自由书》）。清末民初的中国，掏空了文明内核的民族生存之道，搁置了对文明的价值追求，试图以金铁与国家联盟打造富强国家，这种与文明脱序的富强之路最终导致了认同危机和国家分裂。① 西方的物欲主义、国家主义以及民族主义所带来的影响，破坏了两千多年来形成的中华民族共同体观念，引发了中华民族的分裂危机。如清朝在"海防塞防论争"时，李鸿章主张将新疆从清朝主权中划分出去，"新疆各城自乾隆年间，始归版图，无论开辟之难，即无事时岁需并兵费尚三百余万，徒收数千里之旷地，而增千百年之漏卮，已为不值"，"招抚伊犁、乌鲁木齐、喀什噶尔等回酋，准其自为部落，如云贵粤蜀之苗猺土司、越南朝鲜之略奉正朔可矣"（《筹议海防六条》）。又如革命派的陶成章撰写《龙华会章程》就写道"满洲是我仇人，各国是我朋友"，"中国民族者，一名汉族，其自曰中华人，又曰中国人"；邹容在《革命军》描绘蓝图说道"中国者，中国人之中国也。孰为中国人，汉人种是也"，"驱逐住居中国中之满洲人"等；章太炎在《中华民国解》中说道"以中华民国之经界言之，越南、朝鲜二郡，必当回复者也。缅甸一司，则稍次也。西藏、回部、蒙古三荒服，则任其去来也"。② 由中华文化认同危机引发的国家和民族分裂危机，是中国历史中从未有过的"三千年大变局"，天下秩序受到内忧外患的严重冲击；也是中华各民族千百年来在追求一体与认同的过程中遭遇的重大灾难，更是历史的倒退。孙中山领导的辛亥革命推翻了清王朝的统治，结束了两千多年的封建君主专制制度，他提出的"五族共和"的主张，推动了历史的前进。孙中山在1912年的《临时大总统就职宣言》中呼吁，"国家之本，在于人民。合汉、满、蒙、回、藏诸地为一国，如合汉、满、蒙、回、藏诸族为一人，是曰民族之统一"，结束了中华民族

---

① 许纪霖：《家国天下：现代中国的个人、国家与世界认同》，上海：上海人民出版社2017年版，第218-228页。

② 王柯：《从"天下"国家到民族国家：历史中国的认知与实践》，上海：上海人民出版社2020年版，《第256-262页。

关于民族认同的争论，由此开启了大中华民族的时代，建立起中国前所未有的共和秩序，阻止了民族分裂和国家分裂危机的扩散。"五族共和"的提出使辛亥革命后民主共和的观念也深入到了少数民族人民的心中，彻底推翻了压在各民族身上的封建主义大山，为后来各民族参加新民主主义革命和反帝反封建斗争奠定了思想基础。

20 世纪 30 年代，随着抗日战争的爆发，民族存亡危机加深，重建中华民族共同体成为时代的核心命题。中国共产党自诞生之日起就一直站在中华民族独立解放斗争的最前列和领导地位，担负起了动员全民族团结抗敌的重任和重塑中华民族共同体的使命。面对国民党消极抗日以及民族歧视政策导致全国一盘散沙的局面，毛泽东表示，"国民党反人民集团否认中国有多民族的存在，而把汉族以外的各少数民族称之为'宗族'。他们对于各少数民族，完全继承清朝政府和北洋军阀政府的反动政策，压迫剥削，无所不至"。① 因此，面对空前的民族危机，中国共产党人当时的紧急之要务就是团结、凝聚各民族共同抗战、保家卫国，以中华民族最广泛的认同产生巨大的民族凝聚力。毛泽东认为，最重要的就是要团结各民族形成抗日统一战线，"帝国主义过去敢于欺负中国的原因之一，是中国各民族不团结"。② 对于如何团结各民族共同抗日，毛泽东高度重视文化对于改造社会的巨大能动作用，"革命文化，对于人民大众，是革命的有力武器。革命文化，在革命前，是革命的思想准备；在革命中，是革命总战线中的一条必要和重要的战线"，这里所说的革命文化就是"中华民族的新文化"，"是从古代的旧文化发展而来的，因此，我们必须尊重自己的历史，决不能割断历史……是尊重历史的辩证法的发展"。③ 因此，中国共产党成为了抗日统一战线的领导者，肩负起"组成民族统一战线"④ 的重任，带领全国人民进行艰苦卓绝的抗战。不仅如此，毛泽东还指出，"中华民族的各族人民都反对外来民族的压迫，都要用反抗的手段解除这种压迫。他们赞成平等的联合，而不赞成互相压迫"⑤，因此，"坚决反抗日本帝国主义，对外求中华民族的彻底解放，对内求国内各民族之间的平等"。⑥ 最终，在中国共产党的领导下，结成了包括中华各民族及海外侨胞

---

① 毛泽东：《论联合政府》，《毛泽东选集（第三卷）》，北京：人民出版社 1991 年版，第 1084 页。
② 毛泽东：《复西北各民族抗美援朝代表会议的电报》，《人民日报》，1951 年 12 月 14 日。
③ 毛泽东：《毛泽东选集（第一卷）》，北京：人民出版社 1967 年版，第 668 页。
④ 毛泽东：《毛泽东选集（第四卷）》，北京：人民出版社 1991 年版，第 1200 页。
⑤ 毛泽东：《毛泽东选集（第二卷）》，北京：人民出版社 1991 年版，第 617 页。
⑥ 毛泽东：《毛泽东选集（第二卷）》，北京：人民出版社 1991 年版，第 746 页。

的抗日民族统一战线，全国各族人民同心协力，浴血奋战，取得了抗日战争和解放战争的伟大胜利。同时，中华人民共和国的第一部宪法在序言中指出，"我国各民族已经团结成为一个自由平等的民族大家庭"。费孝通认为，民族平等是人类共同命运的根本大事，中国首先实现了民族平等，并以宪法明文刊载。① 由此可见，之所以取得伟大的胜利，正是因为中国共产党人把握住了人类文明进步的发展规律，发挥了中华文化开放、包容、创新的特点，与马克思主义先进思想进行了伟大结合，实现了马克思主义中国化，进而以古老而又崭新的中华文化为纽带，实现了各民族的自由和平等，使各民族人民紧密团结，进一步形成了最广泛的中华民族认同和中华文化认同，重塑了具有无比巨大凝聚力的中华民族共同体，推动着中国革命和社会主义建设走向胜利，推动着中华各民族迈进社会主义初级阶段并朝着实现人的全面自由发展的方向不断前进。

### 四、动力：从迁徙杂居到相互融合

亨廷顿曾经说过，"如果人口分布是天定的，那么人口流动便是历史的发动机"。② 人口从迁徙、杂居到融合，在人类文明历史的发展中发挥着源源不断的动力作用，推动着历史车轮滚滚向前。约翰·R. 麦克尼尔和威廉·H. 麦克尼尔对人口流动的历史意义是这么认为的，"世界历史的发展主要应归功于各文明、文化之间的相互交流，相互作用"，"推动历史变化的主轮是陌生人之间的接触……这类接触和反应就产生了文明"。③ 那么，为什么人口会流动呢，是什么促使人口产生了迁徙的动力，通过李斯特和韦伯的研究我们可以一探其中究竟，这些研究揭示了远古时期中华先民进行迁徙杂居的原因。李斯特提出，在畜牧经济区，一方面牛羊群和牧场随着人口的增加，分割成越来越小的范围，另一方面贸易对消费起着诱导作用。在农耕经济区，可以利用处于潜在状态下的天然力量增加财富，它的活动领域是广大的，但也是有限的。于是，在这样的情况下，国家最主要的产物就是人，迁徙就是在不能够丰衣足食的情况下发生的。④ 李斯特

① 费孝通：《中华民族多元一体格局》，北京：中央民族大学出版社 2020 年版，第 2 页。
② 塞缪尔·亨廷顿：《文明的冲突与世界秩序的重建》，周琪译，北京：新华出版社 2009 年版，第176 页。
③ 约翰·R. 麦克尼尔、威廉·H. 麦克尼尔：《麦克尼尔全球史：从史前到 21 世纪的人类网络》，王晋新等译，北京：北京大学出版社 2017 年版，第 25 页。
④ 弗里德里希·李斯特：《政治经济学的国民体系》，陈万煦译，北京：商务印书馆 2017 年版，第221 页。

从人的外在因素或者说客观因素方面分析了迁徙的原因，韦伯从人的内在因素或者说主观因素方面分析了迁徙的动力。韦伯在分析了德国东部庄园区雇农流失的原因后，提出"真正的原因是：庄园只有主奴关系，对于雇农本人、他的家庭以及他的世世代代来说，就只能听着庄园的钟声，永无休止地在别人的土地上做奴隶。在雇农的内心深处，对于遥远的地平线，总有一种模糊的向往；在这向往的背后，就是对于自由的原始冲动"。① 结合中国的历史来看，各民族的人口迁徙总体是自北向南随经济重心不断移动的，同时也是从畜牧经济区向农耕经济区的方向不断迁徙移动的，其中也不时有逆向的人口迁徙，主要是受朝廷的移民、实边、开垦、屯田等政策的影响。这背后的原因除了有李斯特提出的游牧经济的不稳定性所导致的游牧民族的移动，也有韦伯提出的处于氏族制、奴隶制中的游牧民族对自由的向往，对农耕经济区编户齐民形态的向往，因希望成为自由劳动者而迁徙。人口迁徙、杂居所引发的效应是怎么产生的，这类接触和反应为何会产生文明，涂尔干从社会结构方面进行了剖析，他认为，人口流动的数量越多、速度越快，人口迁移的路线越容易被开拓出来，交通网由此形成，社会密度和社会容量增加，"将各个民族隔离开来的障碍，非常类似于将同一社会隔离开来的蜂房结构，同理，这些障碍也以同样的方式消失了"。② 这也可以说明中华民族凝聚力形成和发展的原因，中国的人口分布特点虽然是广土众民，但内部区间的人口可以自由流动、互相交往，基于中华文化兼容并蓄的特点，没有哪个民族的成员被排斥在外，使得不同民族的成员有了混居的机会，促使文化产生了共同性。经过不断的交流，中华文化总体也在逐渐发生变化，没有突然断裂，使得对中华文化的认同得以长期维持，进一步产生了中华民族共同体的归属感和凝聚力。

人口的迁徙、杂居与交流还带来了先进文明和生产技术的传播，促进了人口素质的提高，为更高层次的分工奠定了基础，进而促进了经济的发展。社会密度的增加在于人口规模的扩大和交流程度的提高，从而促进分工的进步。古代中国由于疆域辽阔，各民族散点分布并且发展不平衡，促成了从统一到分裂再到统一的历史大循环，经历了螺旋式上升的过程，其间经历了三次民族大混杂、大融合，各民族逐渐融入到中华民族共同体中，彼此交流与发展，促进了中华民族共

---

① 马克斯·韦伯：《民族国家与经济政策》，甘阳译，北京：生活·读书·新知三联书店2018年版，第92页。

② 埃米尔·涂尔干：《社会分工论》，渠敬东译，北京：生活·读书·新知三联书店2017年版，第298页。

同体人口规模和地域的不断扩大，由此形成并巩固了中华民族多元一体的民族格局。① 由于历史发展不平衡，各民族的劳动者处于不同的社会地位，各地区各民族的经济发展也处于不同的阶段。当农耕经济区以汉人为主体的民族进入封建制并取得高度发展的时候，边疆地带或大山深处，特别是游牧经济区的很多民族还处于奴隶制以至氏族制的阶段。因此，在各民族相互迁徙与杂居的过程中，逐渐改变了处于奴隶制或氏族制的民族成分及生活方式，解放了越来越多的自由劳动者，进而促进了封建地主经济的发展。各民族迁徙杂居的原因主要包括择居迁徙、躲避灾难、战争投降、武力掳掠、屯田实边等，无论是主动还是被动，是积极还是消极，从历史的角度来看，这些因素都造就了各民族数千年来的频繁迁徙、错居杂处，相互融合，既有少数民族移居汉族，又有汉族移居少数民族，还有少数民族相互移居。总体的趋势就是各民族迁徙到农耕经济区，散居各地，错居杂处，一定程度上改变了民族分布的格局，随后各民族在共同生活中相互了解、相互学习，逐渐消除民族隔阂，特别是少数民族纷纷学习中华文化和生产技术等，改变了以游牧为主的生产和生活方式，发展了农耕经济，加速了各民族的进步和封建化的进程。各民族之间彼此不断学习、吸收其他民族的成分及其文化，风俗习惯相互融合，更是互通婚姻，血缘也逐渐融为一体，不断汇聚、融合到中华民族之中，推动着中华民族共同体不断发展壮大。

中华各民族的第一次大融合发生在秦汉魏晋南北朝时期，各民族之间迁徙与杂居，促进了长时期、多层次、全方位的各民族融合。秦汉时期，朝廷大规模迁徙，汉人在骆越当地"教其耕稼"，"令铸作田器，教之垦辟田畴"，改变了骆越之前"以射猎为业，不知牛耕"的状况，实现"岁岁开广，百姓充给"，而且"制为冠履，初设媒娉"，"建立学校，导之礼义"（《后汉书》），大大促进了民族融合与社会发展。到了后来，许多少数民族主动融入中原王朝，可见中华民族共同体在经济和文化上的凝聚力和吸引力。苻坚统治时期，"四夷宾服，凑集关中，四方种人，皆奇貌异色"（《太平御览·秦书》），各民族之间交往频繁，错居杂处，相互融合。北魏鲜卑人实现北方统一后，各民族出现了空前的迁移，视迁移为自然之理、平常之事，认为周、汉的后人遍于四海，因此，鲜卑人也不应固守旧土（《魏书·肃宗纪》）。由于人们不断迁移，地域观念也发生了变化，其背后所折射出的是民族融合之盛。

---

① 宁骚：《民族与国家：民族关系与民族政策的国际比较》，北京：北京大学出版社1995年版，第572-573页。

隋唐五代宋辽金西夏时期是中华各民族的第二次大融合，周边各民族与中原王朝的关系进入更加紧密的阶段，更多的民族频繁往来于中原并迁徙定居，民族融合与历史认同进一步深化。唐太宗统治时期，"颉利之亡也，诸部落酋长皆弃颉利来降"（《资治通鉴·卷一百九十三》），可见唐朝吸收少数民族的规模之大，将各民族纳入朝廷系统的情况屡见不鲜，各民族关系十分密切，这是唐朝兴盛的重要条件。又如唐朝唐太宗统治时期，"铁勒诸姓、回纥胡禄俟利发等"以投附形式实现向唐朝的整体迁徙，人数多、数目大，"解其辫发，并垂冠带"，风俗习惯从游牧民族向农耕民族转化（《旧唐书·卷一百九十九下》），可见其对中华文化的向往和认同，唐朝实现民族融合的程度和规模是极深和极大的。又如唐朝唐太宗统治时期，"突厥既亡，其部落或北附薛延陀，或西奔西域，其降唐者尚十万口"，唐太宗诏令突厥降户"择肥饶之地，设州县以处之……恩同中夏，礼均旧臣，十载于兹矣"（《唐大诏令集·卷一百二十八》），可见突厥降户迁徙归附唐朝后，不仅转向农业生产方式，而且生活方式也发生了极大的转变，生活水平不断提高，逐渐与中原农民无异。又如唐朝唐德宗统治时期，长安城里以朝贡名义入城然后长期居留都城的胡客，一次清查男性就达四千余人，并且在唐朝娶妻生子，置办产业，在面对选择回国或者留下成为唐朝百姓时，他们都选择了后者（《资治通鉴·卷二百三十二》），可见各民族对唐朝的向往之深，产生了高度的中华文化认同，形成广泛的民族融合。宋神宗统治时期，为了加大对西北地区的开发，解禁蕃部土地，汉族等民族迁徙到西北地区与蕃人杂居相处，不仅促进了西北地区的开发，还加快了蕃汉等民族对中华文化认同的步伐。对于少数民族政权而言，当少数民族入主中原成为天下共主后，在经济驱动和中华文化的作用下，也迈向了封建化的进程，开始发展农耕经济，因此，这也可以视为是一次规模巨大的民族迁徙和杂居。以契丹人为主体的辽朝在建立之初，长城以外的北方草原往北方向"封域虽长编户少，隔山才见两三家"（《苏魏公文集》），人烟稀少。到了辽朝中后期，北方草原已经是"城郭相望，田野益辟"（《辽史·卷四十八》）的繁荣景象，往东北方向则是"编户数十万，耕垦千余里"（《宋史·宋琪传》）的盛况。可见在与中原发生接触后，少数民族政权也开始走向封建制，各民族的杂居相处推动了各民族的融合，也推动了北疆地区的经济开发及社会文明形态的进步。

　　元明清时期是中华各民族的第三次大融合。元朝是中国历史上第一个由少数民族完成统一大业的王朝，清朝是中国封建社会最后一个王朝，同样也是由少数民族政权所建立的。元、清两个王朝建立后，各民族尤其是蒙古人、满人出于巩固政权之需要，迁徙到了中华大地的各个角落，而后在封建地主经济的根基下，承继中华政治文化传统，不仅实现了本民族从奴隶制向封建制的转变，还实现了蒙古政权、满人政权向中原封建王朝的转变。元朝时期，中华大地上的襟喉之地屯驻了大量蒙古人，促进了各民族的交往与融合，据《皇明经世文编》记载，到了元末明初时，留居中原的蒙古人、色目人不但改为汉姓，而且与"华人无异"。元明清的空前大一统促进了各民族的大融合，在各民族相互迁徙、交错杂居和友好往来的同时，推动了更多的奴隶制或氏族制的民族完成封建化的过程，通过学习、接受和传播其他民族的文化，促进各民族之间的文化交流与融合。据《大元一统志·卷六》记载，河西走廊一带的汉、藏、回鹘、党项、蒙古等民族一直就是居民杂处，如今的湖南常德维吾尔族人的祖先，就是在元代时迁徙过去的，以及当时迁徙到如今合肥的西夏人，因为与汉人等各民族长期杂处，"其习日以异，其俗日不同……而人之生长于此者，亦因以变"（《青阳先生文集》）。元朝时期，越来越多的汉人迁徙到海南做官、屯田、经商等，在当地定居，入乡随俗，汉黎民众相互杂居，促进了民族融合，"熟黎相传其本南、思、藤、梧、高、化人……因徙长子孙焉"（《古今图书集成·职方典》），汉人的迁徙改变了黎人的生产生活方式，编入户册，纳粮当差，促进了黎人的封建化进程。在云南，元朝时期各民族迁徙十分频繁，晚清时期的回族人杜文秀在《兴师檄文》中说道，云南"回汉夷三教杂处，已千百年矣。出入相友，守望相助，何尝有畛域之分"，各民族从四面八方迁徙而来，相处杂居，开荒拓土，促进了民族融合。明朝时期，大陆的汉族等各民族迁徙到台湾的人口数量逐渐增加，以福建、广东居多，移民规模巨大，与台湾的高山人杂居相处，共同开发了美丽富饶的宝岛。到了清朝，虽然朝廷严令禁止偷渡和迁徙，但却难以阻止各民族大规模迁徙至台湾，迫使朝廷不得不最后弛禁。乾隆年间，"内地穷民在台营生者数十万"（《清经世文编·卷八四》），在台"闽人约数十万，粤人约十余万，而渡台者仍源源不绝"（《清高宗实录·卷八四五》）。迁徙到台湾的汉族带去了铁制农具和先进的生产技术，带去了中原文化，加速了高山人的封建化进程，中华文化认同意识不断增强，"言语渐同，嗜欲渐一"，促进了各民族的融合与发展，使台湾与祖国大陆形成了不可分割的血肉关系，使台湾民众的中华文化认同意识深入人心。据《台湾府志》记载，"耕种如牛车犁耙，与汉人同"；据《番社采风图考》记载，"归化已久熟番，亦知以稼穑为重"。汉族的先进技术对台湾产生了重要作用，促进了台湾生产力的极大提高，各民族形成了友好关系，通婚现象逐渐普遍，"多与汉人结为副遁，副遁者，盟弟兄也"（《稗海纪游》），"近日番女多与汉人牵手"，"琅峤一社，喜与汉人为婚"（《台海使槎录·卷五》），汉族与高山族在经济、文化和生活上形成了全面接触和交流，达到了"不啻水乳交融"（《台湾小志》）的程度，共同促进了台湾的开发与发展。

从历史唯物主义来看，自古以来，全国范围内的各民族沿着不同方向在持续进行着人口迁徙与杂居，推动了奴隶制或氏族制的民族加快封建化的进程，解放了越来越多的自由劳动者。中华各民族不断融合，这是由历史发展的必然性所决定的。对于主要依靠体力劳动进行生产的古代，足够数量的劳动力是生产的决定性条件，也是生产力最活跃的因素。各民族的迁徙杂居与相互融合犹如历史的发动机，推动着封建制在全国建立，解放了越来越多的自由劳动力，伴随着生产技术、文化的交流与传播，促进了各地区的资源开发和社会生产的发展，不同程度地提高了各民族劳动者的素质，有力促进了生产力的发展。随着各民族的迁徙、杂居与相互融合，在共同体中促进着各民族互相学习和吸收其他民族的特点和特长，实现了各民族素质与能力的不断提高。有的民族还在这个融合的过程中，实现了从氏族制、奴隶制向封建制转变。越来越多的民族融入到中华民族中，促进了中华民族共同体的形成与发展，最终为中华民族整体迈进更高级的社会文明形态奠定了基础，为中华各民族确立民族平等关系，实现全面自由与发展提供了动力。因此，经过大一统政治格局与经济一体化市场的熔炼，各民族休戚与共的观念深入到各族人民心中，中华文化的认同感更加强烈和深厚，中华民族共同体的凝聚力不断增强，推动着各民族不断融合发展，最终形成多元一体的发展格局。

# 第三章　对口支援的核心目标：
# 铸牢中华民族共同体意识

## 第一节　对口支援的形成与发展

### 一、对口支援的历史基础

对口支援诞生于中华人民共和国成立以后，是本土实践的特色产物，但其"全国一盘棋，集中力量办大事"和"一方有难，八方支援"的核心内容却源于数千年来中华各民族结成共同体对抗自然灾害的历史实践。对口支援既是历史的偶然性，又是中华民族共同体历史发展必然性的产物。英国历史学家阿诺德·约瑟夫·汤因比提出，"中华古代文明起源于对黄河领域沼泽、丛林、洪水灾难和夏季酷热与冬季严寒交替所产生的挑战所做的反应"。[①] 孙承叔认为，"从大禹治水开始，直到1998年中国共产党领导全国人民抗洪救灾，上下五千年，没有一个政府能坐视洪水泛滥而不顾，这是中华民族必须统一的重要原因"。[②] 在马克思看来，由于人与自然抗争的需要，每个人都以自身的生存作为唯一的价值取向，因此，形成了以血缘关系为基础的原始共同体，这是人类最早形成的共同

---

[①] 辛向阳、王鸿春：《文明的祈盼——影响人类的十大文明理论》，南昌：江西人民出版社1998年版，第163-169页。

[②] 孙承叔：《打开东方社会秘密的钥匙——亚细亚生产方式与当代社会主义》，上海：东方出版中心2000年版，第26-27页。

体。恩格斯表示，在面对险恶的生存环境时，人们需要"以群的联合力量和集体行动来弥补个体自卫能力的不足"。① 因此，中华民族的古老共同体正是在对抗自然挑战的环境下逐步形成的，并在客观上促使中华民族走向大一统的政治格局，培育了中华民族齐心协力、共克时艰的历史基因。

中国五千年的文明史是一部与自然灾害的斗争史。② 中华大地自古以来就是自然灾害频发的地方，给中华民族带来了深重的灾难，成为生产破坏、饥民流离、兵燹匪患、社会动荡等事件的诱因。面对中华大地上频发的自然天灾，中华先民自知这是无法选择的天然家园，因此，他们在面对家园的环境挑战时，选择联合起来共同对抗。大禹治水的故事表明，大禹联合了各个部落，按照统一步骤分工合作，共同对抗洪水天灾，开启了中华民族的治水史，也启动了中华民族共抗灾害的历史序幕。《淮南子·齐俗训》记载，"禹之时，天下大雨，禹令民聚土积薪，择丘陵而处之"。《尚书·禹贡》描述了大禹治水时"开九州、通九道"的巨大工程，将全国连接在一起，"调有余相给，以均诸侯"，对全国物资进行统筹调配，打破各地经济和物产不相往来的闭塞状态，为应对自然天灾奠定了良好的基础，也奠定了"大一统"的历史发展基础。周朝时期，中央王朝就设立了负责救灾的官职、机构等，以统筹调配资源应对自然灾害。周朝设立了"大司徒"一职，"掌邦之委积，以待施惠"等。从秦汉时期起，中央王朝建立了大一统的政治格局，直到清朝，在预防自然灾害方面，各朝各代都积极实行了"兴修水利、重农贵粟、扩大积储"③ 的预防灾害措施；在自然灾害给国家和各地民众带来危机的时刻，中央王朝又以大一统的政治力量调动各地区各民族共抗灾害，实行荒政，包括赈济、调粟、养恤、除害等遇灾治标之措，以及安辑、蠲缓、放贷、节约等灾后补救之政④，以维持社会的稳定和社会再生产的进行。自古以来，频繁的自然灾害（包括风、震、水、旱、雹、虫等）给中华民族带来了巨大的灾难，促使中华各民族紧密地结为共同体对抗天灾。与此同时，由于地大物博、版图辽阔的地理条件，即使在大灾之年，也不是全国各地都遭受了灾难，往往是"东方不亮西方亮"，"荒了南方有北方"，这是中央对全国实行一体化荒政管理的物质基础。⑤ 中华民族千百年来在苦难的考验和锤炼中彼此守望相助，共

---

① 恩格斯：《家庭、私有制和国家的起源》，北京：人民出版社 2018 年版，第 35 页。

② 孙绍骋：《中国救灾制度研究》，北京：商务印书馆 2004 年版，第 37 页。

③ 孙绍骋：《中国救灾制度研究》，北京：商务印书馆 2004 年版，第 48 页。

④ 邓云特：《中国救荒史》，北京：商务印书馆 2017 年版，第 166、185 页。

⑤ 杨松华：《大一统制度与中国兴衰》，北京：北京出版社 2004 年版，第 224 页。

同对抗自然灾害，锻造了各民族唇齿相依、万众一心，患难与共、同甘共苦、一方有难、八方支援的深厚情谊，铸就了中华民族共同体顽强的生命力、深厚的凝聚力、坚韧的忍耐力以及巨大的创造力。中华民族共同体与自然灾害抗争的历史传统在中华人民共和国成立后演变成了对口支援的中国特色模式，延续着中华民族共同体的意志品格与团结伟力。因此，对口支援模式的形成正是中华民族共同体历史发展的必然产物。

### 二、对口支援的形成过程

对口支援是在中华民族共同体中孕育形成并不断发展完善，具有中国特色的政策模式。对口支援最初的表现形式是中华人民共和国成立之初城市与农村之间相互协作的支援模式，从最初的城市各部门到农村协助农忙、抗洪抗旱等，逐渐发展为工农协作、厂社协作等，"对口支援"一词就形成于这样的背景下。对口支援的概念最早可见于《山西日报》在1960年发表的社论中，对20世纪50年代末以来，山西经纬纺织机械厂与曙光公社在机械农具、技术人才及生产基地等方面采取的"对口支援、一包到底"的举措进行了充分肯定。① 随后，《人民日报》转印其社论并进行评论，从国家战略的宏观角度对对口支援模式取得的突破进行支持和宣传②，促进了对口支援这一模式在各方面的推广应用。20世纪50年代中期到70年代，对口支援从省内的城市支援农村发展成为省际间的协作与支援，主要表现为沿海支援内陆的形式，支援形式以干部、知识分子和工人从沿海地区到内陆地区支援建设为主。

1978年，中国遭遇严重的干旱灾害，湖北省采取了对口支援的模式应对干旱灾害。《人民日报》在1978年11月11日发表社论，对湖北省的对口支援抗旱经验进行了宣传。③ 这次对口支援抗旱模式的成功，使城市支援农村、沿海支援内陆的以发展建设为主要内容的对口支援形式发展出了涵盖支援灾害地区的重要形式。

20世纪50年代末到70年代末，各地方以各种形式在20多年的实践中探索出了对口支援模式的应用，并出现在《人民日报》、地方报纸等媒体的报道中，

---

① 《厂厂包社对口支援——论工业支援农业技术改造的新形势》，《山西日报》，1960年3月20日。
② 《工农协作加速农业技术改造》，《人民日报》，1960年3月23日。
③ 《搬大水、抗大旱、旱多久、抗多久——湖北省抗大旱夺丰收纪事》，《人民日报》，1978年11月11日。

可以将这个阶段定义为对口支援的萌芽和探索阶段，其发展趋势为对口支援的应用范围和应用形式越来越广泛，并逐渐得到了从基层到中央的高度肯定和认可，为对口支援成为国家官方的政策模式奠定了实践基础。1979 年 4~5 月，全国边防工作会议召开，首次提出了对口支援政策，以国家政策的形式正式确定下来，制定了东部发达省市对口支援民族八省区的方案。① 从此，正式拉开了对口支援政策模式在国家发展和政策实施中应用的序幕。

自 20 世纪 80 年代至今，不同类型的对口支援形式和不同地区的对口支援内容不断发展完善，对口支援的应用领域和范围不断拓展，逐步形成对口支援的五种模式，包括西藏、新疆的全面性对口支援，严重灾害地区的应急性对口支援，重大工程实施地区的补偿性对口支援，欠发达地区的发展性对口支援，以及基本公共服务较不完善地区的专项性对口支援。② 这五种模式既有重合，又有侧重，出现在不同的国家战略和政策文件中。由此可以看出，对口支援工作的类型在不断增多，内容在不断丰富，已成为中央政府诸多政治意图贯彻和实施国家战略的政策工具，承担着越来越重要的经济性和政治性任务。

### 三、对口支援的发展现状

#### （一）西藏、新疆的全面性对口支援

对西藏、新疆的全面性对口支援（以下简称对口援藏援疆）是规模最大、范围最广、投入最多的对口支援政策模式，其最主要的特点在于举全国之力对受援方进行全方位、全覆盖的支援。西藏、新疆融合了多重角色和功能，是一种全方位的对口支援，以民族团结和国家长治久安为政治目标，虽然特别强调了经济性功能，但因为民族团结和边防巩固的重要性，因此，其政治性功能要远大于经济性功能，不等同于一般的发展性对口支援。中华人民共和国成立后，党中央就将促进西藏、新疆等民族地区的发展作为民族工作的重要落脚点，经过几代人的不断努力，逐渐创造出一种具有中国特色，举全国之力旨在帮助其全方位加快发展的全面性对口支援模式。对口援藏援疆的核心工作机制及发展演进标志就是历次召开的中央西藏工作座谈会及中央新疆工作座谈会。全面性对口支援由中央主导、确定重心、统筹规划，各省级政府、中央部委、国有企业与西藏、新疆的各

---

① 国家民委政策研究室：《国家民委民族政策文件选编（1979-1984）》，北京：中央民族学院出版社 1988 年版，第 242 页。

② 李曦辉：《对口支援的分类治理与核心目标》，《区域经济评论》，2019 年第 2 期。

级政府结合实际、发挥特色、具体落实，以定期轮换、对口支援工作会议和中央工作座谈会的形式总结，推动对口支援政策模式的不断发展。

1. 形成期（1979~1993 年）

1979 年，中央召开全国边防工作会议，将对口支援作为当前边疆和国防建设以及民族工作的重要任务，提出了江苏对口支援新疆、全国支援西藏的安排。对口支援作为中华民族共同体建设的重要手段开始出现并运用到了西藏、新疆的发展建设中，首次提出了"全国支援西藏"的口号，这个创新性的概念奠定了全面性对口支援模式的发展基础，为今后全国支援新疆提供了经验。"对口支援"的提出是中国社会主义建设和民族团结进步事业发展的必然结果，将有效推动中华民族共同体建设的发展进程。1980 年，中央召开第一次西藏工作座谈会，确立了中央的援助和特殊政策。会议明确了西藏的中心任务和奋斗目标，体现了中央对西藏各族人民的关心与重视，从西藏的实际出发，推动了西藏工作重心的转移，使得西藏在历经达赖分裂主义集团的破坏和"文化大革命"的创伤后，更加明确发展重心和发展任务，通过中央和部分省市的各项帮扶和支援为现代化建设奠定基础，进一步增强对西藏的扶持和保障，推动中华民族共同体建设回到正轨。1984 年，中央召开第二次西藏工作座谈会，标志着全国性的援藏工程开始。会议提出，中央各部委与支援省市要大力支援西藏建设①，由此，确定了推动对口援藏工作，组织支援省市支持西藏开展 43 项工程的建设。这是对以往完全依赖中央政府对西藏发展建设进行全额拨付的局面的改变和尝试，由支援省市共同参与支持西藏的发展建设，特定工程项目建成后无偿交由西藏当地使用②，奠定了对口援藏工作的基本格局。43 项工程的建设也为西藏旅游业的发展打下了坚实的基础，同时使各族群众的基本公共服务得到了巨大改善③，被人们誉为高原上的"43 颗明珠"，这一盛誉体现出了中华民族一家亲的情感，让西藏各族群众通过工程项目，激发出中华民族共同体的想象和情感，有利于塑造中华民族共同体的凝聚力和向心力。在形成期，对口援藏援疆的工作重点是通过加大中央支持和援助与对口支援相结合的政策，加快地区发展，不断缩小经济差距，由中央调动支援省市以支援工程建设的形式，帮助实施重点的建设项目，以"交钥

---

① 中共中央文献研究室、中共西藏自治区委员会：《西藏工作文献选编（一九四九——二〇〇五年）》，北京：中央文献出版社 2005 年版，第 358-369 页。

② 潘久艳：《全国援藏背景下增强西藏自我发展能力研究》，北京：经济科学出版社 2018 年版，第 56 页。

③ 李曦辉：《援藏与西藏经济社会 50 年变》，《中央民族大学学报》，2000 年第 5 期。

匙"的形式为当地提供支援，从原来的资金拨款转为工程建设，让各民族人民群众真切感受到来自中央政府及支援省市的关心和支持，使中华民族共同体的建设变得更加具象和可见。

2. 发展期（1994~2009 年）

1994 年，中央召开第三次西藏工作座谈会，正式开创全国对口援藏格局。中央决定，由 14 个省市对口支援西藏的 7 个地市，同时在中央主导下，部分中央部委、支援省市及个别中央企业支持西藏开展 62 项工程建设，在国家统一协调下，采取"内地两三个省市对口支援西藏一个地市的办法"，在硬件和软件建设上全方位支援西藏，加强西藏与有关省市经济、社会、文化的联系。[①] 由此可以看出，从第三次西藏工作座谈会开始，对口支援真正以全国之力援助西藏，并在后来增加了全国援助新疆，其出发点在于中华民族凝聚力的塑造，体现出了全国各民族大团结之情。对口援藏援疆作为中华民族共同体建设的重要手段的意识基本形成，并推动中华民族共同体建设迈向快速发展阶段。1996 年，中央召开了研究新疆稳定工作的专题工作会议，正式开启了大规模对口援疆工作。中央确定了自 1997 年起 7 个支援省市和中央及国家有关部委对口支援新疆的 7 个地州和 17 个区直单位，选派两百多名援疆干部[②]，对口支援正式纳入新疆各民族的中华民族共同体建设中，这一阶段以有关省市和新疆各民族干部与群众开展交往交流交融的形式为主。2001 年，中央召开第四次西藏工作座谈会，继续贯彻对口援藏政策。会议决定，将援藏期限延长十年，实现对口援藏范围全覆盖，确定了17 个省市对口支援西藏，集中力量解决事关西藏发展稳定的重大问题。由此可以看出，中央和各族群众对对口支援在中华民族共同体建设中的成效给予了高度肯定和支持，并将其作为长效机制继续在西藏更大范围内全面、长久地实行下去。另外，在 1997 年对口援疆启动后，2005 年，中共中央办公厅下发《实行干部支援和经济对口支援相结合》的 15 号文件，对援疆政策进行了调整，在原来干部支援的基础上，提出要实行经济对口支援的政策和内容，强调把工作重点放在培育当地自我发展能力上。对口援疆在中华民族共同体建设中已经逐渐拓展为全领域的内容，特别是作为中华民族共同体经济短板补齐的手段在新疆开始实

① 中共中央文献研究室、中共西藏自治区委员会：《西藏工作文献选编（一九四九——二〇〇五年）》，北京：中央文献出版社 2005 年版，第 490-491 页。

② 杨富强：《"对口援疆"政策回顾及反思——以 1997 年至 2010 年间政策实践为例》，《西北民族大学学报（哲学社会科学版）》，2011 年第 5 期。

施。在发展期，对口援藏援疆的工作重点是通过"中央关心，全国支援"的形式，拓宽对口支援的主体范围，形成全国省市、中央企业等多方参与的支援格局，发展出人力、物力、财力相结合进行全面支援的形式，推动中华民族共同体建设取得更大的成效。

3. 成熟期（2010～2019 年）

2010 年，中央召开第五次西藏工作座谈会，对四省藏区的发展进行全面部署。会议提出，要加大对口支援力度，建立援藏资金稳定增长机制，强调把保障和改善民生作为对口援藏工作的首要任务。对口援藏在中华民族共同体建设中的应用领域和应用范围越来越广，其经济和社会效益越来越突出。2010 年，中央召开了第一次新疆工作座谈会，正式开创全国对口援疆格局。会议确定了全国对口支援新疆的工作机制，组织全国 19 个省市开展对口援疆任务，正式开启新一轮对口援疆工作。至此，对口援藏援疆在中华民族共同体建设中得到了全方位、多领域的应用，成为规模最大、范围最广、投入最多的对口支援模式，对中华民族共同体建设具有重要的作用。2014 年，中央召开第二次新疆工作座谈会，提出把对口援疆打造成民族团结工程。会议要求援疆省市需要牢固树立"全国一盘棋"思想，提出了加强各民族交往、交流、交融的各项具体措施，将对口援疆上升到国家战略的地位，要求必须长期坚持，并把对口援疆工作打造成加强民族团结的工程。由此可以看出，第二次新疆工作座谈会对于对口援疆在中华民族共同体建设中的意义和作用的认识上升到了更高的阶段，相比以前历次西藏工作座谈会、新疆工作座谈会关于对口支援的内容，更多强调经济发展方面的支援，本次会议还聚焦于民族团结等方面的支援和措施，对于对口支援在中华民族共同体建设中的作用有了更加丰富和完善的认识。2015 年，中央召开第六次西藏工作座谈会，推进决胜全面建成小康社会。会议首次提出了治藏方略，要求继续搞好对口支援西藏工作，并对全国援藏的对口支援关系因地制宜地进行了适度调整，着力解决经济社会发展的瓶颈。本次会议提出了"六个必须"，其中"五个必须"都与民生和民心相关，突出了党的十八大以来治藏的新亮点，即注重改善民生和突出"人"的作用。[①] 由此，对口援藏在治藏方略的指导下，致力于全面建成小康社会，将有效推动中华民族共同体建设取得更大的成效。在成熟期，对口援藏援疆的工作重点是维护国家统一、加强民族团结，把资金和项目重点向民生与社

---

① 潘久艳：《全国援藏背景下增强西藏自我发展能力研究》，北京：经济科学出版社 2018 年版，第 63 页。

会事业、农牧业与基础设施等领域倾斜，注重改善民生和保护生态环境，突出精准扶贫工作，着力帮助各族群众解决就业、教育、住房等基本民生问题，确保全面建成小康社会。同时，对口援藏援疆的目标和任务从支援西藏、新疆的经济社会发展建设拓展到打造民族团结工程和推动各民族交往交流交融方面，在中华民族共同体建设中发挥出了更大的作用和效益。

4. 革新期（2020 年至今）

2020 年，中央召开第七次西藏工作座谈会，开创对口援藏工作新局面。会议对新时代党的治藏方略进行了丰富和完善，会议将"六个必须"增加为"十个必须"，更加强调了中华民族命运共同体的深刻认识，增强了各族群众的"五个认同"，促进了各民族的交往、交流、交融。新时代党的治藏方略也为对口支援西藏工作划定了新时代的主题和重心，会议还特别强调了中央支持西藏、全国支援西藏作为一贯政策必须长期坚持，四省藏区要承担主体责任，加强同西藏的协同配合，开创援藏工作新局面。2020 年，中央召开第三次新疆工作座谈会，提升对口援疆综合效益。会议提出了新时代党的治疆方略，提出要做到"八个坚持"。"八个坚持"全部都是关于中华民族共同体建设的重要内容，聚焦点都在"人"上，体现了本次会议以铸牢中华民族共同体意识为主线的核心思想。会议重点要求各援疆省市要加强同新疆的协调配合，提升对口援疆综合效益，并突出强调各支援省区市要切实做好涉疆工作。处在"两个一百年"奋斗目标的历史交汇点，中央在 2020 年这一关键之年同时召开第七次西藏工作座谈会和第三次新疆工作座谈会，分别提出新时代党的治藏方略和治疆方略，具有重大的现实意义和深远的历史意义，将成为西藏、新疆在新时代下迈向全面建设社会主义现代化征程中的根本遵循和纲领性文献，具有里程碑和划时代意义。由此，对口援藏援疆工作迈向革新阶段，继续将实现西藏、新疆的发展作为长治久安的重要基础，同时，对口援藏将维护祖国统一和加强民族团结作为总目标，对口援疆将社会稳定和长治久安作为总目标，更加强调对口支援的综合效益，主线在于铸牢中华民族共同体意识，全面深入推进中华民族共同体建设，进而为实现中华民族伟大复兴提供根本保证。

对口援藏援疆的工作重点是一个自然的认识和发展过程，是根据不同时期西藏、新疆的经济社会发展状况所做的及时调整。随着对口援藏援疆工作的广泛和深入开展，"政府主导、社会参与、市场运作"的格局逐渐形成，有关省市与西藏、新疆的经济往来不断深入，在"一带一路"倡议带来的经济社会发展驱动和铸牢中华民族共同体意识的目标导向下，各民族交流交往交融越来越广泛、越来越全面、越来越深入，并逐渐发挥着越来越重要的作用，将成为新时期对口援藏援疆工作的重要组成部分。对口支援西藏和涉藏地区及新疆的省市结对关系如表3-1、表3-2、表3-3所示。

表3-1　对口支援西藏的省市结对关系

| 受援方 | 支援方 |
| --- | --- |
| 拉萨市 | 北京市、江苏省 |
| 日喀则市 | 上海市、山东省、黑龙江省、吉林省 |
| 山南市 | 湖南省、湖北省、安徽省 |
| 林芝市 | 广东省 |
| 昌都市 | 重庆市、天津市、福建省 |
| 阿里地区 | 河北省、陕西省 |
| 那曲地区 | 浙江省、辽宁省 |

注：北京市、江苏省和广东省每年将1/4的援藏资金支援昌都市。

资料来源：根据公开资料整理所得。

表3-2　对口支援涉藏地区的省市结对关系

| 受援方 | 支援方 |
| --- | --- |
| 青海省西宁市、海东市 | 辽宁省 |
| 青海省玉树州 | 北京市 |
| 青海省黄南州<br>甘肃省甘南藏族自治州、天祝藏族自治县 | 天津市 |
| 青海省果洛州<br>云南省迪庆藏族自治州 | 上海市 |
| 青海省海西州<br>四川省阿坝藏族羌族自治州、木里藏族自治县 | 浙江省 |
| 青海省海北州 | 山东省 |
| 青海省海南州 | 江苏省 |
| 四川省甘孜藏族自治州 | 广东省 |

资料来源：根据公开资料整理所得。

### 表3-3 对口支援新疆的省市结对关系

| 受援方 | 支援方 |
| --- | --- |
| 和田地区：和田市、和田县、墨玉县、洛浦县<br>新疆生产建设兵团第十四师 | 北京市 |
| 和田地区：皮山县 | 安徽省 |
| 和田地区：民丰县、策勒县、于田县 | 天津市 |
| 喀什地区：疏附县、伽师县<br>新疆生产建设兵团第三师：图木舒克市 | 广东省 |
| 喀什地区：喀什市、塔什库尔干县 | 深圳市 |
| 喀什地区：巴楚县、莎车县、泽普县、叶城县 | 上海市 |
| 喀什地区：疏勒县、英吉沙县、麦盖提县、岳普湖县 | 山东省 |
| 巴音郭楞州：库尔勒市、轮台县、尉犁县、若羌县、且末县、焉耆县、和静县、和硕县、博湖县<br>新疆生产建设兵团第二师 | 河北省 |
| 克孜勒苏州：阿图什市、阿合奇县、乌恰县<br>伊犁州：奎屯市、伊宁市、伊宁县、察布查尔县、霍城县、巩留县、新源县、昭苏县、特克斯县、尼勒克县<br>新疆生产建设兵团第四师<br>新疆生产建设兵团第七师 | 江苏省 |
| 克孜勒苏州：阿克陶县 | 江西省 |
| 阿克苏地区：阿克苏市、温宿县、库车县、沙雅县、新和县、拜城县、乌什县、阿瓦提县、柯坪县<br>新疆生产建设兵团第一师阿拉尔市 | 浙江省 |
| 塔城地区：塔城市、乌苏市、额敏县、沙湾县、托里县、裕民县、和布克赛尔县<br>新疆生产建设兵团第八师：石河子市<br>新疆生产建设兵团第九师 | 辽宁省 |
| 昌吉州：阜康市<br>新疆生产建设兵团第六师：五家渠市 | 山西省 |
| 昌吉州：昌吉市、玛纳斯县、呼图壁县、奇台县、吉木萨尔县、木垒县 | 福建省 |
| 哈密地区：哈密市、巴里坤县、伊吾县<br>新疆生产建设兵团第十三师 | 河南省 |
| 吐鲁番地区：吐鲁番市、鄯善县、托克逊县 | 湖南省 |
| 博尔塔拉州：博乐市、精河县、温泉县<br>新疆生产建设兵团第五师 | 湖北省 |

续表

| 受援方 | 支援方 |
|---|---|
| 阿勒泰地区：福海县、富蕴县、青河县<br>新疆生产建设兵团第十师：北屯市 | 黑龙江省 |
| 阿勒泰地区：阿勒泰市、哈巴河县、布尔津县、吉木乃县 | 吉林省 |

资料来源：根据公开资料整理所得。

### （二）严重灾害地区的应急性对口支援

灾害是对人类及人类赖以生存的环境造成危害的系列社会事件和天然事件，如果达到一定的程度，就会造成重大人员伤亡、环境破坏和社会损失等，这些破坏力超越了人类社会既有的抵抗力[①]，构成了严重灾害。因此，对严重灾害地区的应急性对口支援即对突发公共事件的发生地进行支援，如对地震等重大自然灾害、传染病疫情等公共卫生事件的支援。这类支援在紧急救灾减灾阶段以政治性功能为主，在灾后恢复重建阶段转变为以经济性功能为主。严重灾害地区的应急性对口支援是"以人民为中心""生命至上"的核心价值观的体现，是国家充分利用"集中力量办大事""一方有难，八方支援"的社会制度和组织动员优势，发挥集中资源应对灾情的体制职能，具有临时性、紧迫性、应急性特征，既包括国家层面的统筹部署与实施，又包括各省市、中央部委、国有企业和各类社会组织的积极参与以及个体的参与，目的在于把严重灾害地区的危害和人民的生命财产损失尽快降到最低水平，并以最快的速度、最好的质量加快进行灾后重建，彻底夺得抗击严重灾害的胜利。通过对口支援的形成和探索过程可以知道，在20世纪50年代，对口支援作为探索被用到城市对农村的洪涝及旱情支援中，尤其是在1978年全国遭遇严重的旱情灾害时，湖北省探索运用对口支援的模式进行抗击干旱灾害，并取得了良好成效。到了1998年，我国遭受了自1954年以来的全流域性特大洪水灾害，全国将近30个省（区、市）受到不同程度的影响和损失，黑龙江、吉林、内蒙古、湖南、湖北等地区的特大洪水灾害最为严重。为了紧急开展受灾地区的救援，国家在全国范围内首次组织非灾区、轻灾区的省（区、市）以及中央部委、国有企业驰援重灾区的对口支援工作。[②] 这次对口支援是在应急状态下开展互助互救的临时措施，因此，在学界并未被界定为对口支

---

① 孙绍骋：《中国救灾制度研究》，北京：商务印书馆2004年版，第3—4页。
② 花中东：《省际援助灾区的经济效应：对口支援政策实施的经济效应研究——以对口支援四川灾区为例》，北京：北京理工大学出版社2014年版，第11页。

援灾区的制度化和正式化。

直到 2008 年 5 月 12 日，四川汶川特大地震灾害发生，国家紧急启动对口支援机制，动员全国各地的救援力量奔赴灾区开展救援。后来，国务院又明确 19 个省市开展对口支援工作，帮助地震灾区恢复重建，支援内容包括"硬件"和"软件"相结合、"输血"和"造血"相结合等八个方面。① 汶川地震严重灾害地区的应急性对口支援的成功运用，为我国开展灾害紧急救援及灾后恢复重建机制积累了宝贵的经验，应急性对口支援政策模式在后来应对各类严重灾害中发展成为常态化的跨区域应急救援和资源统筹应用的重要机制。对口支援汶川地震的省（市）县结对关系如表 3-4 所示。

表 3-4　对口支援汶川地震的省（市）县结对关系

| 受援方 | 支援方 |
| --- | --- |
| 四川省北川县 | 山东省 |
| 四川省汶川县 | 广东省 |
| 四川省青川县 | 浙江省 |
| 四川省绵竹市 | 江苏省 |
| 四川省什邡市 | 北京市 |
| 四川省都江堰市 | 上海市 |
| 四川省平武县 | 河北省 |
| 四川省安州区 | 辽宁省 |
| 四川省江油市 | 河南省 |
| 四川省彭州市 | 福建省 |
| 四川省茂县 | 山西省 |
| 四川省理县 | 湖南省 |
| 四川省黑水县 | 吉林省 |
| 四川省松潘县 | 安徽省 |
| 四川省小金县 | 江西省 |
| 四川省汉源县 | 湖北省 |
| 四川省崇州市 | 重庆市 |
| 四川省剑阁县 | 黑龙江省 |

---

① 花中东：《省际援助灾区的经济效应：对口支援政策实施的经济效应研究——以对口支援四川灾区为例》，北京：北京理工大学出版社 2014 年版，第 12 页。

续表

| 受援方 | 支援方 |
|---|---|
| 甘肃省受灾严重地区 | 广东省（深圳市为主） |
| 陕西省受灾严重地区 | 天津市 |

资料来源：根据公开资料整理所得。

2009 年下半年，我国受甲型 H1N1 流感的影响，部分地区陆续暴发甲型流感疫情，聚集性疫情不断增加，报告病例数、重症与危重症病例数以及死亡数一时呈现出不断增加的态势，疫情防控及救治任务十分艰巨。为了有效救治患者，中央组织实施了省际对口支援机制，由北京、上海、广东等 9 个省市对口支援中西部地区的内蒙古、陕西、新疆等 17 个省（区），开展了对口支援救治工作。[①] 甲型 H1N1 流感疫情救治对口支援工作的开展是我国应急性对口支援政策模式首次在全国范围内运用，标志着对口支援已由自然灾害领域扩展到突发公共卫生事件领域。对口支援甲型 H1N1 流感疫情的省际结对关系如表 3-5 所示。

表 3-5　对口支援甲型 H1N1 流感疫情的省际结对关系

| 受援方 | 支援方 |
|---|---|
| 内蒙古自治区、河南省、新疆维吾尔自治区 | 北京市 |
| 河北省 | 天津市 |
| 宁夏回族自治区 | 辽宁省 |
| 黑龙江省、云南省、西藏自治区 | 上海市 |
| 陕西省、甘肃省 | 江苏省 |
| 贵州省、青海省 | 浙江省 |
| 安徽省 | 山东省 |
| 山西省 | 湖北省 |
| 江西省、广西壮族自治区、海南省 | 广东省 |

资料来源：根据公开资料整理所得。

2010 年上半年，受降雨、江河来水和水利工程蓄水持续偏少的影响，我国西南地区遭遇了历史罕见的特大等级旱情灾害。旱灾造成严重的人畜饮水困难，

---

[①] 钟开斌：《对口支援：起源、形成及其演化》，《甘肃行政学院学报》，2013 年第 4 期。

粮食和经济作物绝收，受旱区域集中，持续时间长。为全力抗旱，保障供水，最大限度地减少干旱的影响和损失，中央紧急组织应急性对口支援，从技术队伍、机器设备、资金投入等方面全力支援受灾地区①，勘查、落实及开凿水源点，确保城乡居民饮水安全，为取得抗旱减灾的胜利发挥了重要作用。对口支援西南特大旱情的省际结对关系如表 3-6 所示。在西南地区发生特大旱灾的同时，2010年 4 月 14 日，青海省玉树市发生了 7.1 级的大地震，造成了重大人员伤亡和财产损失。国务院借鉴汶川地震成功的灾后重建经验，组织北京、辽宁以及 4 家中央企业实施对口支援工作，承担灾后恢复重建工作。② 对口支援玉树地震的省（市）乡结对关系如表 3-7 所示。

表 3-6　对口支援西南特大旱情的省际结对关系

| 受援方 | 支援方 |
| --- | --- |
| 云南省 | 上海市、江苏省、浙江省、山东省 |
| 贵州省 | 北京市、天津市、安徽省、湖北省 |
| 广西壮族自治区 | 广东省、福建省 |

资料来源：根据公开资料整理所得。

表 3-7　对口支援玉树地震的省（市）乡结对关系

| 受援方 | 支援方 |
| --- | --- |
| 结古街道、隆宝镇 | 北京市 |
| 巴塘乡 | 辽宁省 |

资料来源：根据公开资料整理所得。

2020 年初，新型冠状病毒肺炎疫情暴发，湖北省不同地区的疫情复杂多发。新冠肺炎疫情前所未知、突如其来、来势汹汹，为有效控制疫情扩散，降低社会风险，全力支持湖北省加强患者的救治工作，坚决打赢疫情防控阻击战，中共中央紧急部署，启动联防联控机制和对口支援机制，集中全国优质医疗资源对口支援湖北地区，维护和保障人民群众的生命安全和身体健康。中央建立了全国 29

---

① 《2010 年国家防总抗旱工作总结》，中国水利网，2010 年 12 月 8 日，http：//www. chinawater. com. cn/ztgz/xwzt/2010fxkhgzh/3/201012/t20101208_149282. htm。

② 李曦辉：《对口支援的分类治理与核心目标》，《区域经济评论》，2019 年第 2 期。

个省（区、市）支援武汉市，统筹安排 19 个省份对口支援湖北省武汉市以外的 16 个市州及县级市。[①] 在中国共产党的领导下，在对口支援和其他多方力量的共同作用下，全国对口支援湖北抗击新冠肺炎疫情取得了胜利。对口支援新冠肺炎疫情的省市结对关系如表 3-8 所示。

表 3-8　对口支援新冠肺炎疫情的省市结对关系

| 受援方 | 支援方 |
|---|---|
| 武汉市 | 北京市、天津市、河北省、山东省、河南省、湖南省、上海市、广东省、海南省、浙江省、内蒙古自治区、重庆市、黑龙江省、江苏省、福建省、山西省、云南省、江西省、贵州省、辽宁省、宁夏回族自治区、广西壮族自治区、四川省、安徽省、青海省、陕西省、吉林省、甘肃省、新疆维吾尔自治区 |
| 黄冈市 | 山东省、湖南省 |
| 荆州市 | 广东省、海南省 |
| 荆门市 | 浙江省、内蒙古自治区 |
| 孝感市 | 重庆市、黑龙江省 |
| 黄石市 | 江苏省 |
| 宜昌市 | 福建省 |
| 恩施土家族苗族自治州 | 天津市 |
| 仙桃市 | 山西省 |
| 天门市 | 山西省 |
| 潜江市 | 山西省 |
| 咸宁市 | 云南省 |
| 随州市 | 江西省 |
| 鄂州市 | 贵州省 |
| 襄阳市 | 辽宁省、宁夏回族自治区 |
| 十堰市 | 广西壮族自治区 |
| 神农架林区 | 河北省 |

资料来源：根据公开资料整理所得。

---

① 中华人民共和国国务院新闻办公室：《抗击新冠肺炎疫情的中国行动》白皮书（全文），中华人民共和国国务院新闻办公室网站，2020 年 6 月 7 日，http：//www.scio.gov.cn/zfbps/ndhf/42312/Document/1682143/1682143.htm。

（三）重大工程实施地区的补偿性对口支援

对重大工程实施地区的补偿性对口支援是因为在我国经济社会发展和现代化建设的过程中，利国利民的重大工程的实施会对项目所在地造成不同程度的影响。在重大工程的施工地，一些工程的实施给当地的经济、生活和生态环境带来了重大的影响，单靠当地政府难以解决问题。重大工程的施工地由于为国家建设和发展做出了重大贡献和巨大牺牲，因此，需要中央和全国其他省市联合开展补偿性对口支援，解决当地的生产生活问题，保证重大工程顺利实施。这类支援主要是项目援建，初期政策性比较强，随着援建项目的发展完善，政府和市场的双重作用逐渐显现，政治性功能逐渐让位于经济性功能，逐渐从援助转变为合作。目前，我国重大工程实施地区的补偿性对口支援主要是对三峡工程所在地的三峡库区和南水北调工程中线水源地的丹江口库区进行补偿性对口支援。

三峡工程是世界上规模最大的水电站和水利枢纽工程，也是治理和开发长江的核心重大工程。中华远古神话传说就传颂着祖神与洪水斗争的神话故事，特别是长江洪涝灾害伴随着中华民族的成长，中华民族的成长历史也是与长江洪涝灾害斗争的治水历史。早在1912年，孙中山就提出了三峡工程的设想。中华人民共和国成立后，三峡工程作为解决长江洪涝威胁的关键性工程，也是解决千百年来中华民族心腹之患的关键性项目。三峡工程由于环境、移民等诸多问题，在几代党和国家领导人的重视和推动下，经过几十年的反复研究和论证，第七届全国人民代表大会第五次会议才终于批准建设。三峡工程的建设导致湖北省、重庆市的多个区县和乡镇的110多万民众需要搬迁。1992年，国务院作出全国对口支援三峡库区移民工作的决策，由全国26个省、市承担对三峡库区的对口支援任务。对口支援三峡库区政策的实施标志着我国重大工程实施地区的补偿性对口支援模式形成，是对口支援模式的重大创新。对口支援三峡库区的省（市）县结对关系如表3-9所示。

表3-9  对口支援三峡库区的省（市）县结对关系

| 受援方 | 支援方 |
| --- | --- |
| 夷陵区 | 黑龙江省、上海市、青岛市 |
| 秭归县 | 江苏省、武汉市 |
| 兴山县 | 湖南省、大连市 |
| 巴东县 | 北京市 |

续表

| 受援方 | 支援方 |
| --- | --- |
| 巫山县 | 广东省、广州市、深圳市、珠海市 |
| 巫溪县 | 吉林省 |
| 奉节县 | 辽宁省 |
| 云阳县 | 江苏省 |
| 万州区 | 上海市、天津市、福建省、南京市、宁波市、厦门市 |
| 开县 | 四川省 |
| 忠县 | 山东省、沈阳市 |
| 石柱土家族自治县 | 云南省、江西省 |
| 丰都县 | 河北省 |
| 涪陵区 | 浙江省 |
| 武隆区 | 江西省、云南省 |
| 长寿区 | 广西壮族自治区 |
| 渝北区 | 安徽省 |
| 巴南区 | 河南省 |

资料来源：根据公开资料整理所得。

南水北调工程是我国利国利民的重大战略性工程。南水北调工程分为东、中、西三条线路，中线工程的起点位于丹江口水库。由于工程建设的需要，对丹江口大坝进行了加高，导致丹江口库区的区县会被水库淹没，因此，河南省与湖北省要搬迁安置近 34.5 万人①，面临着艰巨的恢复重建和移民发展任务。而且，由于南水北调中线工程的水源地位于陕西省商洛市、汉中市、安康市，在保护水源的过程中当地的经济做出了巨大牺牲。2013 年，国务院正式启动了丹江口库区及上游地区与受水区的对口支援工作②，北京、天津作为受益方对丹江口库区因移民安置受影响的河南、湖北，以及上游地区因保护水源受影响的陕西开展补偿性对口支援。对口支援丹江口库区及上游地区的省市结对关系如表 3-10 所示。

---

① 《中国南水北调工程效益报告 2020》，中华人民共和国水利部，http：//nsbd. mwr. gov. cn/zw/gcgk/gczs/202204/p020220415565580543834. pdf。

② 《丹江口库区将与受水区对口协作》，《河南日报》，2013 年 4 月 12 日。

表3-10　对口支援丹江口库区及上游地区的省市结对关系

| | 受援方 | 支援方 |
|---|---|---|
| 河南省 | 南阳市、洛阳市、三门峡市 | 北京市 |
| 湖北省 | 十堰市、神农架林区 | |
| 陕西省 | 商洛市、汉中市、安康市 | 天津市 |

资料来源：根据公开资料整理所得。

（四）欠发达地区的发展性对口支援

欠发达地区的发展性对口支援包含了两类地区的概念，欠发达地区的概念包含贫困地区，是更为宽泛的总称和定义，是指具有一定经济实力和潜力，但与发达地区相比仍有差距，具有生产力发展不平衡等特点的区域；贫困地区主要是指部分人均消费未达到全国人均消费水平的地区，贫困问题是世界性难题，导致贫困的原因是多维的。两个概念合在一起主要是为了区分2020年全面建成小康社会后，发展性对口支援在不同时期的不同名称，在2020年及以前，以贫困地区的发展性对口支援为存在形式；在2020年以后，转变为欠发达地区的发展性对口支援。欠发达地区的发展性对口支援，即通过东部地区或中央部委对口支援欠发达地区，开展扶贫协作，推动地区间的优势互补，推动欠发达地区与全国一道迈入全面小康社会。这类支援更加突出经济性功能，特别强调扶贫开发、精准脱贫的基本方略，扶贫减贫的主要目标是到2020年全面建成小康社会，贫困县全部摘帽。

中华人民共和国成立初期，我国经济基础薄弱、人口众多，是世界上人口最多的发展中国家，因此，我国一直在深入开展扶贫攻坚工作。改革开放以后，我国主要通过对口支援的政策模式开展扶贫开发工作，全国性的政策支持、财政资金支持以及经济发达地区与民族地区的对口支援全面铺开。对口支援作为"先富带后富"的典型方式，在我国经济社会的长期发展中起到了重要作用。1996年，党中央、国务院决定实施东西部对口扶贫协作，东部支援方与西部受援方开展了多形式、多层次、多渠道的对口帮扶与经济技术合作，实现了资源优势互补。2016年，中央印发《关于进一步加强东西部扶贫协作工作的指导意见》，明确对口支援在脱贫攻坚中应发挥的作用，并调整了东西部扶贫协作的区域结对关系，如表3-11所示。2020年11月23日，贵州省宣布66个贫困县全部实现脱贫摘帽，这标志着全国832个国家级贫困县全部脱贫摘帽，我国消除了绝对贫困和区域性整体贫困。① 2020 年 12 月，习近平在中央农村工作会议上提出，党中央决定脱贫攻坚目标任务完成后，全面推进乡村振兴，对摆脱贫困的县设立 5 年过渡期，各项帮扶政策保持总体稳定，逐步实现由集中资源支持脱贫攻坚向全面推进乡村振兴平稳过渡。② 这意味着乡村振兴将成为下一阶段的工作重心，以脱贫攻坚为目标的欠发达地区的发展性对口支援将向以乡村振兴为目标的欠发达地区的发展性对口支援转变。

表 3-11　东西部扶贫协作的区域结对关系

| 受援方 | 支援方 |
| --- | --- |
| 内蒙古自治区、河北省张家口市和保定市 | 北京市 |
| 甘肃省、河北省承德市 | 天津市 |
| 贵州省六盘水市 | 辽宁省大连市 |
| 云南省、贵州省遵义市 | 上海市 |
| 陕西省、青海省西宁市和海东市 | 江苏省 |
| 贵州省铜仁市 | 苏州市 |
| 四川省 | 浙江省 |
| 湖北省恩施土家族苗族自治州、贵州省黔东南苗族侗族自治州 | 杭州市 |
| 吉林省延边朝鲜族自治州、贵州省黔西南布依族苗族自治州 | 宁波市 |
| 宁夏回族自治区 | 福建省 |
| 甘肃省定西市 | 福州市 |
| 甘肃省临夏回族自治州 | 厦门市 |
| 重庆市 | 山东省 |
| 湖南省湘西土家族苗族自治州 | 济南市 |
| 贵州省安顺市、甘肃省陇南市 | 青岛市 |
| 广西壮族自治区、四川省甘孜藏族自治州 | 广东省 |
| 贵州省黔南布依族苗族自治州和毕节市 | 广州市 |
| 四川省凉山彝族自治州 | 佛山市 |
| 云南省昭通市 | 中山市和东莞市 |
| 云南省怒江傈僳族自治州 | 珠海市 |

资料来源：根据公开资料整理所得。

---

① 《贵州贫困县全部脱贫摘帽》，《人民日报》，2020 年 11 月 24 日。
② 《习近平：坚持把解决好"三农"问题作为全党工作重中之重，促进农业高质高效乡村宜居宜业农民富裕富足》，《中国日报》，2020 年 12 月 29 日。

（五）基本公共服务较不完善地区的专项性对口支援

基本公共服务较不完善地区的专项性对口支援是由国家有关部委和对口支援省市、单位选派相关管理干部和专业人才，对受援地基本公共服务不平衡、不充分的状况进行支援，以提升受援地基本公共服务水平，缩小与发达地区之间的差距。这种类型的支援主要体现在教育、卫生、社保、就业等与民生密切相关的基本公共服务领域。基本公共服务较不完善地区的专项性支援与其他类型的对口支援不同，是由国家相关部委组织，通过对口支援省市的垂直系统开展支援工作，由中央部委调动全国系统内的资源开展对口支援，并给予受援地政策倾斜和特殊的政策优惠。这类支援以提升基本公共服务水平和实现均等化为主要目的，其政治性功能较强。目前，基本公共服务较不完善地区的专项性支援主要表现为教育和卫生事业的对口支援，因为教育、卫生事业覆盖面广、影响力大，直接关乎民生，是惠及全体人民群众的民心和民生工程。

在卫生领域，1983年，中央开始实施经济发达省市对口支援边远民族地区的卫生事业；2002年，将省际卫生对口支援与东西部扶贫协作工作结合起来；2009年，正式实施东西部地区医院省际对口支援工作；2015年，正式启动"组团式"医疗人才援藏工作；2016年，正式启动"组团式"医疗人才援疆工作。在教育领域，1979年，中央开始从其他省市选派教师到民族地区和边境地区开展教育支援工作；1992年，建立了由经济、教育比较发达的省市对口支援民族地区的机制；2000年，正式实施东西部地区学校对口支援的"两个工程"，即"东部地区学校对口支援西部欠发达地区学校工程"和"西部大中城市学校对口支援本省欠发达地区学校工程"；2001年，启动实施"对口支援西部地区高等学校计划"；2015年，正式启动"组团式"教育人才援藏工作；2016年，开始实施"职业教育东西协作行动计划"；2017年，启动实施"援藏援疆万名教师支教计划"；2020年，启动实施"高校银龄教师支援西部计划"。东西部地区医疗、教育的省际对口支援关系如表3-12所示。

表3-12　东西部地区医疗、教育的省际对口支援关系

| 受援方 | 支援方 |
| --- | --- |
| 内蒙古自治区 | 北京市 |
| 甘肃省 | 天津市 |
| 云南省 | 上海市 |

续表

| 受援方 | 支援方 |
|---|---|
| 广西壮族自治区 | 广东省 |
| 陕西省 | 江苏省 |
| 四川省 | 浙江省 |
| 新疆维吾尔自治区（包括新疆生产建设兵团） | 山东省 |
| 青海省 | 辽宁省 |
| 宁夏回族自治区 | 福建省 |
| 贵州省 | 大连、青岛、深圳、宁波 |

资料来源：根据公开资料整理所得。

## 第二节　中华民族共同体视角下的对口支援

本书将中华民族共同体理念作为对口支援的新研究视角，基于民族与民族主义、共同体、多元一体等基础理论研究，阐述了从文化认同到经济一体的理论逻辑，揭示了通过文化认同实现各民族劳动者统一的劳动力市场塑造，实现各民族的共同发展、共同富裕，实现人的全面自由发展等经济一体化的机理。对口支援作为党和政府根据我国国情探索出的一种长效机制，在实现民族地区跨越式发展、欠发达地区扶贫协作与基本公共服务均等化、突发性灾害地区救援与重建以及重大工程实施地区项目建设等方面得到了深入而广泛的运用，并发挥出了重要作用。对口支援集中体现了坚持党的集中统一领导，以人民为中心，弘扬中华优秀传统文化，全国一盘棋、集中力量办大事，各民族一律平等、实现共同团结奋斗和繁荣发展等多方面的中国特色社会主义制度的显著优势，是展示中国特色社会主义制度优势的缩影和窗口。对口支援在公众之中享有较高的政策认同，能够较为迅速地构建起受援地和支援地的情感联系，而情感互动又能进一步强化公众的民族共同体意识和政治认同感，并反哺国家体制中蕴含的凝聚力和驱动力。[①]因此，作为具有强大生命力和巨大优越性的制度模式，对口支援是当代中华民族

---

① 谭书先，赵晖：《对口支援的政治认同构建——一项基于新冠肺炎疫情时期的网络舆情分析》，《江海学刊》，2020 年第 4 期。

共同体建设的确切性和生动性诠释，在形成中华民族强大的凝聚力过程中发挥了不可磨灭的重要作用。不同类型的对口支援有其具体的工作目标，而这些不同的目标汇总起来，在抽象层面上就表现为铸牢中华民族共同体意识的核心目标，其作用在于通过文化认同实现经济一体。

## 一、民族与民族主义：文化认同与统一劳动力市场

### （一）民族与民族主义的相关研究

以社会文化为研究视角的盖尔纳，以及以建构主义为研究视角的霍布斯鲍姆、安德森，都是现代主义的民族主义研究范式代表人物，其共同点在于将民族、民族主义视为现代化的产物，是由全新时代带来的创新，现代性是民族和民族主义固有的本质，现代性必然需要民族的形式。盖尔纳强调了文化对民族的重要作用，工业社会带来的文化普及也将推动民族的发展，国家和政府需要承担的使命就是将普遍的和共同的现代高层次文化与教育向大众普及。他认为，民族并不是印刻在事物的本质里，也不是自然理论的政治版本，而是实实在在存在的文化。进入工业社会以后，标准的、正式的、规范的、以书面文字为载体的高层次文化，取代多样的、以地方为基础的低俗文化，并且占据主导地位在社会流行和普及，成为新的民族性基础。[1] 因此，盖尔纳认为，工业社会带来的流动性使文化变得可见，文化成为了限制个人流动性和可雇佣性的因素，变成自然的疆界。所以，国家需要储备和部署维持高层次文化、确保其在整个人口中传播所需要的资源，将教育和文化基础设施的维持作为政府的中心任务之一。[2] 由此可以看出，盖尔纳所强调的高层次文化就是对国家性民族文化的认同，其背后是现代经济流动性和一体化的客观发展需要。霍布斯鲍姆认为，民族成为全体公民的集称，他们拥有的权利使他们与国家利害相关，由此产生国家"是我们自己的"的意识，国家和政权应该把握每一个机会，利用公民对"想象的共同体"的情感与象征，来加强爱国主义。[3]

以史密斯为代表的学者则提出了后现代主义的民族主义研究范式，即"族

---

① 厄内斯特·盖尔纳：《民族与民族主义》，韩红译，北京：中央编译出版社2002年版，第63-97页。

② 厄内斯特·盖尔纳：《民族与民族主义》，韩红译，北京：中央编译出版社2002年版，第146-187页。

③ 埃里克·霍布斯鲍姆：《民族与民族主义》，李金梅译，上海：上海世纪出版集团2006年版，第79-90页。

群—象征"主义范式。史密斯认为，民族的形成过程不是一种"建构"，也不是深思熟虑的"发明"，而是对以前就存在的文化主题的重新诠释，以及对早先的民族联系和情感的重新建构①，族群共同体历史性地起着许多民族的原型和基础的作用，因此需要通过对族群记忆、神话、象征和传统来关注。② 史密斯认为，虽然我们正生活在一个世俗的时代，但拥有"共同体、领土、历史和命运"四个基本范畴的民族还被继续视为"神圣的"，"会为政治的团结提供最受欢迎的和有用的框架"，现代的民族认同会有一代又一代人相继作出新的诠释。③

　　民族现代主义范式关于民族的形成理论显然无法诠释中华民族的形成与发展，因为作为自在的民族实体，中华民族已经经历了数千年的发展，但其关于文化认同和民族认同的阐述至今依然可以用来借鉴以论述中华民族的发展。中华民族的发展历史起源于远古时期，一直发展延续至今，历经人类社会不同形态的发展时期，中华民族的发展历史未曾中断。作为中华民族发展的核心，中华文化从古代统治阶级的"高层次文化"转变为中华人民共和国成立后革新与普及的"大众文化"，各民族融入到中华民族共同体中，推动着中华民族不断形成与发展壮大。时至今日，中华民族共同体意识作为文化认同与民族认同的双重象征，正如"族群—象征"主义范式所论述的，需要将中华民族数千年的历史与当代中华民族进行新的联系与建构，将中华民族优秀传统文化与当代中国爱国主义情感及象征进行联结，重新塑造和诠释中华民族和中华文化的精神本质及核心内涵，为中华各民族及全体人民的中华优秀传统文化认同和中华民族共同体认同提供巨大的凝聚力和感召力，进而为推动中华民族的伟大复兴提供源源不断的动力。

　　（二）民族与民族主义实践的经验

　　民族与民族主义发端于19世纪初的欧洲国家，对欧洲民族国家的形成产生了重要的影响。19世纪末，民族与民族主义传播到亚洲、非洲等国家，传入中国，形成了"中华民族"的概念，并随着中国共产党的成立，在中华民族悠久的历史发展基础上，与马克思主义的民族观进行结合，形成了中国特色的民族理论。李曦辉认为，纵观中国的发展史，我们可以发现，它具有与西方民族国家完

---

　　①② 安东尼·史密斯：《民族主义：理论、意识形态、历史（第2版）》，叶江译，上海：上海人民出版社2011年版，第93页。

　　③ 安东尼·史密斯：《民族主义：理论、意识形态、历史（第2版）》，叶江译，上海：上海人民出版社2011年版，第155-159页。

全不同的演进路径。西方国家一般是先产生了主权民族，而后催生了国家；中国则不同，我们是先组成了多元的国家，然后通过一体的精神文化逐渐培育出了统一的中华民族。① 尽管中国的发展模式与西方国家并不相同，但西方国家在形成与发展过程中，特别是在塑造统一文化、共有文化或公共文化，以及民族认同、国家认同等方面的历史经验上，依然有值得我们借鉴和反思的地方。我们所提出的对口支援的核心目标，即铸牢中华民族共同体意识，是基于统一的多民族国家的基本国情，在平等团结互助和谐的民族关系基础上，在全国各族人民中开展文化认同与民族认同的塑造工作。同时，我们也应看到，在铸牢中华民族共同体意识的具体工作中，个别西方国家歪曲事实，充满偏见地、恶意地抹黑与攻击，我们总结西方国家的实践经验，不仅是为铸牢中华民族共同体意识提供借鉴和反思，还是对个别西方国家的罔顾事实言论的有力回击。

麦克尼尔曾表示，以语言为交往方式可以使人们形成规模庞大，具有强大凝聚力的群体。② 安德森认为，语言与书写在民族共同体中扮演着不可或缺的角色，发挥了联结权力秩序的媒介作用。③ 霍布斯鲍姆则认为，直到今天，现代化国家意味着拥有均质性和标准性的居民，其方式就是通过共同书写式的"国语"来管理国家，这是现代经济和科技发展的必要因素。④ 因此，在西方国家的发展过程中，推行统一、通用的语言、文字就成为国家发展的必须，也是公民个人发展的必须。1707 年，大英帝国就开始呼吁推行"双语政策"。⑤ 而在法国，当法国革命爆发时，法语并非国家通用语言，能够掌握法语的人不到总人口的一半，在北部和南部几乎没有人说法语，但后来，法语对于法国的创建是厥功至伟的，法国将其作为国语进行全国推广，虽然其原本就是方言的口语，在政治上享有绝对的分量，为法国的发展奠定了坚实的基础。⑥ 德国也是如此，在 18 世纪，能够阅读德文的读者只有 30 万~50 万人，而在日常生活中能够使用标准德文或文化

---

① 李曦辉：《论民族国家模式差异化的根由》，《中央社会主义学院学报》，2018 年第 3 期。

② 约翰·R. 麦克尼尔、威廉·H. 麦克尼尔：《麦克尼尔全球史：从史前到 21 世纪的人类网络》，王晋新等译，北京：北京大学出版社 2017 年版，第 30 页。

③ 本尼迪克特·安德森：《想象的共同体：民族主义的起源与散布》，吴叡人译，上海：上海人民出版社 2016 年版，第 12 页。

④ 埃里克·霍布斯鲍姆：《民族与民族主义》，李金梅译，上海：上海世纪出版集团 2006 年版，第 90 页。

⑤ 埃里克·霍布斯鲍姆：《民族与民族主义》，李金梅译，上海：上海世纪出版集团 2006 年版，第 32 页。

⑥ 埃里克·霍布斯鲍姆：《民族与民族主义》，李金梅译，上海：上海世纪出版集团 2006 年版，第 58-59 页。

用语的人就更少了。于是，由知名艺人所主演的剧作，便成为日后标准德文的典范，戏院也成为了标准德语的来源地。① 对意大利来说，在建国之初，意大利文的使用率仅有 2.5%，其实现经济社会的发展主要是通过推广国家通用语言和文字，进而构建民族认同，增强国家的凝聚力。② 盖尔纳认为，现代不断变换的职业，再加上大多数工作都离不开交流，这就需要一种标准的、共同的沟通媒介。③ 语言和文字作为文化的存在形式，其特点本身就是由经济环境所决定的，我国各民族形成的丰富的语言文字是由天然分工造成的经济环境的差别导致的。但在经济发生彼此交换的条件下，出于交换和贸易的需要，经济一体化的动力推动了语言文字的相通。经过数千年的发展，中华民族共同体形成了一个普遍性的特点，就是各民族绝大部分人都可以使用汉语、汉文，并将其发展成为国家通用语言和文字，还形成了有的民族保留了语言和文字，有的民族保留了语言，有的民族使用一种或几种语言的多元特点。时至今日，仍有一些少数民族和民族地区不能流畅使用国家通用语言和文字。各民族人民都能熟练使用国家通用语言和文字，是国家经济一体化发展和个人职业发展的前提条件。因此，作为经济统一大市场短板的补齐手段，对口支援工作要注重开展国家通用语言和文字的推广、普及及教育工作，其本身也是铸牢中华民族共同体意识的重要内容。所以，基于国家通用语言和文字在一国发展中所发挥出的重要作用的历史实践与当下现实，对口支援要以铸牢中华民族共同体意识为核心目标，其作用在于通过对口支援消除文化的障碍和壁垒，塑造统一的劳动力市场，推动经济一体化发展。

（三）民族与民族主义实践的反思

文化认同也是西方国家的实践经验给予我们借鉴和反思的地方。盖尔纳提出，人类始终是以群居的方式一直延续下去的，而能够以群体的方式延续的原因就在于人们对这些群体的忠诚和认同。④ 在有文化差异的地方要尊重文化差异，条件是这些差异只在表面，不会在人们中间造成真正的障碍，否则这些障碍（不

---

① 埃里克·霍布斯鲍姆：《民族与民族主义》，李金梅译，上海：上海世纪出版集团 2006 年版，第 58—59 页。

② 埃里克·霍布斯鲍姆：《民族与民族主义》，李金梅译，上海：上海世纪出版集团 2006 年版，第 34 页。

③ 厄内斯特·盖尔纳：《民族与民族主义》，韩红译，北京：中央编译出版社 2002 年版，第 148—149 页。

④ 厄内斯特·盖尔纳：《民族与民族主义》，韩红译，北京：中央编译出版社 2002 年版，第 180 页。

是文化）将成为一个严重的问题。① 史密斯提出，民族认同的观念在西方不断受到争论并且周期性地受到修正这一事实表明，这样的集体文化认同为现代时期的重要目标服务，并且有着至关重要的必要性。② 以美国为例，由于成分复杂多样，美国人所生活的社会长久以来都号称要把"多"合成"一"。但是，直到晚近，它所推动的仅仅是把北欧基督新教的白种人合成"一"，部分排除了非同一起源的白种人，几乎全体排除另一些人，即有色人种。在美国，族群的歧义并未完全融合。正如杜鲁门总统的政治名言，"只有那些受不了熔炉高温的人，才会半生不熟地爬出来"。③ 20 世纪 60 年代后期，抛弃了"熔炉论"之后，美国在民族国家的整体政治制度和象征之下包容了不同的文化成分。④ 但终究美国所奉行的文化就是盎格鲁·撒克逊文化，有色人种在主流社会中难以找到他们的位置。正如韦伯在多年前所预言的，对于出现的新人口，"它是无法被美国文化所吸纳的，它将会长久地改变美国的面貌，它所发展出来的社区，将会迥异于盎格鲁—撒克逊精神的伟大创造"，"美国如何处理这些问题，对于这片大陆未来的文化面貌有着关键的影响"。⑤ 于是，直到今天，在各个公共领域里面，排挤的"遗毒"依然存在，在社会的日常生活中，偏见与偏执还是无法消除，2020 年美国全国大规模爆发的"黑人的命也是命"种族抗议活动就是典型代表。2021 年 1 月 1 日，英国"脱欧"完成，正式退出欧盟（欧洲联盟），标志着欧洲联盟长期致力于打造的经济、政治与文化共同体宣告失败。然而，实际上，长久以来欧洲的商业、政治和知识精英们都集中精力在欧盟的经济建设上，大众文化相对滞后。许多国家对于加入欧盟，以及英国脱离欧盟，都是基于精明的经济计算，而对于欧洲的文化、价值、理想和传统而言，没有形成普遍的共识，彼此之间缺乏深厚的情感或文化上的联结，欧洲没有营造出大家庭的强烈感觉。所以，表面上繁华亮丽充斥着点钞机躁动声音的欧洲联盟不过是一个没有共同文化、价值和理想的空荡荡的躯壳，只剩下半空的心脏和虚无的灵魂。以此为鉴，铸牢中华民族

① 厄内斯特·盖尔纳：《民族与民族主义》，韩红译，北京：中央编译出版社 2002 年版，第 159 页。

② 安东尼·史密斯：《民族主义：理论、意识形态、历史（第 2 版）》，叶江译，上海：上海人民出版社 2011 年版，第 142 页。

③ 哈罗德·伊罗生：《群氓之族：群体认同与政治变迁》，邓伯宸译，桂林：广西师范大学出版社 2015 年版，第 342–348 页。

④ 安东尼·史密斯：《民族主义：理论、意识形态、历史（第 2 版）》，叶江译，上海：上海人民出版社 2011 年版，第 45 页。

⑤ 马克斯·韦伯：《民族国家与经济政策》，甘阳译，北京：生活·读书·新知三联书店 2018 年版，第 154–155 页。

共同体意识就是要各民族相互尊重、相互欣赏，相互学习、相互借鉴，使绵延数千年历史不断，将由各民族共同创造的中华文化发扬光大，形成最深层次的中华文化认同，构筑中华民族共有精神家园。所以，从西方国家的历史经验来看，文化认同在经济发展和政治塑造中发挥着不可替代的作用，我国在经济社会发展过程中要注重通过文化认同塑造经济一体化的中华民族共同市场。而对口支援在实现各地区各民族经济往来的同时，要发挥其优势，通过各民族交往、交流、交融实现对中华文化的牢固认同，促进由各民族劳动者组成的统一劳动力市场形成。因此，对口支援要将铸牢中华民族共同体意识作为核心目标，推动中华民族共同体建设和发展，打造经济、政治、文化等全方位的，包容性更强、凝聚力更大的共同体。

## 二、共同体：文化认同与共同发展、共同富裕

### （一）共同体的相关研究

安德森将民族定义为想象出来的政治意义上的共同体，把"民族与人类深层的意识与世界观的变化结合起来"，将民族主义从"社会基础"的层面拓展到"文化根源"的层面。[①] 民族作为"现代"想象以及政治与文化建构的产物，意识形态的建构对于民族具有至关重要的作用。滕尼斯提出了共同体与社会相对立的理论[②]，在历史的发展潮流中，特别是在滕尼斯所处的时代和环境中，共同体时代的发展趋势是朝着社会时代进行过渡，社会时代正在形成并走向繁荣，社会时代的胜利也在后来的历史中证明了滕尼斯的看法。最为宝贵之处在于，滕尼斯以预言式的眼光看到了社会时代的悲观，社会完全基于欲望、恐惧或愿望建立起来，变成"一种纯粹理知的状态，这一状态完全基于人对'效用'和'可接受性'的理性计算而确立起来"[③]，社会人不再自然地感到自己从属于一个更高的整体，成为断绝了一切自然纽带的、绝对独立的个体，彼此之间失去了"义务感"，个体人为地制造出牟利工具，迄今为止的文化也会逐步走向消亡。就此而言，共同体为重塑现代人的伦理品性提供了理论出发点。因此，滕尼斯所期待的就是"通过将共产主义的思想和善良的意志植入合乎规律的、为科学计划好了并

---

① 本尼迪克特·安德森：《想象的共同体：民族主义的起源与散布》，吴叡人译，上海：上海人民出版社 2016 年版，第 136-149 页。

② 斐迪南·滕尼斯：《共同体与社会》，林荣远译，北京：商务印书馆 2019 年版，第 207 页。

③ 斐迪南·滕尼斯：《共同体与社会》，林荣远译，北京：商务印书馆 2019 年版，第 524 页。

得以逐步慎重实现的社会主义", 在几个世纪后可以上升到期待的高处, 进入更高的人类共同体的新时代。①

马克思和恩格斯认为, 民族是一个历史的范畴, 有其形成、发展、融合、消亡的过程和规律, 民族将再次经过世界性的共产主义社会得到最充分的发展, 最终走向融合、消亡。② 民族作为社会共同体, 是一定社会经济形态的结构形式, 随着社会经济形态的发展变更而发展变更。恩格斯提出, 按照公有制原则结合起来的各个民族的民族特点, 由于这种结合而必然融合在一起, 从而自行消失, 正如各种不同的等级差别和阶级差别由于废除它们的基础 (私有制) 而消失一样。③ 因此, 在进入未来共产主义社会后, 当民族消亡以后, 取而代之的就是人类社会的 "真正共同体", 那是自由人的联合体。正如《共产党宣言》中说的, "代替那存在着阶级和阶级对立的资产阶级旧社会的, 将是这样一个联合体, 在那里, 每个人的自由发展是一切人的自由发展的条件"。④ 在共产主义社会中, 人终将成为自己的社会结合的主人, 社会全体成员也将能够全面地发挥他们各方面的才能, 成为 "全面发展的人"。因为 "只有在共同体中, 个人才能获得全面发展其才能的手段, 也就是说, 只有在共同体中才可能有个人自由"。在他们看来, "在真正的共同体的条件下, 各个人在自己的联合中并通过这种联合获得自己的自由"。⑤

可以看出, 共同体以民族内涵的形式存在具有空间的意义, 以社会内涵的形式存在则具有时间的意义。如果将安德森所说的民族的 "想象的共同体" 视为当下的共同体, 那么滕尼斯论述的与 "社会" 相对立的 "共同体" 则可以视为过去的共同体, 马克思和恩格斯论述的自由人联合体的 "真正的共同体" 则被视为未来的共同体。因此, 共同体兼具了空间与时间的双重性质, 中华民族共同体在历史发展过程中也同样具备了时间和空间的双重性质。在中国几千年的历史中, 涌现过众多的民族, 经过兴衰存亡和分裂融合, 形成了具有多元统一体性质

① 斐迪南·滕尼斯:《共同体与社会》, 林荣远译, 北京: 商务印书馆 2019 年版, 第 535–536 页。
② 马克思、恩格斯:《马克思恩格斯选集 (第一卷)》, 中共中央马克思恩格斯列宁斯大林著作编译局译, 北京: 人民出版社 2012 年版, 第 419 页。
③ 马克思、恩格斯:《马克思恩格斯全集 (42)》, 中共中央马克思恩格斯列宁斯大林著作编译局译, 北京: 人民出版社 1979 年版, 第 379 页。
④ 马克思、恩格斯:《马克思恩格斯选集 (第一卷)》, 中共中央马克思恩格斯列宁斯大林著作编译局译, 北京: 人民出版社 2012 年版, 第 422 页。
⑤ 马克思、恩格斯:《马克思恩格斯选集 (第一卷)》, 中共中央马克思恩格斯列宁斯大林著作编译局译, 北京: 人民出版社 2012 年版, 第 199 页。

的中华民族共同体。因此，中华民族共同体是从新石器时期到新中国成立以前，中华大地上历史各民族的统一体，在数千年的历史中越来越紧密地结成了统一的多民族中国，共同创造了中华民族的历史与文化。中华民族共同体是从新中国成立后至今，并将持续相当长一段时期，当代 56 个民族的统一体，并随着全球化发展涵盖中华各民族以及港澳台同胞、海外侨胞的成员统一体，共同维护和促进了民族团结和国家统一，共同为实现中华民族的伟大复兴而奋斗。中华民族共同体沿着中国特色社会主义道路不断发展，将成为滕尼斯期待的"更高的人类共同体"，以及马克思和恩格斯实现人的全面自由发展的"共产主义联合体"。

（二）马克思主义民族观与共同体思想的启示

马克思认为，"人的本质并不是单个人所固有的抽象物。在其现实性上，它是一切社会关系的总和"[①]，"人对人的剥削一消灭，民族对民族的剥削就会随之消灭……民族内部的阶级对立一消失，民族之间的敌对关系就会随之消失"。[②]生产力高度发达后，在生产者完全占有生产资料并获得自由之后[③]，"代替那存在着阶级和阶级对立的资产阶级旧社会的，将是这样一个联合体，在那里，每个人的自由发展是一切人的自由发展的条件"。[④]因此，民族作为一定社会经济发展阶段的存在，会在相当长的一段时间内存在于人类社会。但在中国，民族的形态已经发生了改变，是各民族自由平等、共同发展的自由联合，正如毛泽东所说的，"民族的压迫基于民族的剥削，推翻了这个民族剥削制度，民族的自由联合就代替民族的压迫"。[⑤]中华人民共和国成立以前，在封建王朝专制腐败的体制下，生产力落后，各民族遭受剥削，人的生存和温饱成为最大的难题。中华人民共和国成立后，实现了各民族平等，迈向了人民当家作主的新时代。毛泽东提出，"帮助各少数民族，让各少数民族得到发展和进步，是整个国家的利益"。[⑥]周恩来提出，"如果少数民族在经济上不发展，那就不是真正的平等"。[⑦] 消除贫

---

① 马克思、恩格斯：《马克思恩格斯选集（第一卷）》，中共中央马克思恩格斯列宁斯大林著作编译局译，北京：人民出版社 2012 年版，第 18 页。

②④ 马克思、恩格斯：《马克思恩格斯全集（第四卷）》，中共中央马克思恩格斯列宁斯大林著作编译局译，北京：人民出版社 1958 年版，第 490—491 页。

③ 马克思、恩格斯：《马克思恩格斯全集（第十九卷）》，中共中央马克思恩格斯列宁斯大林著作编译局译，北京：人民出版社 1963 年版，第 264 页。

⑤ 《苏维埃中国》，中国现代史资料编辑委员会翻印，1957 年版，第 288 页。

⑥ 毛泽东：《毛泽东文集（第六卷）》，北京：人民出版社 1999 年版，第 311 页。

⑦ 中央民族学院民族研究所：《周恩来同志对民族问题与民族政策论述选编》，北京：中央民族学院民族研究所，1981 年，第 38 页。

困，改善民生、精准扶贫，逐步实现全面小康，是社会主义的本质要求，是中国共产党的重要使命。因此，我国少数民族经济发展实践中最为关键的主线，就是国家一直坚持对少数民族经济的帮助与扶持。习近平指出，"全面实现小康，一个民族都不能少"①，"到2020年全面建成小康社会，任何一个地区、任何一个民族都不能落下"②。2020年，全国832个国家级贫困县全部脱贫摘帽，向世界和历史交上了满意的答卷，中国共产党实现了庄严的承诺。进入新时代，作为少数民族经济发展的重要手段，对口支援要将铸牢中华民族共同体意识作为其核心目标，推动少数民族的经济发展迈向更高的阶段。少数民族的经济发展问题不仅是一个物质问题，还是一个思想问题，少数民族的经济发展在于培育形成共有的中华民族文化，而不是经济发展了，各民族却越离越远了。对口支援工作的开展就是要在各地区各民族中培育中华民族的共有文化，就是为了在共同的文化圈内形成规模、范围巨大的广泛的大市场，实现生产要素配置的更大规模与范围效益。所以，将铸牢中华民族共同体意识作为对口支援的核心目标，有助于实现各民族共同发展、共同富裕，这是促进中华民族共同市场和经济一体化形成和发展的客观要求。

在这个"更高的阶段"的发展过程中，在自由联合体实现之前，国家作为一个重要的中介，承担着实现社会形态过渡的责任，那就是马克思所说的，"国家的真正的'社会教育作用'就在于它的合乎理性的社会的存在"③。因此，消灭剥削后，在相当长一段时间的社会主义建设中，社会主义国家要致力于实现个人的全面自由发展。马克思提出，"任何一种解放都是把人的世界与人的关系还给人自己"④，"人的全部发展都取决于教育和外部环境"⑤。个人得到自由发展，"并不是为了获得剩余劳动而缩减必要劳动时间，而是直接把社会必要劳动缩减到最低限度，那时，与此相适应，由于给所有的人腾出了时间和创造了手段，个

① 《习近平在云南工作时强调坚决打好扶贫开发攻坚战，加快民族地区经济社会发展》，《人民日报》，2015年1月22日。

② 《习近平在宁夏考察时强调解放思想真抓实干奋力前进，确保与全国同步建成全面小康社会》，《人民日报》，2016年7月21日。

③ 马克思、恩格斯：《马克思恩格斯全集（第一卷）》，中共中央马克思恩格斯列宁斯大林著作编译局译，北京：人民出版社1956年版，第118页。

④ 马克思、恩格斯：《论犹太人问题》，《马克思恩格斯全集（第一卷）》，中共中央马克思恩格斯列宁斯大林著作编译局译，北京：人民出版社1956年版，第443页。

⑤ 马克思、恩格斯：《马克思恩格斯全集（第二卷）》，中共中央马克思恩格斯列宁斯大林著作编译局译，北京：人民出版社1957年版，第165页。

人会在艺术、科学等方面得到发展"。① 马克思还表示，未来的教育"是生产劳动同智育和体育相结合，它不仅是提高社会生产的一种方法，而且是造就全面发展的人的唯一方法"。② 经济发展的主体是人，人的全面发展构成了经济社会发展的出发点和归宿。因此，按照马克思主义的共同体思想，我国社会主义的制度本质和根本目标决定了对口支援要以铸牢中华民族共同体意识为核心目标。具体而言，为了实现各民族共同发展、共同富裕，要以实现人的全面发展为根本任务，注重在教育上下功夫，不断提高各族群众的科学文化素质；要构筑各民族共有精神家园，突出爱国主义教育和中华民族文化认同教育；要促进各民族交往、交流、交融，在民族地区的各级各类教育中，实现国家通用语言文字教育的深入发展。

### 三、多元一体：文化认同与经济一体

（一）中华民族多元一体理论

费孝通最早提出了中华民族多元一体论，对中华民族的"多元"与"一体"的辩证运动及中华民族的结构特点进行了高度概括，打破了中华民族"一元"中心起源的传统史观，在唯物史观的视角下，从中华民族的多元起源、以汉族为凝聚核心的出现以及各少数民族的发展等多角度，论证了中华民族多元一体格局的形成过程。他提出，中华大地自古分布着不同的文化区，并形成不同的民族，中华民族是"由许许多多分散孤立存在的民族单位，经过接触、混杂、联结和融合，同时也有分裂和消亡，形成一个你来我去、我来你去、我中有你、你中有我，而又各具个性的多元统一体"③，并向中华大地四周的各民族辐射，由此吸引着各民族主动融入其中并日益壮大。陈连开从中华民族的起源、形成与发展等方面对多元一体论进行了更进一步的论证，对中华民族"多元一体"的整体研究，揭示出来的中华民族的"多元一体"并非主观上的虚构，而是中华民族整体的不可分割性、根本与长远利益的一致性、中华民族文化特质的共同性以及中华民族的大认同与凝聚力等都是客观存在的事实，中华民族是"中国古今各民族的总称"，是"由众多民族在形成统一国家的长期历史发展中逐渐形成的民族集

① 马克思、恩格斯：《马克思恩格斯全集（第四十六卷）》，中共中央马克思恩格斯列宁斯大林著作编译局译，北京：人民出版社 1979 年版，第 218-219 页。

② 马克思、恩格斯：《马克思恩格斯全集（第二十三卷）》，中共中央马克思恩格斯列宁斯大林著作编译局译，北京：人民出版社 1972 年版，第 530 页。

③ 费孝通：《中国民族多元一体格局》，北京：中央民族大学出版社 2020 年版，第 17 页。

合体"。① 谷苞则从中华文化的多源统一性以及历史认同的共同性方面进一步论证了多元一体论，他认为，中华民族认同有着长远的历史渊源，中华文化的发展是古今各民族各具特点和特长而又互相学习和吸收的结果，展现出了兼容并包的特点，进而在中华文化凝聚和影响下使得各民族的历史自古认同为中华历史的一部分。他提出，"大一统思想是中国各民族共同的历史传统"②，论证了中华文化乐于兼容并蓄各民族特长的优势，展现了中华文化存在的"你中有我，我中有你"的客观情况。

基于中华民族多元一体论，可以看出中华民族共同体具有多重共同体属性，兼具生存空间、经济利益、历史文化、政治建构、精神认同等多重属性。作为空间共同体属性，各民族在共同体中繁衍生息、唇齿相依、水乳交融，成为孕育中华民族的多元并存、密切统一的空间；作为经济共同体属性，各民族因为自然环境的天然分工形成互相依存、互相补充的经济交往关系，长期构建起共同体的市场交换网络，形成根本利益紧密相连的经济关系；作为文化共同体属性，各民族文化相互影响、相互渗透，共同创造了博大精深、兼容并蓄的中华文化，尽管王朝兴衰、政权更迭，但中华文化未曾断裂过，成为凝聚各民族交往交流交融的文化共同体；作为政治共同体属性，是历史上各民族追求大一统的外在表现，历经若干次分裂与统一，最终走向越来越巩固的统一，各民族成为一个不可分割的整体，奠定了统一的多民族国家基本国情的历史根基；作为精神共同体属性，各民族的历史自古以来都被视为中国历史的一部分，有着明确的祖国观念与强烈的归属感和认同感，形成特别顽强而持久的中华民族凝聚力。

（二）多元一体格局与各民族交往交流交融

习近平总书记多次从中华民族多元一体格局的辩证关系角度，论述了我国统一的多民族国家的基本国情。在 2014 年中央民族工作会议上，习近平总书记提出，中华民族"多元"的四个特征就是各民族在分布上交错杂居，在文化上兼收并蓄，在经济上相互依存，在情感上相互亲近；中华民族"一体"的特征就是各民族形成"你中有我、我中有你，谁也离不开谁"的格局。习近平总书记提出，"做好民族工作，最关键的是搞好民族团结，最管用的是争取人心"，"长

---

① 陈连开：《民族称谓含义的演变及其内在联系》，《中国民族多元一体格局》，费孝通主编，北京：中央民族大学出版社 2020 年版，第 221 页。

② 谷苞：《中华民族的共同性》，《中国民族多元一体格局》，费孝通主编，北京：中央民族大学出版社 2020 年版，第 128-149 页。

远和根本的是增强文化认同"。① 马克思认为，人类的活动包括"人改造自然"以及"人改造人"，作为中介物就需要有交往的存在。② 哈贝马斯认为，每个人在其文化氛围中需要获取再生的力量。这种再生力量至少在同等水平上来自与他者的交往。③ 马克思与哈贝马斯的交往理论涵盖了宏观与微观两个层次，主体都是处在主体交互关系中的人，对于理解当下各民族间的交往具有重要意义。滕尼斯认为，人们持续地接近、频繁地接触，这既意味着他们相互需要、相互肯定，同时又意味着他们相互阻碍、相互否定，扰乱的情形真的可能发生，它在一定程度上也确实会发生。不过，只要友爱现象占优势，那么就可以将这一关系认作真正的共同体关系。④ 哈贝马斯提出，共同的政治文化越是把众多的亚文化统一起来，就越是抽象；共同的政治文化必须保持强大的约束力，只有这样，才能保证公民国家不会四分五裂。⑤ 可以看出，人类文明的发展和共同体社会的实现都需要以密切的交往为前提，都受到各民族之间交往的影响。人类彼此之间的交往成为社会前进的动力源之一，也成为文明发展进程不断前进的重要因素。中华人民共和国成立以来，我国各民族在经济社会的紧密交往中，实现了生产力的快速提高，文化程度飞速提升，各民族相互交往的广度和相互交流的深度达到历史空前程度，各民族逐渐向大流动、大融居的分布格局变化。因此，作为当前各民族实现经济、社会、文化往来的重要途径，对口支援工作的开展，就是要以铸牢中华民族共同体意识为核心目标，顺应各民族大流动、大融居的趋势，促进各民族交往交流交融，完善少数民族流动人口服务管理，构建各民族互嵌式社会结构，构筑中华民族共有精神家园。

习近平总书记对中华民族多元一体格局的论述涵盖了历史渊源、现实格局和未来愿景，从国家和民族发展的角度进行了深刻诠释。在 2019 年全国民族团结进步表彰大会上，习近平总书记从历史发展的视角对中华民族多元一体格局做出了判断，"多元之所以聚为一体，源自各民族文化上的兼收并蓄、经济上的相互依存、情感上的相互亲近，源自中华民族追求团结统一的内生动力"，他指出，

① 《中央民族工作会议暨国务院第六次全国民族团结进步表彰大会在北京举行》，《人民日报》，2014年9月30日。

② 马克思、恩格斯：《马克思恩格斯选集（第一卷）》，中共中央马克思恩格斯列宁斯大林著作编译局译，北京：人民出版社2012年版，第146—150页。

③ 尤尔根·哈贝马斯：《包容他者》，曹卫东译，上海：上海人民出版社2018年版，第287页。

④ 斐迪南·滕尼斯：《共同体与社会》，林荣远译，北京：商务印书馆2019年版，第91页。

⑤ 尤尔根·哈贝马斯：《包容他者》，曹卫东译，上海：上海人民出版社2018年版，第198页。

中华民族多元一体格局既是先人们留给我们的丰厚遗产，又是我国发展的巨大优势①，超出了以往从政治、民族领域来论述多元一体格局局限，结合文化、历史、经济、社会等新领域，全方位地看待多元一体格局的潜能和优势。正是基于中华民族多元一体格局的基础，2020年，中共中央提出了以国内大循环为主体、国内国际双循环相互促进的新发展格局。我国幅员辽阔，尤其是在多元一体的特点下，各地区差异明显、特色鲜明，资源禀赋特点突出，结构性特征丰富，为国内大循环的格局提供了巨大的发展潜力和长久的发展周期，可持续性强。我们可以认为，中华民族多元一体格局的特点正是双循环新发展格局的基础与动力所在。多元一体格局与双循环发展格局是文化与经济的体现，是历史与未来的联结，共同构筑了中华民族实现伟大复兴的时代舞台。盖尔纳认为，沟通和文化有着新的前所未有的重要性。② 人们出于对财富增长的渴望而强加在工业秩序之上的所有这些基于专业性提高的要求，如流动性、沟通、规模等，使其社会单位必须具备庞大的规模，但在文化上必须统一。③ 韦斯特也提出，随着人口规模的增加，多样性会系统增加，几乎所有多样性的增长都反映在更大程度的专业性和更多人之间的相互依赖性上，增加多样性与增加特殊性紧密相连，这是根据15%法则提高生产率的主要驱动力。④ 社会互动与人类合作是人类创新和财富创造得以成功的两个必要因素，我们所有人都参与到人类相互之间密切活动的多层次网络中来，这种互动表现为生产力、速度和独创性的交换。⑤ 由此可以看出，中华文化是中华民族的魂魄，中华文化认同是中华民族经济发展的动力。建设中华民族共同体的关键就在于充分发挥中华民族多元一体格局的优势，加强各民族交往交流交融，推动实现经济一体化发展，实现中华民族经济更大的规模与范围效应，构建起双循环新发展格局。反过来，双循环新发展格局又能增进中华民族共同体的凝聚力和向心力，成为中华民族实现伟大复兴的"发动机"和"加速器"。所以，对口支援基于中国特色社会主义制度的显著优势，以铸牢中华民族共同体意识为核心目标，可以在中华民族多元一体格局与双循环新发展格局中发挥出桥梁与纽带作用，促进中华民族"双格局"的相互联动与相互促进，最终促进中华

① 《习近平：坚持共同团结奋斗共同繁荣发展，各民族共建美好家园共创美好未来》，《人民日报》，2019年9月28日。

② 厄内斯特·盖尔纳：《民族与民族主义》，韩红译，北京：中央编译出版社2002年版，第98页。

③ 厄内斯特·盖尔纳：《民族与民族主义》，韩红译，北京：中央编译出版社2002年版，第184页。

④ 杰弗里·韦斯特：《规模》，张培译，北京：中信出版社2018年版，第373页。

⑤ 杰弗里·韦斯特：《规模》，张培译，北京：中信出版社2018年版，第287页。

民族统一大市场的形成和经济一体化的发展。因此，对口支援的核心目标具有重要的现实意义与作用。

## 第三节 对口支援核心目标的民族经济学解释

对口支援从出现至今已有60余年的历史，从作为国家政策至今已有40余年的历程，在一定程度上经历了历史的检验，是中国的伟大创举和伟大实践。对口支援的领域从经济发展扩展到了社会发展，在全国各个地区以各种支援形式和支援内容不断丰富和完善，逐渐发展成为涵盖全面性、应急性、补偿性、发展性及专项性五大类的对口支援模式，表现出多领域、多层次、多形式、多内容的相互交错的对口支援发展格局。在实际的发展过程中，我们对产生于本土实践的对口支援的认识也经历了一个不断深入的过程。以往关于对口支援的研究大多基于西方经济学的视角研究对口支援对经济增长的贡献和作用，强调更多的是货币财富的主体地位。理论来源于实践，并将反作用于实践，指导实践的发展。对口支援本身从实践中总结而来，并非出自理论的推演，关于对口支援的理论研究和阐释也将影响着对口支援工作的发展方向和实践趋势。因此，本书基于中华民族共同体的经济维度对对口支援进行研究，沿着"经济居先—文化认同—经济一体"层层递进的理论逻辑进行阐述，既是对对口支援理论研究的补充和丰富，又是对对口支援实践工作的总结和提炼。本书提出，对口支援在发展过程中，其真正的核心价值和关键的核心作用在于促进中华民族共同体的发展和壮大，其核心目标在于铸牢中华民族共同体意识。

### 一、经济居先：源自对国内经济发展短板的补齐

中国的经济体系从古至今在规模与范围效应的作用下，在不同的时期都围绕着国内统一的大市场经济网络进行构建，一旦编织成形，可以扩张，但难以裂解。但如果出现经济短板的现象，编制成形的经济网络难免会分裂成几个地区性的网络，但是在中华民族共同体的作用下，仍会恢复为整体的大网。中华人民共和国成立后，我国实现各民族平等团结发展，建立起社会主义市场经济体制，为真正构建国内经济统一大市场奠定了坚实的政治、经济和社会基础。此时，不同

类型的对口支援发生在不同的地区，各地区共同构成了国内经济统一大市场，通过对口支援补齐各地区的经济发展短板，扩大国内市场的规模并提高范围效益，各个地区的对口支援效果改进了，对于国民经济而言就会产生倍加的乘数效应。所以，对口支援的本质就是对国内经济统一大市场的短板进行补齐，扩大资源配置的规模并提高范围效益，促进区域协调与可持续发展，推动经济一体化建设的进程。

具体而言，首先，在严重灾害地区的应急性对口支援方面，由于灾害本身就会造成经济发展的重大损失，甚至会导致生产力的衰退，因此，对灾害进行应急救援以及灾后恢复重建，目的就是保证人民群众的生存权与发展权，尽快恢复正常的生产生活秩序，这是对突发性的短期经济短板进行补齐的典型体现，主要是为了解决灾后重建需要大量资金而本地区无法解决的问题。一般而言，在中华民族凝心聚力的作用下，通过区域财政收支平衡等手段，严重灾害地区的经济短板能在较短时间内以较快的速度恢复正常，并且会在当地经济发展中形成质的飞跃。其次，在重大工程实施地区的补偿性对口支援方面，工程实施需要当地民众迁移他乡，这是牺牲"小利"换取"大利"的过程，也是牺牲"小家"成全"大家"的过程。因此，对工程实施地区的补偿性支援主要是为了解决移民搬迁的安置问题，以及安置后的经济社会发展问题，是对规划性的中期经济短板进行补齐的典型体现，目的在于解决财力与事权相匹配的问题。通过对工程实施地区因移民搬迁产生的经济短板进行补齐，在中长期内补充当地民众的生产、生活及发展所需，最终将共享重大工程带来的巨大成果与收益。最后，西藏、新疆的全面性对口支援，欠发达地区的发展性对口支援，以及基本公共服务不完善地区的专项性对口支援这三类对口支援基本集中在民族地区，是我国少数民族经济发展的重要内容。出于历史发展和自然环境的原因，民族地区的经济相对不发达，难度相对较大。少数民族经济发展是我国经济统一大市场的主要短板所在，是对发展性的长期经济短板进行补齐的典型体现，目的在于坚持我国少数民族经济发展的主线，帮助、扶持少数民族经济发展，实现各民族共同进步。因此，这三类对口支援是发展少数民族经济这一短板进行补齐的重要手段之一，针对民族地区的发展问题"对症下药"，保障和改善民族地区的民生，为少数民族的经济发展提供支撑，最终目的是实现各民族共同发展、共同富裕，实现中华民族的伟大复兴。

## 二、文化认同：实现中华文化认同与建设中华民族共同体

对口支援的核心思想在于以人民为中心，其体现出来的正是对中华优秀传统文化与中华民族精神的有机传承。习近平总书记在 2020 年全国抗击新冠肺炎疫情表彰大会的讲话中指出，中华文明的道德观念和中国人民人文精神的集中体现，就是"爱人利物之谓仁"。[①] 冯天瑜等在《中华文化史》中指出，中华文化以"仁"为思想核心，从而铺垫了中华民族文化心理、文化精神的根基，"仁"是人的本性的最高表现，是人的美德的最高概括。[②] 先秦儒家将"仁"通俗解释为"仁者爱人"，孟子提倡"仁政"，汉朝董仲舒将其解释为"仁之法，在爱人，不在爱我"（《春秋繁露·仁义法》）。以"仁"为核心的中华文化道德规范表现为"以人为本"的思想文化基础，各朝各代都强调以民为本的思想构建起中国古代社会的基本政治伦理，形成"修身、齐家、治国、平天下"的家国共同体，家庭与国家高度同构化，个人存在的价值只有通过家国共同体才能够得到真正实现，代代传承并影响至今，成为中华文化最根本的特征。由此，中华文化与民族精神在今天形成了核心的表述，对口支援的核心内涵体现出了中华文化与民族精神的核心思想，即"以人民为中心"的"仁者爱人"的中华文化以及"天下兴亡、匹夫有责"的民族精神。

那么，对口支援是如何通过现代化的实践传承中华文化和民族精神的？史密斯表示，毕竟我们生活在一个世俗的时代，至少在西方是如此。在这样的时代中，物质价值观和对物质的偏好取代了神圣和被淹没的古代先验的价值观。[③] 霍布斯鲍姆认为，大规模的人口流动和经济震荡在时时提醒我们，民族之根是很脆弱的。[④] 滕尼斯表示，国家也认识到，已经消逝了的习俗与宗教并不能通过某些强制或教导的方式被重新召唤入人们的生活之中；为了造就美德的力量，造就或培养具有美德的人，国家必须创造某些条件与基础。[⑤] 盖尔纳曾表示，经济需要

① 习近平：《在全国抗击新冠肺炎疫情表彰大会上的讲话》，新华网，2020 年 9 月 8 日，http：// www. xinhuanet. con/2020-10/15/c-1126614978. htm。

② 冯天瑜、何晓明、周积明：《中华文化史》，上海：上海人民出版社 2015 年版，第 257 页。

③ 安东尼·史密斯：《民族主义：理论、意识形态、历史（第二版）》，上海：上海人民出版社 2011 年版，第 155 页。

④ 埃里克·霍布斯鲍姆：《民族与民族主义》，李金梅译，上海：上海世纪出版集团 2006 年版，第 167 页。

⑤ 斐迪南·滕尼斯：《共同体与社会》，林荣远译，北京：商务印书馆 2019 年版，第 458 页。

新型的中心文化和中央国家①，在中国，一种高层次文化更多地与伦理和国家联系在一起，而不是与一种信仰和教会联系在一起，它是国家与文化的现代联系的先行者。② 因此，对口支援作为中华民族共同体的文化与精神的具体表现形式之一，以支援方与受援方的人员往来、资金援助、项目建设等方式在支援地、受援地被具体感知，并常常出现在报纸、电视、网络等大众媒体的报道中，以进行更大范围的传播。由此，通过多种类型的对口支援的实践和表达，形成一种与历史文化变迁的有机传承，在全国各区域、各民族中传达"以人民为中心"的中华文化与"天下兴亡、匹夫有责"的民族精神，进而形成根植于人民群众的深层意识的心理构建，在人们心中召唤出一种强烈的历史宿命感，编织起共同的价值观和象征、共享的记忆和文化，形成个人意志以及情感的社会和文化联合，让人们深切感受到一种休戚与共、血脉相连的民族情感，进而转化为中华民族政治上和文化上的强大凝聚力，成为爱国主义和中华民族共同体意识的强大源泉，焕发出凝聚人心、汇聚民力的强大力量。

涂尔干认为，社会团结是存在的，其具有的社会整合功能就是产生带有标记的社会凝聚力。③ 这就是史密斯所说的，政治文化运用独特的象征刻画出民族的特点④，例如，国旗的颜色、形状、图案，丹麦的十字旗或者法国大革命的三色旗，以及国歌的歌词和曲调，比如英国的《上帝保佑吾王》或法国的《马赛曲》，都集中体现了民族的特征。⑤ 由此可见，对口支援就是形成了这样一种社会共同的意识，即中华民族共同体意识，以凝聚广大人民群众，形成对"想象的共同体"的情感与象征，形成中华民族文化认同的标记，特别是在突发性公共危机中，当民众见到对口支援取得的各项成就与胜利时，会激发出强烈的祖国自豪感与荣誉感，并由此沉淀为爱国情感与精神动力。如谭书先和赵晖研究了新冠肺炎疫情期间的对口支援网络舆情，对口支援引发了公众广泛的正面评价，"祖国加油""祖国太暖了""谢谢祖国""祖国万岁""祖国母亲"等一系列表述塑造

① 厄内斯特·盖尔纳：《民族与民族主义》，韩红译，北京：中央编译出版社 2002 年版，第 184 页。
② 厄内斯特·盖尔纳：《民族与民族主义》，韩红译，北京：中央编译出版社 2002 年版，第 185 页。
③ 埃米尔·涂尔干：《社会分工论》，渠敬东译，北京：生活·读书·新知三联书店 2017 年版，第 71 页。
④ 安东尼·史密斯：《民族主义：理论、意识形态、历史（第二版）》，叶江译，上海：上海人民出版社 2011 年版，第 37 页。
⑤ 安东尼·史密斯：《民族主义：理论、意识形态、历史（第二版）》，叶江译，上海：上海人民出版社 2011 年版，第 8 页。

了情感场域，唤醒了公众的集体记忆与"祖国"观念想象，极大地激发了国家认同。[①] 对口支援以公共文化和政治象征的形式，成为各民族共享的中华文化符号和中华民族形象，一方面动员有志之士主动加入对口支援的工作中，在祖国需要的地方"发光发热"，无私贡献出自己的力量；另一方面动员广大的民众弘扬爱国主义精神，不断增强对中华民族共同体的归属感、认同感、尊严感和荣誉感。对口支援是霍布斯鲍姆所说的"神圣图像"[②]，体现了想象中的共同体，是国家的精神象征，在中华民族的各类重大事件中都可以看到；也是安德森所说的"想象的声音"[③]，通过各类对口支援的事迹和报道，我们感受到了参与支援的人们铿锵有力的信念，也听到了受援地区的人们歌唱祖国的歌声，将各民族紧密联结在一起。所以，对口支援的真正价值与核心目标是建设和发展中华民族共同体，铸牢中华民族共同体意识。

### 三、经济一体：实现劳动力统一大市场与各民族共同发展、共同富裕

中华民族共同体的形成和发展实质上在于经济一体化的建设，以共同体形态实现国内经济统一大市场的构建。每个国家的实质是生活在其中的各民族，多元的民族为国家带来了活力、灵魂和精神，人们通常将重点聚焦在国家的物理特性和物质财富上，国家的关键是将各民族团结在一起，努力消除各区域、各民族的交流障碍和壁垒，利用各民族多样性的机会促进各民族之间的互动，并由此创造观念和财富，激发创新思维，这正是从文化认同到经济一体的反映。自古以来，中国不仅仅是构成其物理基础设施的道路、建筑、城镇等物理集合体，同样也是生活于其中的各民族所有成员的生命与彼此互动的累积，融合而成中华民族的共同体。中华文化认同成为吸引各民族的"磁石"，多元特色的各民族带来了不同的创造和创新意识，成为经济增长、财富创造、创新观念的刺激因素。

五类对口支援模式从纯粹西方经济学的角度考虑，在经济短板的内容方面存在差异，仅仅看到经济发展量上的差异是远远不够的，容易把以货币财富为

---

① 谭书先，赵晖：《对口支援的政治认同构建——一项基于新冠肺炎疫情时期的网络舆情分析》，《江海学刊》，2020 年第 4 期。

② 埃里克·霍布斯鲍姆：《民族与民族主义》，李金梅译，上海：上海世纪出版集团 2006 年版，第 68-69 页。

③ 本尼迪克特·安德森：《想象的共同体：民族主义的起源与散布》，吴叡人译，上海：上海人民出版社 2016 年版，第 139-140 页。

代表的经济发展的量与经济统一大市场的短板直接画上等号，将经济发展差距等同于经济一体化的短板。其实不然，我们还需要从马克思主义政治经济学、民族经济学角度进行思考，可以发现上述五类对口支援不仅存在短板的差异，还存在更为关键的短板上的共同之处，就是人的素质发展。人的素质发展，不仅包括盖尔纳所说的文化水平，还包括史密斯所说的文化认同。盖尔纳认为，工业化必然会在不同时期被不同的地方和群体所接受，在这种社会环境里，政治、经济和教育领域都会存在明显的不平等现象，为了把其种族群体变成一个均衡的民族以及发展经济，国家所做的努力便成为同一项任务的一部分。[①] 均衡的文化水平是人的素质发展的体现，也是对短板补齐的重要内容。史密斯提出，后进区域的人们如果不享有共同文化，现代化浪潮带来的新来者如果有着与原来的城市居民不同的肤色、语言或宗教，那么在阶级冲突中就会增加族群对抗。[②] 共有的文化认同也是人的素质发展的体现，与文化水平一起构成了当代经济统一大市场的重要内容，不均衡的文化水平以及不共有的文化认同，会给经济一体化发展带来短板。正如亨廷顿所说的，经济一体化依赖于文化的共性，经济合作的根源在于文化共性。[③] 因此，对口支援的本质作用在于在文化认同的基础上，实现对人的素质发展这一国内经济统一大市场短板的补齐。五类对口支援工作的对象都是不同类型地区的人，对口支援的实质在于铸牢中华民族共同体意识，提高当地人民群众的就业和劳动技能，提高当地人民群众的中华文化认同，以实现更高水平的发展，塑造出经济一体化程度不断提高的统一大市场，实现经济的规模与范围效益。对口支援的真正价值与未来发展正是铸牢中华民族共同体意识，在经济上让各民族共享改革发展成果，实现共同发展和共同富裕；在文化上促进各民族形成最深层次的中华文化认同，构筑中华民族共有精神家园，塑造各民族统一的劳动力市场，进一步发展和壮大中华民族共同体，推进中华民族经济一体化发展，为实现中华民族的伟大复兴提供强大的动力。

---

① 厄内斯特·盖尔纳：《民族与民族主义》，韩红译，北京：中央编译出版社 2002 年版，第 148 页。

② 安东尼·史密斯：《民族主义：理论、意识形态、历史（第二版）》，叶江译，上海：上海人民出版社 2011 年版，第 69 页。

③ 塞缪尔·亨廷顿：《文明的冲突与世界秩序的重建》，周琪译，北京：新华出版社 2009 年版，第 108–114 页。

# 第四节　对口支援核心目标的实践经验

## 一、干部对口援藏援疆经验

干部作为国家大政方针政策实现的重要载体，是西藏、新疆稳定与发展的关键因素，在不同时期促进西藏、新疆经济社会发展的过程中发挥了重要作用，有力地维护了国家统一、民族团结、社会稳定与长治久安，为西藏、新疆铸牢中华民族共同体意识注入了生机与活力，做出了重要的历史性贡献。西藏、新疆的干部政策是党的治藏方略和治疆方略中的重要组成部分，是党的西藏工作政策和新疆工作政策得以落实的关键，被视为党在西藏和新疆的执政骨干力量。

（一）干部对口支援

在西藏、新疆的干部政策中，进藏、进疆干部政策是其中最重要和最关键的一部分，从广泛的概念来说，都可视为援藏、援疆的干部群体。中央把"长期建藏"和"长期建疆"作为今后一段时期西藏、新疆工作的重要原则之一，是"长期"与"建藏"和"建疆"的有机组合，体现出了中央对西藏、新疆的治理思维和治理方式的转变。因此，这也对干部扎根西藏、新疆，奉献西藏、新疆，发扬老西藏精神，践行胡杨精神和兵团精神提出了新的要求。

1. 干部援藏、援疆

援藏、援疆干部政策是广为人知的进藏、进疆干部政策，也是实施历史最久远的政策，西藏、新疆实现和平解放后，中央就选派了一大批的干部进藏、进疆，支援西藏、新疆的发展建设。干部援藏政策是在 1994 年中央第三次西藏工作座谈会确立的，以制度性安排、以干部援藏为龙头开展对口援藏工作，在此之前，是作为非制度性安排、以技术人才援藏为主。[①] 1997 年新疆拉开大规模对口援疆的序幕，以干部援疆政策为主。援藏、援疆的干部由对口支援地区选派，普遍采用将支援干部与项目建设相结合的方法。截至 2020 年，中央先后选派了 9682 名援藏干部进藏工作，超过 8 万人次的援疆干部进疆工作。各对口支援省市、中央企业选派出的每批援藏援疆干部以团队形式进藏、进疆工作，主要集中

---

① 郑洲：《关于改进干部人才援藏工作的研究报告》，《西部发展研究》，2014 年第 00 期。

在市直机关和县机关，都出台了完善的援藏援疆干部选派条件、定期轮换时间、援藏援疆干部的待遇、选派工作程序，援藏援疆干部进藏、进疆前的培训等政策。干部援藏、援疆作为对口支援政策中的重要一环，是中央治藏、治疆方略的重要内容，具有至关重要的作用。

2. 各类人才引进政策

西藏、新疆在实施援藏、援疆干部政策时，还发挥其主动性，开展了一系列人才引进政策。通过各类人才引进政策进藏、进疆工作的干部、人才都可以被视为是援藏、援疆的身份，相较于对口支援的干部援藏、援疆，他们不存在轮换之说，相对更加固定和稳定。西藏、新疆的高层次人才引进政策主要是由自治区组织实施的，目的在于建设一支高素质、专业化、创新型的人才队伍，针对的对象主要是具有专业技术的高学历人才、专家。具体而言，西藏的人才引进政策主要包括通过调入引进、创新创业引进、柔性引进三种方式开展的高层次人才引进政策，区外高校引进人才政策，专项招收非西藏生源高校毕业生和部队拟退役士兵干部政策等。新疆的人才引进政策主要包括自治区高层次紧缺人才引进工程、自治区骨干人才万人引进计划、天山学者和特聘专家引进计划等。除此之外，西藏、新疆还依托国家重大人才工程开展了各类人才引进工作。

3. 非西藏生源定向西藏就业政策

非西藏生源定向西藏就业政策是指普通高等学校通过高考填报志愿的形式招收培养非西藏生源，并在毕业后定向西藏就业，主要面向西藏区外选拔优秀的高中毕业生进入指定高校进行四年本科集中培养，毕业后定向到西藏就业。该政策的目标是充实西藏干部队伍，是组成长期在藏工作干部队伍的重要部分，其战略定位是引进人才，为西藏的发展建设培养、引进西藏区外人才。该政策与目前西藏实施的各类援藏干部和人才引进政策不一样，更侧重于人才的培养，如援藏干部政策、高层次人才引进政策、区外高校引进人才政策、专项招收非西藏生源高校毕业生和部队拟退役士兵干部政策等，这些政策的着力点都在于如何引进人，而不是通过培养人再实现引进人，不具备培养教育的属性。因此，非西藏生源定向西藏就业政策可以视为兼具人才培养的性质。但该政策与西藏的各类人才培养政策有着显著的差别，并不是针对西藏本土人才的教育培养，而是针对西藏区外的人才培养，最终将区外的学生经过系统培养引进西藏、扎根西藏、建设西藏，因此相较于前面分析的政策，非西藏生源定向西藏就业政策的根本属性兼具人才培养政策和进藏干部双重属性，为西藏的发展建设培养、引进西藏区外干部人才。

（二）非西藏生源定向西藏就业政策

1. 政策概述

2002 年，教育部、国家民委等四部委试点委托中央民族大学培养非西藏生源定向生，2004 年开始提升为国家政策，采取适当降低录取分数、定向培养和分配的办法，由中央民族大学等 13 所高校，每年从四川、安徽等地的应届高中毕业生中招收 500 名定向生，学生毕业后到西藏工作。2004～2011 年是设立发展阶段，从 2015 年起进入调整提升阶段。2015 年，中央第六次西藏工作座谈会明确提出，继续实施非西藏生源定向生政策，服务期满免试录取为原学校硕士研究生。2016 年起，教育部在原有的 13 所高校的基础上新增了 8 所高校，即 7 所师范高校和 1 所南京审计大学，主要培养定向教育系统的师范生，占原招生总规模的 50%左右。2019 年起，在西藏工作满 5 年以上的"非西藏生源定向西藏就业计划"毕业生单独列入少数民族高层次骨干人才研究生招生计划中。根据教育部网站的公开可查数据，2016 年起，新增高校定向招生人数为 250 人，占定向招生总数的 50%，除南京审计大学外，均为定向教育系统的师范生，原来 13 所高校中的陕西师范大学和西南大学也均为师范生，2016 年教育部共设置了 310 个定向教育系统师范生的指标，占总数的 62%。

2. 政策的重要意义

（1）扎根建设西藏，是长期在藏工作的汉族干部队伍的重要部分。

党的十九大报告提出，要"加快边疆发展，确保边疆巩固、边境安全"。中央第六次西藏工作座谈会明确提出"长期建藏"的重要原则，要求重视培养长期在藏工作的汉族干部，建设一支高素质、结构合理的干部队伍。13 所重点高校培养干部队伍的模式经历了十余年的发展和检验，极大地优化了西藏干部队伍结构，在西藏发展建设中发挥了积极作用，并且仍在源源不断地为西藏输送干部人才队伍，是组成长期在藏工作的汉族干部队伍的重要部分。另外，对于西藏的汉族干部而言，"留下来"比"引进来"更加重要。对于非西藏生源定向生而言，从进入大学时就明确了毕业到西藏服务建设的志向，普遍具有扎根西藏、奉献青春、贡献力量的理想情怀，且 13 所高校均为国家重点高校，经过四年的培养，学生整体综合素质较高，因为在校期间就做好了心理准备，在得到一定的锻炼和成长后，毕业生能更好地适应长期建藏工作。因此，非西藏生源定向生作为西藏一支重要的干部队伍，也是未来中央政府加强西藏治理值得信赖和依靠的队伍。

（2）综合素质高、善于驾驭全局、发挥智力优势的核心骨干。

非西藏生源定向生作为进藏年轻干部队伍的重要力量，培养于国家重点高校，整体综合素质较高且专业能力较强，在校期间就已经接受了西藏民族文化、风土人情等方面的熏陶和教育，在校期间得到了良好的祖国观、民族观、宗教观教育，坚持中国共产党领导和民族区域自治基本制度，在领悟和落实中央的文件精神上更具有优势。其中一部分人还接受了藏语学习，因此他们能更好更快地融入到西藏艰苦的工作环境中，以过硬的政治素质和较强的工作能力成为各单位的核心骨干，同时他们也都有着长期在西藏服务建设的志向和情感，经历了在西藏基层一线和高海拔困难艰苦地区的磨炼，是经过实践考验的优秀年轻干部队伍。因此，非西藏生源定向生作为西藏一支重要的进藏干部队伍，也是未来中央政府加强西藏治理值得信赖和依靠的队伍。以该项政策的实施试点中央民族大学藏学研究院 2002 级行政管理与藏学双学位班为例，该班级的 42 名学生自 2006 年毕业后进藏工作至今，在远远超出服务期（五年）后，仍有 28 名毕业生在藏工作，占班级进藏人数的 67%。进藏时，90% 以上的定向生都分配在高海拔地区工作，且绝大部分都在县乡一级，他们通过自己的努力，绝大部分成为自治区主要机关部门、地市级主要机关部门的核心业务骨干。

总体来说，非西藏生源定向生政策自实施以来，已经为西藏输送 2000 余名非西藏生源毕业生，极大地优化了西藏干部队伍结构，是中央长期建藏干部队伍的重要力量。非西藏生源定向生具有较高的综合素质和强烈的理想情怀，能发挥智力优势推动地方经济社会发展，能在西藏的职业生涯中站得更高、走得更远，这是西藏加强年轻干部队伍建设不可忽视的生力军。

### 二、教育对口援藏援疆经验

教育支援西藏、新疆是党中央、国务院制定的一项战略决策，事关国家发展稳定，事关各民族人才培养。教育援藏、援疆的人才培养政策主要包括内高班、内初班、内职班政策，少数民族预科班政策，以及少数民族高层次骨干人才培养政策。教育援藏、援疆的人才培养政策的核心目标是构建各民族共有精神家园，集中体现社会主义制度的优越性，加强各民族间的交往交流交融，维护国家统一，增强民族团结。高班、内初班、内职班政策，少数民族预科班政策，少数民族高层次骨干人才培养政策作为教育援藏援疆体系的重要内容，与西藏、新疆当地的教育体系共同构成了多元化、立体化的人才培养体系，办学覆盖面和招生规模不断扩大，办学类型和培养层次趋于多元，涵盖了以初中生、中职生、高中生、本专科大学生、研究生为培养对象的教育体系，还包括自治区区内、区外的培养渠道，办学效果日益凸显。

（一）教育援藏、援疆政策的发展概述

教育援藏、援疆的三项人才培养政策战略定位不同，培养层次各异，从政策目标、人才定位、生源类别、学历层次等方面体现出了西藏、新疆的人才培养体系的不同战略价值，是构成西藏、新疆多元化、立体化教育体系的重要组成部分。总体来说，教育援藏、援疆的三项人才培养政策的相互关系就是，围绕核心，目标互洽，层次各异，形式多元，具体见表3-13。

表3-13　教育援藏、援疆的人才培养政策

| 培养政策 | | 政策目标 | 培养层次 | 招生对象 | 发展阶段 |
|---|---|---|---|---|---|
| 内高班、内初班、内职班政策 | 内地西藏初中班 | 培养精英 | 初中 | 西藏小学毕业生 | 初办探索阶段（1984~1997年）<br>调整完善阶段（1998~2000年）<br>质量提升阶段（2001~2009年）<br>协调发展阶段（2010年至今） |
| | 内地西藏高中班 | | 高中 | 内地西藏初中班毕业生<br>西藏初中毕业生 | |
| | 内地西藏中职班 | | 中职 | 内地西藏初中班毕业生<br>西藏初中毕业生 | |
| | 内地新疆初中班 | | 初中 | 新疆小学毕业生 | 创办扩招阶段（2000~2009年）<br>提升完善阶段（2010年至今） |
| | 内地新疆高中班 | | 高中 | 内地新疆初中班毕业生<br>新疆初中毕业生 | |
| | 内地新疆中职班 | | 中职 | 内地新疆初中班毕业生<br>新疆初中毕业生 | |
| 少数民族预科班政策 | | 实现公平 | 本科<br>专科 | 少数民族高中毕业生 | 起步探索阶段（1951~1978年）<br>正式发展阶段（1979~2004年）<br>规范发展阶段（2005年至今） |
| 少数民族高层次骨干人才培养政策 | | 提高素质 | 硕士<br>博士 | 本专科毕业生<br>硕士毕业生 | 设立发展阶段（2004~2011年）<br>调整完善阶段（2012年至今） |

1. 培养精英：内高班、内初班、内职班政策

内高班、内初班、内职班政策是指在内地通过异地办学的形式，开展高中、

初中、中职教育，具体而言，主要面向西藏、新疆区内选拔优秀的小学毕业生、初中毕业生到内地进行教育。该政策的关键是为西藏、新疆的少数民族培养精英，将优秀的少数民族学生通过考核选拔的方式遴选出来，送至内地的初中、高中和中职进行更高水平的培养，为广大农牧区家庭提供优质教育。举办内高班、内初班、内职班旨在利用发达地区的经济、教育优势，组织发达地区加大对民族地区教育支援的力度①，这是党中央、国务院交给的一项政治任务，也是各省区市义不容辞的责任和义务，事关大局，政治性强，涉及面广，责任重大。

1984 年 12 月，根据中央第二次西藏工作座谈会精神，国家计委和国家教委（即如今的国家发展改革与教育部）在 16 个省市开始创办内地西藏学校和内地西藏班，此后扩大至 18 个省市，1984～1997 年为内地西藏班的初办探索阶段。1998 年，中央对内地西藏班提出"长期坚持，适当扩大规模"的意见，内地西藏班进行了初中扩招、专业调整、层次提高，1998～2000 年是调整完善阶段。2001 年起，根据中央第四次西藏工作座谈会精神，逐步扩大了内地西藏高中班与大学招收内地西藏班的人数，逐渐采取插班与内地学生混编形式，2001～2009 年是质量提升阶段，旨在提高办学水平与办学质量。2010 年起，根据中央第五次西藏工作座谈会精神，内地西藏班办学确立了协调发展的办学方向，按照"精办初中、扩招高中、提高教学质量"的办学思路进一步发展，内地西藏班迈入了协调发展阶段。借鉴内地西藏班培养人才的模式，自 2000 年 9 月起，内地新疆高中班开始实施。2005～2009 年，内地新疆高中班每年招生规模扩大到 5000 人，这是创办扩招阶段。2010 年起，内地新疆班进入提升完善阶段，根据中央第一次新疆工作座谈会精神，进一步扩大内地新疆高中班、区内初中班、高中班和内地高校支援新疆协作计划招生规模。2011 年起，举办内地新疆中职班；2014 年，内地新疆高中班每年招生规模达到 10000 人；2017 年起，举办内地新疆初中班。

2. 实现公平：少数民族预科班政策

少数民族预科班政策是为落实民族平等政策所实施的重要举措，主要面向西藏、新疆区内选拔优秀的高中毕业生到区内和区外的高水平高校进行本科、专科的过渡培养。少数民族预科班政策的主要目的是为我国广大少数民族青年提供更

---

① 《教育部关于印发〈关于内地有关城市开办新疆高中班的实施意见〉的通知》（教民〔2000〕2 号）。

多的接受高等教育的机会。① 出于历史、社会和自然条件等方面的原因，西藏、新疆的现代高等教育起步较晚，高水平高校数量较少，他们难以享受到更优质的高等教育，少数民族预科班政策提供了更多高水平高校上学的机会，有助于解决教育公平问题。

少数民族预科教育始于 1951 年成立的中央民族学院，其直接原因是少数民族学生由于语言和文字的障碍，难以跟上正常的学习节奏。面向西藏和新疆的少数民族预科教育起源于 1962 年设立的西藏地区民族干训部，以及 1963 年设立的新疆地区高级汉语补习班。1951 年到改革开放前是少数民族预科教育起步探索阶段，发挥了高等教育向少数民族开放、保证少数民族学生教育过程和结果平等的桥梁作用。从中共十一届三中全会后至 20 世纪末，国家先后出台了针对少数民族预科教育办学、招生的规范文件，招生学校从民族院校扩大到部属和省属的重点高校、综合性院校等，并对少数民族预科招生的分数线进行了规定，这一阶段是少数民族预科教育的正式发展阶段。从 20 世纪末高校扩招及招生并轨至今，教育部专门印发了《普通高等学校少数民族预科班、民族班管理办法》，对少数民族预科班作出明确定义，同时办学行为进一步规范，逐步由"分散招生、自主培养"向"分散招生、集中培养"过渡，少数民族预科教育进入了规范发展阶段。根据教育部网站的公开可查数据，截至 2016 年，全国招收本科、专科少数民族预科生的高校共有 551 所，其中中央部属高校 93 所，约占总数的 17%；设立了 60 多个高校民族预科基地和预科点。

3. 提高素质：少数民族高层次骨干人才培养政策

少数民族高层次骨干人才培养政策是国家针对民族地区特别是西部民族地区的发展采取的一项优惠照顾政策，主要面向西藏、新疆区内选拔优秀的本科毕业生，通过定向培养的方式到区内和区外的高校攻读硕士学位。该项政策旨在有计划、有步骤地为民族地区培养一支稳定的、高层次的少数民族专业人才队伍，通过适当降分、单独统一划线等特殊政策措施，解决民族地区高层次骨干人才严重匮乏的难题，提高少数民族学生的整体素质和竞争能力。

2004 年，《教育部　国家发展改革委　国家民委　财政部　人事部关于大力培养少数民族高层次骨干人才的意见》发布，2005 年试点，2006 年起正式实施该培养政策，采取"自愿报考、统一考试、适当降分、单独统一划线"等特殊

---

① 《教育部办公厅关于全国普通高等学校民族预科班、民族班招生、管理等有关问题的通知》，《教育部政报》，2003 年第 4 期。

措施以及"定向招生、定向培养、定向就业"的要求。2004~2011年是设立发展阶段，其间先后发布了工作意见和管理办法。2012年至今为调整完善阶段，2012年起，重点向理工类及应用型专业倾斜，招生计划向五个自治区适当倾斜，平均每年招收博士生1000人、硕士生4000人；2014年起，取消国家计划和自筹经费"双轨制"；2016年起，在升学问题上进一步强调生源所在地的教育行政部门和原工作单位的批准；2017年起，提出由北京大学等8所高校承担定向培养西藏、新疆公共管理人才的任务；2020年起，启动定向新疆喀什地区医学硕士专项任务，由复旦大学等4所高校承担。

（二）教育援藏、援疆政策的实施效果

1. 形成多元、立体的人才培养体系，为西藏、新疆的发展提供人才智力支撑

我国长期高度重视民族地区的人才培养，通过一系列特殊的教育政策、人才政策为民族地区培养了一大批各类专业人才。内高班、内初班、内职班政策，少数民族预科班政策，少数民族高层次骨干人才培养政策以及非西藏生源定向西藏就业政策是党中央、国务院制定的战略决策，事关国家发展稳定，事关各民族人才培养，成效显著，作用凸显，为西藏、新疆的人才培养做出了重要贡献，成为西藏、新疆地区民族教育政策的重要组成部分，具有积极的作用和重要的意义。截至2019年，内地新疆班、内地西藏班、少数民族预科班、少数民族高层次骨干人才计划等各级各类内地民族班，累计招生93.57万人，有效促进了民族地区的教育发展。[①] 具体而言，截至2015年，内地西藏班已累计招生约13万人，其中初中4.4万人，高中3.6万人，中专（中职）2.2万人，高校2.8万人，累计为西藏培养输送中专以上急需人才近4万人[②]，极大地加强了西藏人才队伍建设，累计有900余名学生加入中国共产党；内地新疆班累计完成招生11万余人，其中高中9万人、中职2万人，已为新疆培养出大学人才2.1万余人，成为新疆教育的重要补充形式和新疆人才培养的重要基地。全国普通高校举办少数民族预科班和民族班，从最初的每年招收300人，增加到每年招收5万多人，截至2015年，累计招收40余万人。[③] 新疆少数民族预科班自1989年实施，截至2016年，

① 《我国教育总体水平跃居世界中上行列》，《中国教育报》，2019年9月27日。
② 《办好内地西藏班任重道远》，《西藏日报》，2015年9月。
③ 中华人民共和国教育部：《教育部对十二届全国人大四次会议第8295号建议的答复》，中华人民共和国教育部网站，2016年10月13日，http：//www.moe.gov.cn/jyb_xxgk/xxgk_jyta/jyta_mzs/201611/t20161111_288496.html。

已顺利实施 6 期，招生高校达 300 余所，累计招生 6.4 万人，为新疆输送了 2.9 万余名毕业生。① 根据教育部网站公开的数据，西藏、新疆少数民族高层次骨干人才培养政策自 2006 年正式实施以来，招生高校和科研院所达 141 所，面向西藏、新疆累计招收硕士研究生 8200 余人，其中面向西藏累计招收 2200 余人，面向新疆累计招收 6000 余人。

2. 集中体现社会主义制度优越性，落实党的民族教育政策，实现教育公平

内高班、内初班、内职班政策，少数民族预科班政策，少数民族高层次骨干人才培养政策的顺利实施需要耗费大量的人力、物力和财力，而且需要中央各部门以及全国其他省市的共同支持和联动配合，这正是社会主义制度优越性的集中体现。中国特色社会主义事业之所以能取得举世瞩目的成就，发挥集中力量办大事的优越性及社会主义制度优越性无疑是成功秘诀之一。三项人才培养政策从颁布实施到不断完善与发展，是当代民族教育优先发展中的特事特办，三项政策的背后是系统庞大的办学工程。承担培养任务的省市与中央政府相关部门、西藏和新疆保持了紧密的联系，为落实培养政策、筹集办学经费、开展基础设施建设等，在财力、人力与物力等方面给予了最大的保障和支持，中国特色的政治体系保证了从中央到地方，以及地方之间的相关联动，确保了民族教育政策的真正落地实施。三项政策取得如此骄人的成绩，同社会主义能够集中力量办大事这一优越性是分不开的，也只有在中国，在有中国特色的社会主义制度下才能真正实现。三项人才培养政策本质上是贯彻党的民族教育政策的具体体现，对维护国家统一和民族团结、实现各民族事实上的平等，促进西藏和新疆的经济社会发展具有积极的意义和作用。三项特殊的民族教育政策涵盖不同层次、不同类别的人才培养对象，是我国各民族和睦相处和实现民族平等的重要保证，也是民族地区实现长治久安和跨越式发展的重要保证。更重要的是，通过三项人才培养政策，西藏和新疆地区的不少学生可以进入理想高校，圆他们梦想，获得更好的成才环境，有效弥补教育机会的不平等，对西藏、新疆地区人才整体水平的提高有着重要的意义和巨大的示范带动作用。据有关部门的数据，截至 2015 年，内地民族班包括内地西藏初中班、高中班、中职班，内地新疆初中班、高中班、中职班，普通高校少数民族预科班、民族班和少数民族高层次骨干人才计划研究生等，内

---

① 《教育部办公厅　国家民委办公厅　新疆维吾尔自治区人民政府办公厅关于印发〈内地高等学校支援新疆第七次协作计划工作部署会议纪要〉的通知》，中华人民共和国教育部网站，2016 年 3 月 16 日，http：//www.moe.gov.cn/srcsite/A09/s3082/201604/t20160428_241255.html。

地民族班已累计培养 70 余万人，绝大多数学生毕业后回到当地，扎根基层，在各个民族地区，尤其是西藏和新疆的重点地区，在经济建设、社会稳定等方面发挥着很重要的作用。①

3. 加强各民族间的交往交流交融，成为内地与西藏、新疆沟通的桥梁纽带

长期以来，由于历史与地理环境的影响，西藏、新疆的民族成分、语言、文化、宗教、风俗习惯等与内地差异很大，加之交通不便，因而在很长一段时间内，西藏、新疆处于一种封闭发展的状况，与内地彼此生疏，人员往来尤其是基层群众之间的往来很少。受历史、自然和经济发展水平等因素的制约，西藏、新疆地区教育发展相对滞后。内高班、内初班、内职班政策，少数民族预科班政策，少数民族高层次骨干人才培养政策拉近了西藏、新疆与内地的社会距离和文化距离，成为促进内地和西藏、新疆各民族人民交往交流交融的载体。这三项政策，展现着不同民族文化间的交融与共享，有力增强了西藏、新疆人民群众对党和国家的凝聚力和向心力，更加坚定了他们对伟大祖国的认同、对中华民族的认同、对中华文化的认同、对中国特色社会主义道路的认同，对西藏、新疆的稳定发展和民族团结产生了积极的不可估量的作用。多民族共校的环境为学生们广泛接触各民族成员提供了难得的空间环境，通过跨文化交流，相互了解，相互学习，最终促进各民族文化之间的交流和学习，加强各民族间的交往交融。多民族共校的环境，为学生们广泛地接触各民族成员提供了难得的空间环境，通过跨文化交流，邓红和毛玉凤认为，这将有利于正确认识我国多元一体的文化格局，找到民族传统文化和现代文化的平衡点，正确处理本民族文化和各民族文化的关系，促进多元文化间的相互尊重、理解。②由于较好的综合素质能力，三项政策培养的学生在专业技术方面有了更强的优势和能力，对于专业知识的学习具有更好的适应能力，避免了内地和西藏、新疆由于经济发展差距导致的文化教育水平差异，能更好地适应内地高等教育，形成较高的专业知识水平。

4. 维护国家统一和增强民族团结是构建各民族共有精神家园的重要举措

西藏、新疆的人才培养教育体系不仅担负着为西藏、新疆的经济发展培养人

---

① 赵小雅、毛力提·满苏尔、丁晨：《综合施策提升民族教育水平》，《中国民族教育》，2017 年第 4 期。

② 邓红、毛玉凤：《少数民族高等教育人才培养的现状及对策探讨——基于对"少数民族高层骨干计划"的研究》，《民族高等教育研究》，2013 年第 5 期。

才的任务，还担负着维护国家统一、加强民族团结的光荣使命。三项人才培养政策是中国特色社会主义教育的重要创举，充分利用了内地资源优势，积累了丰富的教育资源，不仅培养了一批具有较高综合素质和专业知识的人才，还为维护和促进民族团结、边疆安定、国家统一提供了重要保障。

严庆和刘雪杉认为，富有成效的民族团结教育既来自于主观意识形态上的引领与教育，又来源于不同民族成员的接触与交往。[①] 三项政策的实施持续为西藏、新疆地区全方位、多层次地培养了政治素质过硬、综合能力过硬的人才，最终从根本上为西藏、新疆地区维护国家统一和民族团结注入活力。正如白少双和严庆所说，他们像一粒粒种子一样植入传统社会的肌体，并对身边的家庭、邻里和社区产生综合影响，合力推动当地社会向现代化的转型。[②] 因此，三项人才政策有利于培养学生牢固树立国家意识、公民意识、中华民族共同体意识，已经成为宣传党的民族政策和民族工作的重要窗口，也是促进各民族交流交往交融的重要平台，更是维护国家统一、增强民族团结的重要阵地。

（三）教育援藏、援疆政策在实施中存在的问题

1. 意识形态观念存在较大差异

（1）西藏、新疆学生的思想政治素质普遍高于在本地就读的学生。

根据新疆、西藏内地就读学生和新疆、西藏区内就读学生的对比情况来看，内地就读学生的思想政治素质总体比区内就读学生高，在祖国观、民族观、宗教观表现上相较于区内学生更为成熟，对伟大祖国、中华民族、中华文化、中国共产党、中国特色社会主义道路的认同感更加强烈，国家意识、公民意识、中华民族共同体意识更加牢固。由此可以反映出，内高班、内初班、内职班和预科班通过内地就读模式可以培养学生具备更高的思想政治素质，对于维护国家统一、加强民族团结具有重要的战略作用。目前，在新疆、西藏的教育体系中，政治素质是人才培养的首位。从目前区内就读学生的总体政治素质来看，祖国观、民族观、宗教观的表现依然不太乐观。内高班、内初班、内职班和预科班政策的制定不仅有培养精英、实现公平的政策定位，更重要的是还担负着铸牢中华民族共同体意识的历史责任，承担着培养推动实现中华民族伟大复兴的各民族人才的光荣使命。从当前情况来看，新疆、西藏区内就读学生的政治素质相较于在内地就读

① 严庆、刘雪杉：《民族交往：提升民族团结教育实效性的关键——以内地西藏班（校）为例》，《西藏民族学院学报（哲学社会科学版）》，2011年第4期。

② 白少双、严庆：《过程的视角：内地西藏班办学效应研究》，《民族教育研究》，2014年第5期。

的学生差一些，内高班、内初班、内职班和预科班是新疆、西藏学生到内地就读的重要渠道。

（2）西藏、新疆学生的意识形态观念表现出差异。

总体来看，新疆、西藏内高班的学生相比于区内就读高中的学生而言，其政治素质明显更高，新疆内高班的学生表现更为显著；西藏内高班的学生表现较好，但没有达到理想预期状态。因此，新疆、西藏内高班中依然有部分学生的思想政治素质不理想。随着学校教育经验的增长，学生的反思驱策他们自己去了解新疆、西藏以及族群认同感的建构。因此，学校需要在潜在课程中弥补这个不足，学校要在思政教育上使学生建立的族群认同感置于国家意识形态框架之中，这依然面临较大的挑战和困难。

2. 招生规模与现实需求存在差距

内高班、内初班、内职班政策，少数民族预科班政策，少数民族高层次骨干人才培养政策等是新疆、西藏学生到内地就读的重要渠道。通过对比内高班、内初班、内职班和少数民族预科班的历年招生规模可以看出，经过一段时间的扩充后，招生规模保持相对稳定。从高中、初中、小学、中职等学生的占比来看，内高班、内初班、内职班和少数民族预科班的比例依然相对较小，且随年龄层次的下降而下降，招生规模和覆盖面依然难以解决新疆、西藏当前教育体系最需要解决的急迫问题。根据教育部网站的统计数据，以 2016 年为例，这种人才培养政策的招生规模计划的对比情况具体见表 3-14。由此可以看出，当前的教育援藏、援疆人才培养政策的招生规模尚需继续扩大。学校是推动各民族学生实现交流交往交融的重要渠道，尤其是西藏、新疆的少数民族学生进入内地学习，进而在内地工作生活的重要平台和前提，三种人才培养政策的招生规模尚难以满足大规模交往交流的需要。

表 3-14　教育援藏、援疆人才培养政策 2016 年招生规模计划

| 招生对象 | 统计类型 | 西藏 | 新疆 |
|---|---|---|---|
| 高中毕业生 | ①面向内高班高考招录人数 | 2951 | 6889 |
| | ②面向少数民族预科班高考招录人数 | 855 | 8355 |
| | ③自治区高中毕业生总数 | 19964 | 144332 |
| | （①+②）/③ | 19% | 11% |

续表

| 招生对象 | 统计类型 | 西藏 | 新疆 |
|---|---|---|---|
| 初中毕业生 | ①内高班招生人数 | 3000 | 9880 |
| | ②自治区初中毕业生总数 | 37239 | 303303 |
| | ①/② | 8% | 3% |
| 小学毕业生 | ①内初班招生人数 | 1620 | — |
| | ②自治区小学毕业生总数 | 45296 | 297116 |
| | ①/② | 4% | — |
| 中职学生 | ①内职班招生人数 | 2000 | 3300 |
| | ②自治区中职招生人数 | 7434 | 88939 |
| | ①/② | 27% | 4% |
| 应届高校毕业生 | ①少数民族高层次骨干人才计划研究生招生人数 | 240 | 617 |
| | ②自治区应届本科、专科毕业生人数 | 9201 | 73711 |
| | ①/② | 3% | 1% |

资料来源：教育部网站。

### 3. 招录政策难以适应发展需要

**（1）内高班的高考招录方式及政策有待调整。**

内高班的高考制度与全国高考有所不同，内高班的毕业生在其就读的内地省市参加全国统一高考，但招生录取工作是独立于全国各省市高招办的，每年单独下达招生计划，单独组织录取。根据欧登草娃的统计数据，2005~2015年，一本率从2005年的84.17%降至2015年的58.86%，二本率从2005年的7.54%升至2015年的36.94%。她认为，内高班的总体变化趋势是一本率降低，二本率升高，随着内高班的不断扩招，这一招生计划比例的安排导致从内高班考上一本院校的可能性降低。[①] 以清华大学为例，清华大学面向新疆内高班的招生人数比例从2012年的4.56‰降至2016年的0.89‰；面向西藏内高班的招生人数比例从2012年的3.88‰降至2016年的2.10‰。清华大学在新疆、西藏内高班的高考招

---

① 欧登草娃：《"内高班"高考制度下部分生源流失现象探究》，《中南民族大学学报（人文社会科学版）》，2016年第5期。

录中并没有随着总体人数的增加而增加相应的录取人数比例，内高班的招录反而出现下降的趋势。这一种变化趋势的直接后果是内高班政策对成绩优秀的少数民族学生的吸引力下降，内高班重点大学的竞争压力逐渐增加，甚至超过了在新疆、西藏当地参加普通高考，具体表现为内高班学生的报到率下降，流失率升高。

（2）少数民族预科班录取高校的招生层次有待提高。

新疆、西藏的经济和教育发展相对滞后，当地学生难以享受到更优质的教育，通过预科班进入内地更多高水平的高校学习成为重要途径。目前，预科班的录取高校及专业的招生层次有待调整。根据教育部网站的公开数据，截至2016年，各省属高校招收预科班学生的数量占全国招收总数的83%，招生计划绝大多数为省属高校。但不可否认的是，省属高校在教育教学资源以及办学实力方面与中央部属高校还有一定差距。可以看出，预科班招生录取新疆、西藏学生的学校层次不够，占总人数的比例不高。2016年，招收新疆、西藏预科班学生人数最多的是南昌工学院，新疆预科班招收280人，西藏预科班招收480人。据学校官网介绍，在校的少数民族学生共有10029人，其中，新疆籍学生1371人，西藏籍学生2087人。如此大规模地招收新疆、西藏少数民族学生，如何保证教学质量和培养质量，大量少数民族学生集中培养的方式是否有利于学生的"六观"教育、社会融入及跨文化交流，这些都值得进一步商榷。

4. 培养管理模式与社会融入缺少联系

（1）内高班、内初班、内职班学生容易出现心理困扰，封闭式管理与社会脱节。

新疆、西藏内高班、内初班的学生大部分来自农牧区，到内地上学后，容易出现心理困扰。杨晶晶指出，内高班学生容易出现文化中断现象，产生孤独感、封闭感、自卑感等心理，再加上生活习惯、宗教信仰等文化背景差异方面的不适应，在饮食、住宿和人际关系等方面容易产生不适应。[①] 与此同时，从安全管理的角度出发，各个学校普遍采取的是全寄宿、全封闭的管理模式，阻断了少数民族学生与当地的联系，也阻断了少数民族学生与当地民众的交流交往，而当地学生多为走读的形式，因此人际交往多为与学校的当地学生共同上课，这在一定程度上造成了文化适应的"分离"，加剧了少数民族学生的心理

---

① 杨晶晶：《多元文化视角下的内地新疆高中班教育——以广东内地新疆高中班为例》，《广东省社会主义学院学报》，2014年第2期。

困扰。

（2）少数民族预科班缺乏能力素质培养课程和社会文化适应能力教育。

西藏、新疆少数民族预科班的大部分学生都是来自区内高中的毕业生，即大部分学生未曾在其他省市学习生活，而当前的预科班课程大多集中在基础教育训练中，希望通过预科班的学习，掌握其他省市学生的学习内容，以便后期大学的课程学习。郑婕提出，预科班教育的教学内容的确立和定位是关乎预科培养目标是否完成的关键，也是预科教育存在、发展和充满活力的根本所在。[①] 当下的预科班教育更多集中在文化基础知识授课上，缺少能力素质培养课程和社会文化适应能力教育，这不利于少数民族学生融入内地和大学生活，不利于各民族学生的交流交往。

5. 就业导向与政策精神相对脱节

（1）政策导向与中央对新疆、西藏人才培养的最新精神不匹配。

当前实施的内高班、内初班、内职班政策，少数民族预科班政策，少数民族高层次骨干人才培养政策是新疆、西藏少数民族学生到内地接受教育的重要途径，这几项政策的实施导向依然是为民族地区培养少数民族人才，推动民族地区快速发展，即政策导向依然是最初的为新疆、西藏培养少数民族人才，引导学生毕业返乡建设家乡。目前，这几项政策的导向已经与中央对新疆、西藏工作的最新精神出现脱节，尚未及时更新政策导向，没有与中央鼓励新疆、西藏少数民族学生到内地就业的精神形成衔接。政策导向关系着人才培养的体制机制，牵一发而动全身，决定着政策实施的成效。

（2）少数民族学生的就业技能有待提升。

大部分少数民族学生尤其是新疆、西藏的少数民族学生在小初高教育阶段就没有掌握牢固的基础知识，尤其是汉语能力存在先天劣势，导致专业成绩大多不够理想，在面对就业时竞争力明显不如内地的学生。敖俊梅和次旦央吉指出，当少数民族学生出现学习考试困难时，学校一般"宁可在学业评价环节降低标准，结果却是直接影响他们的就业竞争力"，"大部分学生由于专业类型、择业期望、就业竞争力、归属感等多重原因不愿在内地就业，或在内地的就业竞争中处于劣势。"[②] 当前，新疆、西藏采取以政府为主导的就业扶持措施和中央企业面向西

① 郑婕：《中央民族大学预科教育的现状与前瞻》，《民族教育研究》，2003 年第 1 期。

② 敖俊梅、次旦央吉：《西藏籍藏族大学生就业准备状况调查研究》，《民族教育研究》，2017 年第 2 期。

藏、青海、新疆高校毕业生开展专场招聘活动。在自治区采取的就业扶持措施中，这种就业模式下的新增就业机会有限，容易出现累积性压力与危机；在中央企业开展的专场招聘中，大部分提供给新疆、西藏学生的岗位都是返回新疆、西藏就业，且都位于较偏远的山区或边疆，以通信行业、石油行业等为主，很少或没有提供鼓励新疆、西藏学生在内地就业的工作岗位。

### 三、吸纳劳动力就业的对口援藏援疆经验

（一）西藏、新疆劳动力的基本情况

1. 剩余劳动力基数

2020 年，国务院新闻办公室在发布的《新疆的劳动就业保障》白皮书中指出，截至 2019 年底，全疆有农村富余劳动力 259.03 万人，其中，南疆地区 165.41 万人，占比 63.86%。[①] 特别是在自然环境恶劣的南疆地区，面对基数庞大的剩余劳动力，如何最大限度拓展就业渠道、促进各族群众实现收入增长，这是关乎新疆安全稳定的重要问题。另外，根据西藏 2020 年经济运行情况新闻发布会及新华社公布的消息，2020 年，西藏农牧民转移就业 60.4 万人，实现城镇零就业家庭动态清零。数据显示，西藏农牧民占全区总人口的 68.5%，近 240 万农牧民分散居住在 5400 多个村居。[②] 杜宇根据构建的劳动力平衡模型，测算了全国 31 个省区市劳动力数量的基本情况，提出由于西藏地区的人口规模增幅远低于全国其他省区市，因此西藏的农村劳动力流动具有其独特的一面，难以实现农村劳动力的大规模和高水平流动。[③] 由此可见，对于西藏的劳动力而言，由于地理条件、人口增长等因素，加之藏族人民对于到非藏区工作生活的意愿极低，其剩余劳动力的流动方向主要是向西藏当地的城镇进行转移就业。因此，以劳动力群体为对象的对口支援主要体现在对口援藏上。

2. 劳动力转移方向

第六次人口普查数据显示，2010 年，在内地的流动人口中，新疆籍共计 277261 人，占当年总人口的 2.17%，占剩余劳动力的 7.03%，其中，流动人口

① 中华人民共和国国务院新闻办公室：《新疆的劳动就业保障》白皮书（全文），中华人民共和国国务院新闻办公室网站，2020 年 9 月 17 日，http://www.scio.gov.cn/zfbps/ndhf/42312/Document/1687708/1687708.htm。

② 陈尚才、白少波：《西藏今年逾 60 万农牧民通过转移就业开启新生活》，新华社拉萨，2020 年 12 月 14 日，https://new.qq.com/omn/20201214/20201214A0CJC600.html。

③ 杜宇：《农村劳动力转移模式及外部动力评价研究》，北京林业大学博士学位论文，2019 年。

分布前五位的地区为北京、上海、广东、四川及江苏，占到了总数的49%。2010年，在内地的流动人口中，西藏籍共计55185人，占当年总人口的1.83%，占剩余劳动力的11%，其中分布人数前五位的地区为四川、陕西、青海、重庆及甘肃，占西藏籍内地流动人口总数的65.7%。

（二）对口援藏援疆助力劳动力转移

近年来，对口援疆各省市与新疆各级政府多部门联动加强，聚焦劳动就业重点群体，通过掌握就业意愿，满足个性化需求，初步探索建立了以政府主导为基础的有组织转移就业新机制，实施有组织的整建制劳动力转移。进入21世纪之后，新疆维吾尔自治区政府开始鼓励农民进行劳务输出，特别是从2005年起，南疆各地政府与对口援疆省市共同合作，把拓展就业渠道作为农民增收的一项重要性、长期性、根本性工作来抓，尝试以政府主导的整建制劳动力输出到对口支援省市的模式。随着新疆各地与对口援疆省市在劳动力转移工作方面不断总结、摸索，各项规章制度不断健全，各项管理服务工作陆续夯实推行，教育培训力度持续加大，通过对口援疆助力新疆劳动力转移，就业形势持续向好，有效促进了劳动力有序流动，提升了就业稳定性和满意度。这使新疆特别是南疆地区各族群众的生产生活、精神面貌发生了深刻变化，各族群众的家庭收入大幅增加，生活水平明显改善，就业能力显著增强，思想观念不断转变，人生理想得以实现，交往交流交融更加密切，获得感、幸福感、安全感显著增强。2014~2019年，新疆年均农村富余劳动力转移就业超过276.3万人次，其中，南疆地区167.8万人次，占比60%以上。据不完全统计，在外地转移就业的新疆籍劳动者的人均年收入约4万元，与就业所在地城镇常住居民的人均可支配收入基本相当。[①]

（三）对口援藏援疆在吸纳劳动力就业方面存在的问题

1.政策实施缺乏顶层设计，长效工作机制有待完善

新疆当前的劳动力转移是在市场调节作用下，为了摆脱贫困，寻找新的发展机遇，地方政府自发主导的整建制劳动力输出，实现了劳动力转移的跨区域流动。但由于近年来新疆暴恐事件频发，在没有中央顶层设计的政策支持下，个别地方存在对党的民族宗教政策和涉疆涉藏工作政策把握不准的问题，不愿管、不敢管、不会管的现象频发，存在"多一事不如少一事、多一人不如少一人"的

--------

① 中华人民共和国国务院新闻办公室：《新疆的劳动就业保障》白皮书（全文），中华人民共和国国务院新闻办公室网站，2020年9月17日，http://www.scio.gov.cn/zfbps/ndhf/42312/Document/1687708/1687708.htm。

心理。另外，对劳动力转出地和转入地而言，因为调控平台顶层设计的缺失，存在供求不匹配的现象。调研过程中各受访企业频繁提到本地用工荒，且对录用新疆籍和西藏籍员工持积极态度，但是当前的劳动力远远无法满足企业需求。新疆劳动力转移相较于其他区域交织着民族性、宗教性及稳定性，涉及转出地和转入地的部门众多，需要多部门协同合作，目前因为缺乏统一的全链条协调管控，频繁出现因信息不对称所导致的无效劳动力转移。同时，对于输出地与输入地，省市县区的相关单位的长效工作机制建设仍需进一步加强和完善，特别是在整建制劳务输出、涉疆涉藏矛盾纠纷调处和保障新疆籍和西藏籍人员合法权益方面还存在沟通不畅、协调不顺、联系不紧密的问题。以上反映出部分地方政府对铸牢中华民族共同体意识工作的重视度不够、认识度不全，没有站在中华民族共同体的角度考虑国家发展的大局，没有深刻落实全国一盘棋的工作思想。长此以往，不利于民族团结工作的开展，也不利于构建各民族互嵌式的社会结构。铸牢中华民族共同体意识是一项具有宏观性、全方位的事业，通过对口支援开展的跨区域、跨省市的劳动力转移工作，如果缺乏统一的制度支持及政策保障，在实际工作开展中会面临巨大的困难。

2. 资金缺乏体制保障，管理服务水平有待提高

当前，新疆的剩余劳动力转移在对口援疆工作中尚处于探索阶段，未以正式工作内容的形式纳入各类对口援疆的发展规划及工作政策中，支援方和受援方政府还未真正认识到对口援疆组织劳动力转移与铸牢中华民族共同体意识的关系和作用。作为促进新疆与内地各民族交流交往交融的重要手段，通过对口援疆组织劳动力转移的工作缺乏完善的机制体制保障和资金政策保障，会导致新疆少数民族的劳动力转移得不到各级地方政府的高度重视，严重影响劳动力转移输入地的管理服务水平。一是对口援疆专项扶持资金较多，而用于促进各民族交往交流交融的服务管理资金较少，许多服务管理工作的重点地区没有设立专项资金，涉及新疆少数民族劳动力转移和人才培养的服务管理工作缺乏资金支持。二是内地的少数民族流动人口逐年增多，而涉及促进各民族交往交流交融的服务管理机构的人员较少，工作量逐年增大，许多涉及新疆少数民族劳动力转移、人才培养的服务管理工作的重点地区没设立编制，多为兼职，不适应当前的工作形势。三是对口援疆产业扶持政策较多，而促进各民族交往交流交融的服务管理政策较少，在资金安排、督导考核及宣传报道等方面得不到相应的重视和支持。

3. 管理过于强化集中，导致社会脱节与融入困难

由于民族问题与宗教问题相互交织、相互影响，且新疆维护稳定和反分裂的

形势严峻，因此对于转移到内地的新疆少数民族劳动力，一般采取集中化、封闭式的管理，以避免各类矛盾纠纷演化成民族宗教问题。虽然这种做法在一定程度上避免了突发性事件和群体性事件的发生，也保护了新疆少数民族务工人员的安全和稳定，但却人为阻碍了他们与当地群众的交流交往交融，影响了他们的社会融入度，进而影响了铸牢中华民族共同体意识的工作开展。另外，来自新疆的少数民族务工人员以民族、宗教、职业为纽带呈现出"小聚居"状态，由于风俗习惯、语言文化和宗教信仰等方面的差异，对饮食禁忌、宗教活动、生活习惯是否受到尊重较为敏感，维护民族传统的意识较为强烈，因此与当地群众的了解、认识和交往不够深入，不太容易融入当地生活，无法通过城市生活与各民族实现广泛交往、全面交流和深度交融，影响了中华民族共同体意识的培育与形成。

当前，以政府为主导的整建制劳动力转移在驻地的管理以转入地相关部门、企业，以及带队干部等多方协同管理为基本模式，强调集中转入、集中培训、集中管理。第一，在生产活动中，由企业统一调配。一般的转入企业很少将新疆籍少数民族与其他务工人员进行混编。第二，在工作及居住环境方面，基于风俗习惯的差异，转入企业为新疆籍少数民族提供了统一的宿舍和餐厅，无形之下形成了小聚居环境。第三，在人员日常管理方面，企业一般直接对接带队干部，由带队干部负责转入人员的管理和沟通工作。带队干部的选择有严格的程序，大部分是政府直接从政府工作人员中选拔，因此，带队干部在涉疆劳动力转移中起到了很关键的作用，既是转出地与转入地的纽带人员，又兼具监督与协调功能。在正常情况下的非工作时间，企业其他务工人员可以自由出入，但是涉疆人员必须得到带队干部的批准后才能以组团形式外出，且外出次数有严格要求（一般一周允许外出一次）。毋庸置疑，集中生产、集中管理的模式很大程度上提高了生产及培训效率，但过于集中的环境影响了新疆籍务工人员的社会融入程度。对于整建制转出人员而言，只是居住环境和生产环境发生了变化，但是依然是一个"熟人"社会，对其融入当地生活并没有起到明显改善作用。通过本书的实践调研发现，集中程度的差异性明显呈现出社会融入的差异性，进而导致在中华民族共同体意识的培育上有所差异。集中化程度低的企业，新疆籍少数民族务工人员对于社区活动的参与度、国家通用语言的掌握度就会更高，同时，他们所表现出来的国家观、历史观、民族观、文化观和宗教观也相对更加积极，中华民族共同体意识相对更加强烈。

4. 政策引导仍需强化，转移内地生活的比例不高

新疆劳动力转移的重点在于推动内地与新疆的双向交流，继续扩大少数民族

到内地的规模，鼓励少数民族到内地学习、工作、生活，鼓励内地群众到新疆学习、工作、生活，这对于铸牢中华民族共同体意识至关重要。通过在调研中与多位新疆带队干部的访谈，了解到新疆地方政府整建制实行劳务输出的目的在于致富，让新疆少数民族剩余劳动力转移到内地参加劳动生产，赚取一定收入后回到家乡消费甚至投资，以带动地方经济发展。同时，劳务输入地的省市县区在接收新疆少数民族员工时，并没有意识到需要鼓励他们留在当地工作和生活，很少会出台相应的政策和措施使少数民族员工留在当地工作、生活和发展。因此，在这样的目标导向下，该做法与中央提出的鼓励新疆少数民族群众到内地工作生活乃至定居的建议是相背离的，中央的政策引导仍需进一步强化。只有符合中央的政策导向，转出地和转入地基层政府实施的整建制劳务输出和输入才能做到鼓励在内地务工的新疆少数民族务工人员融入当地生活，并出台和实施鼓励新疆少数民族务工人员留在内地工作、创业、生活和居住的系列政策和措施，构建起各民族互嵌式的社会结构和社区环境，推进中华民族共同体的建设和发展。

5. 劳动者就业技能不足，在内地就业压力较大

在劳动力转移方面，从人力资源的市场供求看，新疆的少数民族务工人员文化技能水平与岗位需求不匹配。按照实现人的全面发展的目标，当前，对口援疆组织劳动力转移工作在新疆少数民族务工人员的素质提高、技能提升等培训方面的政策力度不够，覆盖面不够广泛，对新疆少数民族务工人员的普通话和文字的教育和培训不够，导致他们在内地的工作和生活遇到了阻碍，进而影响了他们与各民族的交往、交流、交融，影响了中华民族共同体意识的培育。除此之外，有关省市的企业用工主要集中在生产制造和服务行业，对技术的等级有明确要求。而新疆少数民族务工人员大多数未经过专门的岗位技能培训，劳动力技能不高，文化素质有待提升，语言不通，难以适应企业用工需要，转移就业、稳定就业难度较大。例如，某师范学院大专学历的务工人员跟随地方整建制劳务输出到湖北工厂务工，因对国家通用语言一窍不通，难以进行正常交流。从务工成本来看，较高的成本对新疆少数民族务工人员稳定就业产生了一定的影响，企业接收后的综合管理成本较高，面临较大的维稳压力和成本。同时，企业所在地与新疆距离相对较远，人员往返需要支付高额的路费，企业还需要提供单独的饮食、住宿，用工成本较高，既影响了新疆籍务工人员的积极性，又影响了企业吸纳这部分人员的积极性。以上因素积累下来，就会对对口援疆组织劳动力转移工作在铸牢中

华民族共同体意识方面的效果产生影响，难以全面发挥此项工作的社会效益和价值。

### 四、新时代对口援藏援疆的启示

（一）对口援藏援疆的关键目标：促进各民族交往交流交融

习近平总书记在党的十九大报告中指出，"全面贯彻党的民族政策，深化民族团结进步教育，铸牢中华民族共同体意识，加强各民族交往交流交融"。① 随着社会的发展，对口援藏援疆面临的形势与任务也发生了实质性变化。新时代，对口援藏援疆的首要任务是解决国家统一、民族团结问题；其次是推动国家发展战略的转型，民族地区应该通过对口支援成为国民经济发展的重心。国家统一、民族团结应该是今后一段时期对西藏、新疆及四省藏区对口支援工作的奋斗目标，其目标在于铸牢中华民族共同体意识，加强各民族的交往、交流、交融，对口支援的各项工作应围绕这个关键目标进行。

新时期社会的主要矛盾发生了转变，对口援藏援疆的工作重点已经从基础设施和民生项目等"物"的建设逐渐转移到"人"的发展上，具体而言，主要是推动西藏、新疆各民族的发展，关键是铸牢中华民族共同体意识，加强各民族的交往、交流、交融。特别是随着"一带一路"倡议和西部大开发战略的深入实施，援藏、援疆项目资金占国家对西藏、新疆转移支付的比例并不大，对口援藏援疆的年度资金总量不到国家对西藏、新疆无偿投入的10%，援藏、援疆项目资金投入在"物"的建设上所发挥的社会效益远不如投入在"人"的发展上，有了人才、资金与产业的全方位支持，能更有效地加强发达地区与边疆地区的全面联系，特别是加强各民族对中华民族共同体的认同。

做好剩余劳动力向内地转移及扩大内地的人才培养规模是促进"人"的发展的重要抓手。随着东部沿海地区人口红利的消失及中部地区承接劳动密集型产业转移的契机的出现，通过西藏、新疆有组织的劳动力转移，用市场的力量推动剩余劳动力的就业发展和劳动致富，逐步提高他们的综合素质，将给西藏、新疆的发展带来腾飞的效果，同时反哺对口支援省市的发展，在保留交通、资源等传统优势的基础上，带来富余的劳动力资源，促进产业发展，实现双赢。另外，扩大内地的人才培养规模本身就是解决教育资源不平等的重要手段，并以此促进西藏、新疆少数民族学生的发展，事关国家发展稳定，事关各民族人才培养，成效

① 《习近平在中国共产党第十九次全国代表大会上的报告》，《人民日报》，2017年10月28日。

显著，作用凸显，是西藏、新疆教育的重要补充形式，在促进西藏、新疆的社会经济发展、维护国家统一、增强民族团结、增进民族文化交流方面具有重要意义。

（二）对口援藏援疆的顶层设计：构建全国统一的劳动力市场

中央第七次西藏工作座谈会和中央第三次新疆工作座谈会为新时代西藏、新疆的发展擘画了宏伟的蓝图，丰富和完善了新时代的治藏方略和治疆方略，对口援藏援疆的开展，特别是要加强民族交往交流交融，加强西藏、新疆与内地经济、文化、人员双向交流。中央要做好西藏、新疆与内地交往交流交融政策的顶层设计工作，制定在对口援藏、援疆工作中助力构建全国统一劳动力市场的指导意见。在援藏、援疆政策导向上，进一步向推动和深化西藏、新疆与内地的交往、交流、交融方面倾斜，将劳动力转移和人才培养作为全国统一劳动力市场的重要抓手纳入对口援藏、援疆的工作体系，在资金安排上予以重点保障，在宣传报道上予以高度关注，在督导考核上予以侧重强化，切实提高交往、交流、交融工作的广度和深度。

在西藏、新疆构建全国统一的劳动力市场，这是一项社会工程、系统工程，要注重统筹谋划、总体规划，需要西藏、新疆与内地共同制定好相关规划，调动一切可以利用的资源和力量共同推进工作，特别是要重视调动市场的力量参与进来，有组织的劳动力转移既要有政府行为，又要有市场化行为。要根据新时期的工作主线，重新调整对口援藏援疆的支援地与受援地，分类指导；根据支援地的产业发展状况，选择匹配的受援地，明确不同受援地的发展目标；可以在东部沿海发达的省市重点投入资源，做好西藏、新疆的少数民族人才培养工作；在中西部承接产业转移的省市重点投入资源，做好西藏、新疆的剩余劳动力转移工作；把新时期对口援藏、援疆工作从原来的受援地（西藏、新疆）延伸到本地区，做好两地的交往交流交融工作，在受援地做好基础教育及劳动力技能培训，在支援地做好转移劳动力和内地就读的服务管理工作。

要把构建全国统一的劳动力市场纳入对口援藏、援疆的考核体系，明确考核指标，将劳动力转移数量、学生内地就读数量及质量、社会融入程度等列入考核指标体系，既要保证基础设施和民生项目的开展，又要保证在交往交流交融方面取得成效。可以结合民族团结评比工作，对交往交流交融工作中开展有特色、有成效活动的支援方进行表彰、表扬，激发支援方的工作积极性。要把内地涉疆、涉藏服务管理工作作为专项工作进行组织实施，通过多部门的协调、协作、支持，纳入对口支援的考核体系中，推进涉疆、涉藏服务管理工作的规范化、常态化。

鉴于对口支援工作的基本干部及相关人员对国家发展的重大意义，对涉藏、涉疆服务管理工作的重要作用，对相关民族、宗教政策及工作的理解和执行存在一定的偏颇或空白，各省市对口支援工作的相关负责人强烈建议由国家有关部委组织牵头，定期举办对口支援相关培训班，按照对口支援的不同类型，对不同人员（包括干部、教师、医生、技术人才、企业家、工厂管理者等）开展不同内容的培训，同时提供一个相互交流的学习平台，增强相关人士在推动西藏、新疆与内地的交往交流交融的工作中，更好地把握中央政策，增强政治意识和责任担当，提升构建全国统一的劳动力市场的工作能力。

（三）对口援藏援疆的重要抓手：人才培养和劳动力转移

1. 对口援藏援疆与人才培养

教育援藏、援疆人才培养政策作为全国统一的劳动力市场的重要内容，新时期要以构建中华民族共有精神家园为核心，以铸牢中华民族共同体意识为出发点，进一步调整政策导向；以促进各民族交流交往交融为着力点，进一步扩大政策覆盖范围；以构建各民族互嵌式社会结构为落脚点，进一步深化政策内涵。

（1）以铸牢中华民族共同体意识为出发点，及时调整政策导向

按照中央第二次新疆工作座谈会和中央第六次西藏工作座谈会的精神，加强新疆、西藏与内地经济、文化、人员双向交流，建议根据中央对新疆、西藏人才培养的最新精神，专门调整在新疆、西藏实施的内高班、内初班、内职班，少数民族预科班，少数民族高层次骨干人才的政策导向，改变为新疆、西藏地区的经济社会发展培养少数民族人才的政策导向，调整成为内地和新疆、西藏地区的经济社会发展培养少数民族人才。建议将内高班、内初班、内职班政策，少数民族预科班政策，少数民族高层次骨干人才培养政策作为将新疆、西藏的少数民族人才输送到内地工作和生活的重要途径；将非西藏生源定向西藏就业政策作为将内地各民族人才输送到新疆、西藏工作和生活的重要途径。同时，继续明确内高班、内初班、内职班的政策定位是培养精英，少数民族预科班的政策定位是提高素质，少数民族高层次骨干人才计划的政策定位是解决公平。

（2）以促进各民族交流交往交融为着力点，扩大招生规模

第一，加快扩大内高班、内初班、内职班招生规模，改革内高班招生计划及录取制度。

要明确新疆、西藏当前人才培养的首要目标是政治素质培养，扩大新疆、西藏少数民族学生在内地的人才培养规模，加强各民族交流交往交融，将政治素质放在新疆、西藏人才培养的第一位，把牢固树立国家意识、公民意识、中华民族共同体意识作为人才评价标准，坚定不移地扩大内高班、内初班、内职班的招生规模，不断提高内高班、内初班、内职班的办学质量。建议要公平、科学、合理地完善内高班的高考招生计划及录取制度，建立动态调整招生计划的机制，提高一本院校的录取率，使高校录取人数和专业随着内高班高考人数的扩充而动态调整；改革内高班的考试方式、志愿设置和录取机制，建立标准化考试机制，实现年度之间、省际之间、区内校际之间考试分数的可比性，实行平行志愿投档录取方式。

第二，扩大少数民族预科班招生规模，提升录取高校的层次，完善专业设置。

建议扩大新疆、西藏少数民族预科班的招生规模，使新疆和西藏的招生人数占自治区高中毕业生人数的比重不断提高。要适当调整少数民族预科班招生学校的层次，扩大部属高校的招生计划，增加招生高校的类型和数量。实行类似北京市教育委员会实施的"双培计划"相关计划，这是优化人才培养结构，实现教育公平的一个有效举措。

第三，扩大少数民族高层次骨干人才计划招生规模，改革研究生考试录取制度。

要扩大新疆、西藏少数民族高层次骨干人才计划的招生规模，逐步使面向新疆和西藏的少数民族高层次骨干人才计划的招生规模不断扩大，并且每年以一定的比例不断增长，改善新疆、西藏少数民族人才的层次结构，提升新疆、西藏少数民族人才存量的综合水平。同时，建议面向新疆、西藏改革少数民族高层次骨干人才计划的研究生考试录取制度，短期内可将英语水平测试调整为汉语水平测试，提高新疆、西藏少数民族学生的汉语水平，增进他们的学习热情，为他们将来更好地融入当地的工作和生活奠定良好基础。

（3）以构建各民族互嵌式社会结构为落脚点，改革培养管理模式

第一，对内高班、内初班、内职班的学生实行多元化管理，强化中华民族共同体教育。

对于内高班、内初班、内职班的管理要充满人性化，体现人文关怀，做到"爱、严、细"，尊重少数民族的风俗习惯。建议针对内高班、内初班、内职班

的学生，建立一套从入学到毕业的心理健康教育体系，提供及时有效的个别心理咨询服务以及团体心理辅导活动，建立心理健康档案，积极主动作为。学校要营造多元的文化环境，提高学生对当地生活的适应度，实施混合住宿管理模式。建议对内高班、内初班、内职班的学生开展分层管理，打破完全封闭式管理，在封闭式管理的基础上，对学生采取适当放宽的模式，鼓励学生融入当地的人文环境，了解所在地的风土人情，塑造全面发展的人格。建议扩大内高班、内初班的招生规模，选新的承办学校时，要尽量靠近城市的区域，而不是一味地选在偏远郊区，要为学生融入当地生活创造条件，提高当地城市对学生的吸引力。同时，选择的学校不必为当地考分较高的学校，选择适当标准的学校即可，以减轻学生的学习压力，提高他们的学习适应能力，不以提高分数为衡量标准，而要将学生的交流交往交融效果作为该项政策实施的检验标准。

第二，改革少数民族预科班培养模式，突出社会融入和中华文化教育。

少数民族预科班作为一个特殊的教育阶段，体现了跨文化教育的特点，是少数民族学生开始接触并逐渐融入内地各高校的教育过程，因此，要突出能力素质和社会适应教育，强化社会融入教育与中华文化教育，不断提高学生的综合素质，提高少数民族预科班的培养质量。要注重铸牢中华民族共同体意识，精心设计和实施中华民族共同体意识教育的培养方案，重点帮助少数民族学生融入各民族互嵌式的校园生活，实行不同地区与民族的学生混合编班和住宿，实现各民族学生共学、共居、共乐、共美。

第三，取消少数民族高层次骨干人才计划的毕业生回生源地的限制。

建议根据中央对新疆、西藏人才培养的最新精神，给予新疆、西藏特殊政策对待，取消新疆、西藏少数民族高层次骨干人才计划的毕业生回生源地的限制，为新疆、西藏少数民族学生毕业后融入当地工作和生活破除藩篱。建议根据内地和新疆、西藏的国民经济和社会发展需要，加大紧缺高层次人才的调研力度，采取科学的方法分析当前紧缺人才的情况，并预测未来紧缺人才的需求走向，制定方案细则吸引学生报考，加强后期就业指导与服务，积极引导学生毕业后到内地工作和生活。

2. 对口援藏援疆与劳动力转移

（1）构建劳动力转移的整体联动机制，促进各民族交往交流交融

对口援藏援疆要以促进各民族交往交流交融为出发点和落脚点，不断增加西

藏、新疆转移到内地就业的劳动力人数，构建由支援方与受援方共同参与的整体联动机制，健全与西藏、新疆的工作交流机制和劳务输出协调机制；健全有关部门的输出务工人员协调管理机制，健全流出地和流入地各部门有效配合的双向共管机制。明确工作对接和联动内容，制定职能划分及责任追究制度，特别是要健全务工人员的背景信息及家庭成员信息的查询和通报机制，确保任何有关消息在第一时间实现西藏、新疆与内地互通，实现规范组织、互相协商、共享有序。

（2）加强承接劳动力转移企业的管理，强化中华民族共同体意识教育

对口援藏、援疆的各省市要制定一套不同行业的企业承接有组织劳动力转移的准入标准，通过专项补贴、税收减免等方式，在新疆、西藏的少数民族务工人员参与企业生产的同时，由企业联合当地学校、社区、社会组织等开展中华民族共同体意识教育，实现少数民族务工人员的工作和学习齐头并进。要确保企业的生产经营、管理服务、厂房设施、工作制度、食宿条件等符合相关法律法规和准入标准，确保员工快乐生产、快乐工作、快乐生活，避免因过度劳累或者管理不善引发矛盾纠纷。要加强企业用工方面的督导检查，特别是对企业管理中的歧视、变相歧视展开督导工作，督促企业开展员工的学习培训，不断提升他们融入社会的能力和生产工作的技能，全面开展国家通用语言和文字教育及培训。对于承接有组织劳动力转移的企业，可以给予相应的税收优惠及培训、食宿经费支持，激发企业的积极性。

（3）强化劳动技能和综合素质培训，努力实现人的全面发展

对口援藏、援疆的各省市在组织实施劳动力转移的工作中，要以铸牢中华民族共同体意识、实现人的全面发展为根本目标，在受援地与支援地对西藏、新疆的少数民族务工人员进行劳动技能培训，提高综合素质能力和社会适应能力。要加强供求信息对接平台建设，完善企业用工信息供需对接机制，根据彼此需求定期收集和提供岗位信息，支持两地人才及用工需求信息对接联网；根据支援地的产业发展状况及用工需求，通过对口支援方式对受援地人员进行语言、文字教育和技能培训，满足支援地的人才及用工需求，开展针对性的培训，提高劳动者的技能素质，引导劳动者转变就业观念。

（4）创新少数民族流动人口管理服务，着力构建各民族互嵌式社会结构

对口援藏、援疆的各省市要在西藏、新疆少数民族务工人员集中就业的社区、企业和工厂，着力构建各民族相互嵌入式的社区、企业和工厂环境，推动

各民族在互嵌式社会结构中实现共事、共居、共学、共乐。要积极创新社会治理方式，落实好基本公共服务在创业、就业、子女入学、生产、生活等方面的优惠政策，坚持用法治思维和法治方式做好涉疆、涉藏服务管理工作，杜绝和纠正针对特定少数民族的歧视做法，将其纳入工作考核体系。要进一步放宽落户条件，简化户籍手续，鼓励经商、务工、求学的西藏、新疆少数民族落户当地，帮助他们尽快融入当地生活，组织开展多种形式的宣传解读和教育培训。

# 第四章　对口支援的发展趋势与提升路径

## 第一节　明确对口支援的发展导向

### 一、以实现人的全面发展为对口支援的终极目标

马克思认为，在"自由人联合体"的"真正共同体"中，本质特征就是实现人自由全面发展，这是人类社会发展的终极追求。在中国特色社会主义新时代，人民的美好生活的终极体现就是实现人的全面发展，实现美好生活与实现人的全面发展两者互为前提、有机统一。作为铸牢中华民族共同体意识的终极追求，实现人的全面发展要作为新时期对口支援各项工作开展的终极目标。实现人的全面发展的第一位和最基本目标是"人民至上、生命至上"，对口支援在面对重大自然灾害和重大公共卫生事件时，以抢救人的生命为根本原则和第一原则，生命权是人的最基本人权，最大的人权莫过于生命权。对口支援的实施目标不能仅仅局限在工程建筑、基础设施等物质援助建设上，还要将实现人的全面发展的终极目标纳入实际工作范畴。经济发展的主体是人，人的全面发展构成了经济社会发展的出发点和归宿点。人的全面发展是一个全方位的内容，涵盖了经济、政治、文化、社会、生态等方面的综合性内容，包括人的生活状态的改善和人的素质能力的提升。

当前虽然顺利实现了贫困地区、民族地区的脱贫摘帽，但并不意味着"扶

智"和"扶志"已经完成，脱贫的结束、全面小康的建成恰恰意味着"智"和"志"作为人全面发展的重要方面的开始，是全面建设社会主义现代化国家新征程的重要内容。一些民族地区由于融入现代化社会浪潮的时间相对较晚，部分陈规陋习制约了当地民众和社会的发展。从过往的实践来看，各类型的对口支援在开展过程中，往往把当地一切社会风俗习惯都一并归纳到民族、宗教的领域里，然后敬而远之、束之高阁。当地的经济社会发展起来了，但民众们的思想观念和风俗习惯并没有跟着发展进步，反而制约着经济社会的进一步发展。很多妇女、儿童的正当合法权益得不到保护和尊重，一些地方的恋爱自由、婚姻自由乃至人身自由仍然面临桎梏与羁绊。至今，一些地方仍然存在着禁止跨民族结婚、禁止信仰自由、女性地位极不平等、禁止避孕和节育、随意霸凌和家暴女性等陋习，严重侵害了自由与发展的人权，而且有些陋习还被视作所谓的"民族传统习惯"，面临着较大的革除压力和破除壁垒。因此，新时期对口支援的开展要明确铸牢中华民族共同体意识的导向，以实现人的全面发展为终极目标，通过人的全面发展的哲学意义赋予经济发展精神层面的引领。要注重在人的素质提高方面下功夫，不断提高各民族群众的科学文化素质。要弘扬中华民族优秀传统文化，勇于破除不符合现代化社会发展的陈规陋习，发挥支援省市发展比较成熟的社会工作体系的作用，帮助受援地及其民众实现现代化浪潮的融入和发展。要促进各民族交往、交流、交融，实现少数民族地区的各级各类教育以及国家通用语言文字教育深入发展，取得扎实成效，突出爱国主义教育和中华民族文化认同教育。以人为本的终极目标将保证对口支援在实施和发展过程中能够把握正确的价值追求和本质方向，始终让各民族人民真正得到实惠，让各民族人民的生活真正得到改善，实现各民族共同团结奋斗、共同繁荣发展。

### 二、以社会主义制度优势为对口支援的价值彰显

自中华人民共和国成立以来，对口支援作为中国特色社会主义的伟大实践，体现了依靠社会主义制度实现共同发展、迈向共同富裕的制度本质。对口支援在多年的实践中不断创新和发展，充分体现了社会主义制度体系的显著优势，是在探索实践中逐渐发展完善的科学制度。对口支援集中体现了"坚持全国一盘棋，调动各方面积极性，集中力量办大事"的显著优势，以及"坚持各民族一律平等，铸牢中华民族共同体意识，实现共同团结奋斗、共同繁荣发展"的显著优

势。① 在新时期，我们要将对口支援实践进行系统梳理和总结，将社会主义制度的显著优势作为对口支援的价值彰显，坚定中国特色社会主义的道路自信、理论自信、制度自信和文化自信。

在对口支援中，党的领导和社会主义制度优势得到充分彰显，坚持全国一盘棋的全局战略，加强顶层设计，统筹谋划，协调各方，形成系统整体的设计和优化实施的体系，在全国范围内充分调动各种资源，动员全社会力量，结对帮扶、齐心协力、相互协调、密切配合，充分发挥集中力量办大事的显著制度优势。从1979年全国支援西藏到1997年全国支援新疆，从1998年对口支援全流域性特大洪涝、2008年对口支援四川汶川特大地震、2009年对口支援中西部地区甲型H1N1流感疫情、2010年对口支援西南地区特大旱灾、2010年对口支援青海玉树大地震到2020年对口支援湖北省新型冠状病毒肺炎疫情，从1992年对口支援三峡工程库区到2014年对口支援南水北调中线工程丹江口库区及上游地区，从1979年东部沿海发达省市对口支援边境地区和民族地区到1996年东西部扶贫协作，从1983年对口支援卫生事业、1992年教育对口支援、2000年东西部地区学校对口支援到2009年东西部地区医院省际对口支援、2015年"组团式"医疗人才援藏、2016年"组团式"医疗人才援疆、2017年援藏援疆万名教师支教计划，在不同历史时期、不同历史事件、不同历史发展进程中，对口支援充分体现出了坚持全国一盘棋、坚持各民族平等的重要思想。全国各族人民在中国共产党的领导下，团结一心、同舟共济，一方有难、八方支援，不断战胜前进道路上的各种风险和挑战，切实实现好、维护好、发展好人民群众的根本利益，推动党和国家事业取得历史性成就、发生历史性变革，集中力量办大事，实现共同发展、共同繁荣。因此，对口支援的发展需要彰显出社会主义制度的显著优势，就是要坚持以人民为中心的思想，坚持全国一盘棋和各民族平等的重要原则，切实深化认识，掌握内在要求，充分把握对口支援制度优势的重要性和必要性，充分把握对口支援制度优势的路径和机理，不断完善实现共同发展和共同繁荣的科学决策机制，不断完善集中力量办大事的有效实施机制，促进社会主义制度优势得到进一步发挥，推动中国特色社会主义事业不断开创新局面。

---

① 《中共十九届四中全会在京举行》，光明网，2019年11月1日。

### 三、以双循环新发展格局为对口支援的发展动力

2020 年，在新冠肺炎疫情大流行的背景下，国际局势变得更加复杂、严峻，经济全球化遭受全面打击，中国面临着前所未有的国内国际新形势。国内经济循环面临稳定产业链和供应链以及拓展国内市场需求的压力，国际经济循环面临外贸市场萎缩和外商投资、对外投资重重受限的难题。作为全球化的践行者，为克服重重困难，党的十九届五中全会提出了构建以国内大循环为主体、国内国际双循环相互促进的新发展格局。对于国内大循环如何构建，国内大循环的着眼点和着力点在哪里，习近平总书记早就有所论述。习近平总书记在 2019 年全国民族团结进步表彰大会上提出，中华民族多元一体是先人们留给我们的丰厚遗产，也是我国发展的巨大优势①，因此，区域发展差异既是我国发展的挑战，也是双循环新发展格局的着眼点和着力点。正是中华民族多元一体格局的发展特点，即我国幅员辽阔、地大物博、历史悠久，各民族特色鲜明，各地区差异明显，形成了丰富的结构性特征和突出的资源禀赋特点，为国内大循环的格局提供了巨大的发展潜力，发展周期长，可持续性强。中华民族多元一体格局的特点形成了双循环新发展格局的前提和基础。双循环新发展格局的形成将会打通中西部地区、各民族地区的经济循环堵点，充分发挥出各地的比较优势，提升产业链、供应链的完整性，实现经济一体化发展，着力解决发展不平衡不充分的问题，促进全体人民共同富裕，取得更为明显的实质性进展，使国内市场成为最终需求的主要来源，进而推动中华民族经济实现更大的规模与范围效应，增进中华民族共同体的凝聚力和向心力，促进中华民族多元一体格局的发展和完善。

新时期，对口支援工作的开展要着眼于构建以国内大循环为主体、国内国际双循环相互促进的新发展格局，通过双循环新发展格局为对口支援的发展提供强大的经济动力。要发挥对口支援优势，东部地区的支援省市与中西部地区的受援省市要深化区域合作，根据支援方与受援方所具备的要素禀赋，推进东部产业向西部梯度转移，提高产业链和供应链的完整性、稳定性与竞争力，提升供给体系对国内需求的适配性，充分发挥中西部地区的区位优势和消费潜力，实现产业互补、人员互动、观念互通、技术互学、作风互鉴。通过双循环新发展格局的构建，克服受援地区单方面经济依赖、支援依赖的问题，推进受援地区供给侧结构

① 《习近平：坚持共同团结奋斗共同繁荣发展，各民族共建美好家园共创美好未来》，《人民日报》，2019 年 9 月 28 日。

性改革，形成支援地区的需求牵引受援地区的供给、受援地区的供给创造支援地区的需求的更高水平的动态平衡，推进受援地区与支援地区在经济上形成相互依赖、相互补充的互嵌式发展局面，在共同的文化圈内形成规模巨大的市场，实现生产要素配置更大的规模与范围效益，进而推动国内经济统一大市场的发展，推动中华民族共同体的建设和发展，为推动中华民族实现伟大复兴提供强大动力。

## 四、以中华民族多元一体为对口支援的成效标志

对口支援作为中国本土实践的特色产物，其核心内容源自数千年来中华各民族结成共同体对抗自然灾害的历史实践，是中华民族共同体在历史发展中的必然产物。对口支援真正的核心价值和关键的核心作用在于促进了中华民族共同体的发展和壮大，锻造了"全国一盘棋，集中力量办大事"和"一方有难，八方支援"的中华民族共同体的意志品格与团结伟力。因此，对口支援的核心目标在于铸牢中华民族共同体意识，成效标志是中华民族多元一体格局的展现。中华民族多元一体格局自古以来逐渐发展形成，展现了中华民族的形成是由各民族交融汇聚而来，在新时代的背景下，中华民族多元一体格局表现为"中华民族一家亲、同心共筑中国梦"的民族团结的生动写照和民族工作的鲜明特征。[①] 不同类型的对口支援发生在不同地区、不同民族，而各地区、各民族又共同构成了国内经济统一大市场，因此，对口支援的本质是对国内经济统一大市场的短板进行补齐。对口支援在举全国之力与中华民族凝心聚力的共同作用下，针对国内经济发展的短板进行帮助和扶持，促进区域协调与可持续发展，推动经济一体化建设的进程，实现各民族文化的传承和保护、创新和发展，实现人的全面发展与社会的全面进步，其最终目的是实现各民族共同发展、共同富裕，实现中华民族的伟大复兴。这正是中华民族多元一体格局的成效体现。

具体来说，一方面，对口支援要在国内经济统一大市场的短板处提高资源配置的规模与范围效益，通过区域协调发展的政策工具，有效克服竞争中的市场失灵，以各级政府的逆市场手段，达到校正市场失灵的目的，对一定比例的生产要素进行重组，释放地区间经济发展所产生的规模和范围的经济性，为经济社会发展提供支撑。另一方面，对口支援还要聚焦在人的素质发展这一国内经济统一大市场短板的补齐上，要以实现人的全面发展为目标，铸牢中华民族共同体意识，

---

① 《习近平：坚持共同团结奋斗共同繁荣发展，各民族共建美好家园共创美好未来》，《人民日报》，2019 年 9 月 28 日。

提高当地人民群众的就业和劳动技能，提高当地人民群众的中华文化认同，促进各民族交往、交流、交融，构筑各民族共有精神家园，以实现更高水平的发展，塑造出经济一体化程度不断提高的共同大市场，实现经济的规模与范围效益。新时期，对口支援的发展，要积累在全面建成小康社会历史进程中的成功经验，在到2035年基本实现社会主义现代化的发展时期，坚持以人为本，将推进基本公共服务的均等化作为对口支援的重要手段和重要内容。要通过对口支援，把普遍提高和改善欠发达地区的人民生活水平，实现基本公共服务均等化作为缩小区域发展差距的出发点和实现经济短板补齐的基本手段，使各地区、各民族的人民群众都能享受到均等化的基本公共服务，保证各地区、各民族的群众获得相对公平的社会公共服务和福利，生活水平和质量得到一定程度的提升。实现人的全面发展和社会的全面进步，实现各民族共同发展和共同富裕，实现共享式发展，是中华民族多元一体的成效所在，最终将有利于加快构建统一的社会主义市场经济，展现中华民族共同体的发展成效，为实现社会主义现代化和中华民族伟大复兴打下坚实的基础。

# 第二节　丰富对口支援的外化诠释

### 一、丰富对口支援本土实践的理论阐释

对口支援作为中国特色的本土实践产物，在铸牢中华民族共同体意识、建设中华民族共同体中发挥了重要的作用，取得了巨大的成效，在未来推动中华民族走向包容性更强、凝聚力更大的命运共同体中具有重要的潜力和巨大的空间。当前，学者们对对口支援进行了大量卓有成效的研究，主要基于政治学、公共管理学、组织社会学、发展经济学、区域经济学、公共财政学等视角，从党的民族政策和民族理论、府际关系、边疆治理、制度主义理论、经济援助、反贫困、区际利益关系、横向转移支付等多方面的内容对对口支援这一特色实践进行了丰富的理论阐释，有效指导和促进了对口支援工作的开展。进入中国特色社会主义新时代，随着中华民族共同体相关研究的深入，我们可以看到，中华民族共同体的相关研究对对口支援的阐释是不足的，这将会制约对口支援在中华民族共同体建设

方面的成效和发展，制约对口支援在铸牢中华民族共同体意识方面的作用和完善。

我们亟须完善对口支援在铸牢中华民族共同体意识上的理论阐释，用辩证唯物主义、历史唯物主义的眼光考察对口支援在建设中华民族共同体中发挥的作用，在对口支援促进中华民族共同体形成的发展脉络中从历史维度进行分析，在对口支援促进铸牢中华民族共同体意识中从学理层面进行辨析，从政治、经济、文化、社会认同等不同维度讨论和分析对口支援建设中华民族共同体的建构路径，从而搭建关于对口支援在铸牢中华民族共同体意识方面的研究基本框架和理论体系。从而，我们要科学界定不同类型的对口支援在中华民族共同体建设中的目标和作用，客观、精准地把握不同类型的对口支援的政策属性，对不同类型的对口支援在铸牢中华民族共同体意识中的政策成效、政策前景进行实事求是的评价和研判，探析和厘清对口支援在实现伟大祖国、中华民族、中华文化、中国共产党、中国特色社会主义的认同中的整合路径与维度层次，探索和研究对口支援在建设中华民族共同体中的着力点、实现路径与政策建议。

## 二、提炼中华优秀传统文化的精神标识

对口支援作为中华民族共同体的文化与精神的具体表现形式之一，其核心思想在于以人民为中心，体现出了对中华优秀传统文化与中华民族精神的有机传承。在对口支援的实践过程中，全国各区域、各民族都在传承与弘扬"以人为本"、以爱国主义为核心的"仁者爱人"的中华优秀传统文化以及"天下兴亡、匹夫有责"的伟大民族精神，形成一种与历史文化变迁的有机传承，形成根植于人民群众深层意识的中华文化精神标识。例如，严重灾害地区的应急性对口支援集中体现出的是"人民至上、生命至上""一方有难、八方支援""风雨同舟、众志成城""大道不孤、大爱无疆"和"不畏艰险、舍生忘死"的中华优秀传统文化和民族精神；重大工程实施地区的补偿性对口支援集中体现出的是"舍小家、为大家""顾全大局"的爱国精神，"牺牲小我、成就大我""舍己为公"的奉献精神，"积极进取、不畏艰辛""艰苦创业"的拼搏精神，"人心齐、泰山移""万众一心"的协作精神等中华优秀传统文化；新疆、西藏的全面性对口支援，欠发达地区的发展性对口支援，以及基本公共服务较不完善地区的专项性对口支援集中体现出的是"天下兴亡、匹夫有责"的爱国情怀，"守望相助、命运与共"的民族关系，"自强不息、厚德载物"的气节品质，"百折不挠、坚忍不

拔"的必胜信念，"万众一心、同甘共苦"的团结伟力，"愚公移山、前仆后继"的实践品格等伟大民族精神。

各类型的对口支援都充分展现出了中华优秀传统文化与中华民族精神的核心思想和核心内容，即以人民为中心、以爱国主义为核心的中华文化和民族精神，是全国各族人民的一笔宝贵精神财富，也是动员和鼓舞全国各族人民齐心协力的一面旗帜。中华优秀传统文化的精神标识建立在对中华文化的高度认同上，是构筑中华民族共有精神家园的重要前提，是形成共享的中华文化符号和中华民族形象的重要内容。支援地与受援地的各族人民在长期的对口支援实践中，以高度的政治责任感、使命感和主人翁精神，展现出了中华民族的向心力和凝聚力，展现出了社会主义制度"集中力量办大事"的优越性，展现出了丰富的中华优秀传统文化与深厚的中华民族精神。史密斯认为，民族就是公共文化和政治象征的形式，也是一种动员公民热爱他们的国家、遵守他们的法律和保卫自己祖国的政治化大众文化。[①] 因此，要善于从各类型的对口支援的具体实践中提炼中华优秀传统文化的精神标识，提取各民族共享的中华民族符号和共通的中华文化基因，编织起共同的价值观和象征、共享的记忆和文化，形成个人意志以及情感的社会和文化联合。要促使对口支援的各项成果转化为中华各民族共享、共通的精神标识和文化符号，增强各民族人民的直观感受，让各族人民深切感受到休戚与共、血脉相连的团结纽带，进一步转化为中华民族强大的凝聚力，铸牢中华民族共同体意识，焕发出凝聚人心、汇聚民力的强大力量，推动中华民族共同体建设。

### 三、营造讴歌英雄、学习模范的舆论氛围

对口支援在实践和发展过程中涌现出了一批又一批可歌可泣的英雄人物、模范人物，他们经千难、历万险，前仆后继、锲而不舍地投身到各类对口支援事业中，拯救人民群众于艰难险阻，帮助人民群众脱贫攻坚，带领人民群众实现全面小康。史密斯提出，在集体层面，民族主义的实践假设了一种合作和政治团结的方法，但这需要一个定义很好的架构和政治舞台。[②] 最常见的是运用对战争中献身英雄的膜拜和为他们建立纪念碑，以及为纪念"光荣的牺牲者"举行各种纪

---

① 安东尼·史密斯：《民族主义：理论、意识形态、历史（第二版）》，叶江译，上海：上海人民出版社 2011 年版，第 38 页。

② 安东尼·史密斯：《民族主义：理论、意识形态、历史（第二版）》，叶江译，上海：上海人民出版社 2011 年版，第 156 页。

念仪式等来定义集体纽带的本质和公民们的命运。① 所以，我们要将对口支援中的英雄和模范人物典型塑造出来，展现他们对党和人民事业矢志不渝、百折不挠，不计个人得失、舍小家顾大家、一心为民的理想信念和崇高精神，进而展现各民族在发展中不断增强的血肉关系和团结情谊，形成维护民族团结的良好文化氛围，形成爱国主义和中华民族共同体意识的强大源泉。

习近平总书记在 2019 年国家勋章和国家荣誉称号颁授仪式上指出，崇尚英雄才会产生英雄，争做英雄才能英雄辈出，要推动全社会敬仰英雄、学习英雄。② 在对口支援的实践过程中，每一幕感人至深的场景，每一次心手相连的接力，每一个义无反顾的身影，都是一批又一批的对口支援参与者，将来自全国各地的涓滴之力汇聚成磅礴伟力，帮助受援地区实现生命抢救与灾后重建，实现脱贫摘帽与全面小康，实现改善民生与凝聚人心，实现社会稳定与民族团结，生动展示了新时代英雄模范的忠诚、执着、朴实的鲜明品格和精神品质。在抗洪抗震、疫情防控、脱贫攻坚、援藏援疆、反恐斗争、民族团结等系列对口支援事件中，我们时常能看到人民子弟兵、白衣天使、支教教师、人民警察、扶贫干部、科研专家、工程建设者、志愿者等一代又一代、一批又一批的英雄人物、模范人物，以逆行出征的豪迈，以英勇无畏的牺牲，以患难与共的担当，以顽强不屈的坚守，在党和人民最需要的地方冲锋陷阵、顽强拼搏，在对口支援的平凡事业中默默奉献、无私付出，用他们的青春乃至一生，甚至是宝贵的生命为祖国复兴和人民幸福奉献自己，展现了和平年代的英雄精神与品质，展现了中华民族一脉相承的文化基因和长期形成的特质禀赋。如习近平总书记在 2021 年全国脱贫攻坚总结表彰大会上发表讲话时所提到的，在脱贫攻坚斗争中，1800 多名同志将生命定格在了脱贫攻坚征程上，生动诠释了共产党人的初心使命。③ 因此，新时期的对口支援工作要努力营造讴歌英雄、学习模范的舆论氛围，树立抗洪抗震、疫情防控、脱贫攻坚、援藏援疆、反恐斗争、民族团结等系列对口支援的英雄和模范人物的光辉形象，通过在支援地和受援地修建纪念碑、开展纪念活动等形式加强两地人民的情谊和记忆，铸牢中华民族共同体意识，进而转化为实现中华民族

---

① 安东尼·史密斯：《民族主义：理论、意识形态、历史（第二版）》，叶江译，上海：上海人民出版社 2011 年版，第 158 页。

② 《中华人民共和国国家勋章和国家荣誉称号颁授仪式在京隆重举行》，《人民日报》，2019 年 9 月 30 日。

③ 习近平：《在全国脱贫攻坚总结表彰大会上的讲话》，新华网，2021 年 2 月 25 日，http：//www. xinhuanet. com/politics/2021-02-25/c_1127140240. htm。

伟大复兴的强大力量。

### 四、建设中华民族亲如一家的美好家园

中华各民族自古以来是经由经济、贸易往来，在中华大地上编织起庞大的交通道路网络和市场贸易网络，形成互相依存、互相补充的根本利益紧密相连的经济关系。在经济的强大推力下，各民族在彼此渗透、相互融合中共同创造了博大精深、兼容并蓄的中华文化，推动了各区域、各民族的政治、经济、社会和文化的一体化发展，形成了强大的凝聚力和认同感，促进了中华民族共同体的形成。中华人民共和国成立以来，我国实现了各民族平等的根本大事，各民族在共同发展和共同繁荣的历史征程中，形成了各民族前所未有的经济、社会、生活的紧密交往和联系，特别是改革开放以来，各民族在不同地区、不同民族之间大规模流动，进入了跨区域大流动的活跃期，使历史上形成的各民族"大散居、小聚居、交错杂居"的分布格局逐渐向"大流动、大融居"的新时代分布格局发展变化。滕尼斯认为，任何一个生命体都与一个心理性的生命联系在一起，因此，生命体就以同样的方式自在自为地存在着，正如我们知道我们自己存在那样。每一个既定的整体都不是由各部分聚合到一起的，相反，各部分都依赖于它并且受它限制；因此，它自身既作为整体，又作为形式，是现实的、实质的。①

对口支援的实施和发展要顺应中华民族亲如一家的分布格局和分布形势，充分发挥其集中力量办大事的强大执行力和巨大优越性，构筑中华民族共有精神家园，促进各民族交往、交流、交融。一方面，谨慎对待以往学者们提出的要对对口支援关系定期进行轮换的建议，本书认为，当前的对口支援关系的形成已经拥有了一定的历史沉淀和群众基础，轻易调整对口支援关系不利于铸牢中华民族共同体意识工作的开展。对于以往形成的对口资源不匹配、不均衡的问题，可以参照2016年对口援藏关系的微调，在个别支援省市的资金总额的基础上由中央统一进行调配，以实现均衡的对口资源投入，这样可以保持原有的对口支援关系不变。另外，谨慎对待以往学者们提出的援建项目不要以支援方的特色命名，而要以受援方的本土文化特色进行命名的建议，本书认为，对于援建项目的命名，过度突出受援地本土特色难以满足对口支援在中华民族共同体建设中的作用，既不要全部以支援方的特色命名，也不要全部以受援方的特色命名，而是要突出中华民族的符号和中华民族的形象，共同体现出支援方与受援方的双方元素和特色，

---

① 斐迪南·滕尼斯：《共同体与社会》，林荣远译，北京：商务印书馆2019年版，第73—74页。

以实现铸牢中华民族共同体意识的最大增量。另一方面，要不断提高支援地与受援地的经济一体化发展水平，补齐受援地的经济发展短板，实现基本公共服务均等化；要利用对口支援的优势与特点，吸引更多的社会力量参与到对口支援工作之中，在支援地与受援地全面深入开展民族团结进步创建活动和中华民族共同体意识教育，铸牢中华民族共同体意识；要强化受援地各族群众的"五个认同"，完善支援地少数民族流动人口的服务管理，推动在支援地和受援地构建各民族互嵌式的社会结构，促进各民族在共同的学习、工作和生活中增进彼此的了解及感情，不断提升中华民族共同体的凝聚力、向心力，让民族团结之花常开长盛，建设中华民族亲如一家的美好家园。

### 五、推出讲述对口支援故事的文艺创作

新时期，对口支援工作的开展要注重推出讲述各民族在不同类型的对口支援中团结一心、守望相助的各类文艺创作作品，讲好对口支援这一本土中蕴含的中国特色社会主义制度优势、中华传统文化和中华民族精神的故事。通过大量精彩、精练的故事素材，以事实说服人，以形象打动人，以情感感染人，以道理影响人，把对口支援在建设中华民族共同体中的意义、精神和力量寓于各族人民群众喜闻乐见的各类文艺创作中，让铸牢中华民族共同体意识的声音传得更开、更广、更深入。

2021 年初，由国家广播电影电视总局组织，福建省广播电视局和宁夏回族自治区广播电视局共同拍摄的电视剧《山海情》，真实讲述了 20 世纪 90 年代以来福建对口支援宁夏的故事，生动再现了闽宁镇的建设与发展历程，通过影像展现了宁夏西海固的各族人民群众通过东西部扶贫协作建设新家园、走向康庄大道的感人故事。该电视剧以生动有趣的方式讲述了福建对口支援宁夏的扶贫工作中的种种艰难，更是将对口支援概念中的干部支援、科技支援、产业支援、有组织劳动力转移等概念以生动有趣、栩栩如生的表演艺术和故事载体进行了普及和展示，全方位展现了中国几十年来脱贫攻坚和东西部扶贫协作的智慧结晶和历史缩影。电视剧《山海情》让广大观众深刻了解到了对口支援实现脱贫攻坚、全面建成小康社会的历史意义，也让广大观众深刻感受到了中华民族共同体的力量和作用，以及各民族共同发展、共同富裕的社会主义制度优势，淋漓尽致地展现了社会主义核心价值观和铸牢中华民族共同体意识的生命力、凝聚力、感召力。电视剧一经播出，在各大电视台、网络频道引起了广泛影响，轰动一时，成为老少

咸宜、全民热捧的"偶像剧"。因此，新时期对口支援工作的开展在文艺创作上取得了"开门红"的佳绩，未来一段时期，要围绕不同类型的对口支援工作，将更多对口支援的故事素材以电视剧、话剧、舞蹈、声乐、小说等多种文艺创作方式进行展示，一段段客观、多维的对口支援故事向全国人民乃至世界人民展现了一个全面、真实、立体的中华民族共同体。我们要将对口支援作为中国故事、中国声音，以文艺创作的形式形成强大的传播力、引导力、影响力、公信力，通过更强劲的正能量和更高昂的主旋律，促进各族人民群众在理想信念、价值理念、道德观念上紧紧团结在一起，铸牢中华民族共同体意识。

## 第三节　扩大对口支援的政策应用

### 一、主动宣介以对口支援为内容的中国共产党治国理政的故事

对口支援作为中国共产党治国理政的伟大创造，自中华人民共和国成立以来，在公共安全、生命健康、重大工程、脱贫攻坚、公共服务、民族团结等关系国家和经济社会发展的重要方面，充分展现出了国家治理体系和治理能力现代化及显著优势，展现了国家在应对风险挑战、开展减贫脱贫、处理民族关系等重大问题上，以全国一盘棋，集中力量办大事、办难事、办急事的中国智慧和中国方案。相比较而言，在以美国为代表的西方国家，面对自然灾害和紧急事件，无论是 2005 年卡特里娜飓风、2021 年得克萨斯州暴风雪等自然灾害，还是 2010 年墨西哥湾原油泄漏、2018 年加州山火以及 2020 年新冠肺炎疫情大流行等紧急事件，都暴露出了美国政府治理能力的不足，政府无法进行有效的救援与及时保障人民群众的生命财产安全。各州应对灾害都是各自进行处理的碎片化状态，并且与联邦政府处于相互扯皮的政治斗争中，导致自然灾害与紧急事件的危害及影响进一步加剧和扩大，从天灾到人祸，暴露出了美国意识形态极化加剧、基础设施老化严重、贫富差距扩大等严重问题，深刻揭露出了美国政治制度和治理体系的失败。人类发展史就是一部与自然灾害与紧急事件相互斗争的历史，在重大危机降临时，政府能否有效保障人民的生命权、生存权、健康权和发展权是衡量政府治理能力的根本标志。

因此，新时期对口支援工作的开展要主动宣介以对口支援为内容的中国共产党治国理政的故事，向国际社会展现对口支援所蕴含的优秀的中华传统文化和深厚的中华民族精神，适应分众化、差异化的传播趋势，讲究国际传播的策略，抓住国际传播的时机，把握国际传播的节奏，塑造更加丰富立体的中国共产党的国际形象。同时要加强国际传播能力建设，运用全媒体平台传播国家形象，发挥对口支援涵盖多层次、多区域、多类型、多维度的优势，动员各种社会力量参与对口支援故事的讲述，拓展多维度的跨文化传播渠道，改变传统的由政府单一话语视角传播的局面，重点展示中华民族多元一体的多元化和多维度的国家形象，实事求是、客观准确地塑造和传播中国共产党的形象，促进对口支援有机形成中国共产党国际形象的新元素，促进国际社会正确看待中国特色社会主义道路，促进世界不同文明之间的理解和互鉴，不断增强国际话语权，展示中华民族共同体形象。

### 二、以促进各民族交往交流交融为对口援藏援疆的工作重心

进入新时代后，社会的主要矛盾发生了变化，对口援藏援疆也面临着新的形势、新的要求和新的任务。在全面建成小康社会，迈向全面建设社会主义现代化国家之际，对口援藏援疆的工作重点应该从基础设施和民生项目等"物"的建设逐渐转移到"人"的发展上。对口援藏援疆的关键目标是促进各民族交往交流交融，将构建全国统一的劳动力市场作为对口援藏援疆的顶层设计，将人才培养和劳动力转移作为对口援藏援疆的重要抓手。中央要做好西藏、新疆与内地交往交流交融的政策设计与实施工作，制定出台在对口援藏援疆工作中深化各民族交往交流交融的指导意见，在援藏援疆政策导向上进一步向推动和深化西藏、新疆与内地的交往交流交融方面倾斜，推动西藏、新疆的各民族劳动力加入到全国统一的劳动力市场，将人才培养和劳动力转移作为交往交流交融的重要抓手，并将其纳入对口援藏援疆的工作体系，在资金安排上予以重点保障，在宣传报道上予以高度关注，在督导考核上予以侧重强化，切实提高交往交流交融工作的广度和深度。

西藏、新疆与支援省市要共同做好相关规划，构建起全国统一的劳动力市场，通过西藏、新疆有组织的劳动力转移，用市场的力量促进剩余劳动力的就业发展和劳动致富，逐步提高他们的文化综合素质，给西藏、新疆的发展带来腾飞的效果，同时反哺对口支援省市的发展，在保留交通、资源等传统优势的基础

上，带来富余的劳动力资源，促进产业的发展，实现双赢。要注重统筹谋划、总体规划，调动一切可以利用的资源和力量共同推进工作，特别是要重视调动市场的力量参与进来，有组织的劳动力转移既要有政府行为，又要有市场化行为。另外，西藏、新疆与支援省市要扩大西藏、新疆少数民族学生在内地的人才培养规模，改革相关招生计划及录取制度，强化社会融入教育，增强学生心理辅导教育，突出能力素质教育，创造条件和机会鼓励少数民族学生毕业后在各省市工作和生活。西藏、新疆与支援省市还要构建整体联动机制，健全与西藏、新疆的工作交流机制和劳务输出协调机制避免无计划、无协调；健全人社部门、援藏援疆部门的输出务工人员协调管理机制，健全教育部门、援藏援疆部门的内地就读学生协调管理机制，健全流出地和流入地各部门有效配合的双向共管机制。明确工作对接和联动内容，制定职能划分及责任追究制度，特别是要健全务工人员、学生的背景信息及家庭成员信息的查询和通报机制，确保任何有关消息在第一时间实现西藏、新疆与内地的互通，实现规范组织、互相协商、共享有序。要把交往交流交融工作纳入对口援藏援疆的考核体系，明确考核指标，将劳动力转移数量、学生内地就读数量及质量、社会融入程度等列入考核指标体系，既要保证基础设施和民生项目的开展，更要保证在交往交流交融方面取得成效。可以结合民族团结评比工作，对交往交流交融过程中工作开展有特色、有成效的支援方进行表彰，激发支援方的工作积极性。要把内地涉疆、涉藏服务管理工作作为专项工作进行组织实施，通过多部门协调协作，将其纳入对口支援的考核体系，推进涉疆、涉藏服务管理工作的规范化、常态化。要把新时期对口援藏援疆工作从传统的受援地（西藏、新疆）延伸到本地区，做好两地的交往交流交融工作，在受援地做好基础教育及劳动力技能培训，在支援地做好转移劳动力和内地就读学生的服务管理工作。

# 第五章　结语

经济发展不仅是一个物质问题，还是一个精神问题。培育和铸牢中华民族共同体意识有助于在共同的文化圈内形成规模巨大、范围广阔的市场，有助于实现生产要素配置的规模和范围效益。不同民族文化形成的不同场域会影响人们的经济行为。中华民族共同体意识作为文化认同与民族认同的双重象征，需要将中华民族数千年的历史与当代中华民族进行新的联系与建构，将中华民族优秀传统文化与当代中国爱国主义情感进行联结，重新塑造和诠释中华民族和中华文化的精神本质及核心内涵，为中华各民族及全体人民的中华优秀传统文化认同和中华民族共同体认同提供巨大的凝聚力和感召力，进而为推动中华民族的伟大复兴提供源源不断的动力。

本书从中华民族共同体客观的事实结果出发，基于分工与交换、规模与范围、认同与发展等视角，追溯中华民族共同体的起源、形成、动力的发展历程，以民族经济学为中华民族共同体认同的一种解说进行研究，提炼出中华民族共同体"经济居先—文化认同—经济一体"的理论逻辑和规律，即从经济联系到交往交流，从交往交流到文化认同，从文化认同到经济一体的路径。具体而言，基于分工与交换理论，可以发现中华民族共同体数千年来形成的核心逻辑就是不同民族之间由于自然分工所产生的交换的需要，在交换过程中形成交往，在交往中形成对中华文化的认同，并逐步相互融合成为共同体，促进新的中华文化发展，在共同体的基础上形成发展程度更高的分工，并开始与共同体内部以及共同体外部的新民族形成交换与交往、认同与融合的循环上升的发展路径。基于规模与范围理论，可以看到中华民族共同体的发展动力是不断扩大的规模与范围。农耕民族与游牧民族在自然分工基础上往更高程度的分工发展时，会受到交换市场规模的限制，于是各民族的交换开始寻求更大的规模与范围，也正因如此，越来越多的民族参与到中华民族共同体的经济分工与交换中，其结果就是中华民族共同体的边界不断扩大，推动着中华民族在共同体内外不断形成更高发展程度的分工，促使着中华民族共同体从初级形式向着更高级的形式不断发展壮大。对比欧洲国家从古代统一帝国到如今四分五裂的小国的历史，中国则表现为从古代蕞尔小国发展为当今多民族统一的泱泱大国的不同历程。究其原因，一方面是因为中华文化包容性的特点，各民族对中华文化的认同促使各民族不断加入和融入中华民族共同体；另一方面的原因则在于中国古代的封建社会实行的是编户齐民，自秦汉开始，地主制的经济制度的发展趋势就是农民不断地从地主和土地的束缚中解放出来，人身依附关系越来越弱，造就了各民族大量的迁徙和贸易往来。由此，中华大地上的许多部落、族群、民族实现了从奴隶制、领主制向更高一级制度的转变，不断加入到中华民族共同体中，这得益于包容性的中华文化，在各民族中形成共同认同，促进了中华民族共同体的稳定和凝聚。

在此基础上，本书将中华民族共同体理念作为新的研究视角，从中华民族共同体的经济维度对对口支援进行研究，沿着"经济居先—文化认同—经济一体"的理论逻辑进行阐述，提出对口支援在发展过程中其核心价值和作用在于促进中华民族共同体的发展和壮大，对口支援的核心目标在于铸牢中华民族共同体意识。其原因包括以下四点：其一，对口支援的形成是共同体对抗自然灾害的历史必然。对口支援诞生于中华人民共和国成立以后，是本土实践的特色产物，但其"全国一盘棋，集中力量办大事"和"一方有难，八方支援"的核心内容却源于数千年来中华各民族结成共同体对抗自然灾害的历史实践。对口支援既是历史的偶然性，又是中华民族共同体历史发展必然性的产物。中华民族的古老共同体正是在对抗自然挑战的环境下逐步形成的，并在客观上促使了中华民族走向"大一统"的政治格局，培育了中华民族齐心协力、共克时艰的历史基因。其二，对口支援的本质是国内经济统一大市场的短板补齐。中华民族共同体的形成和发展实质上在于经济一体化的建设，以共同体形态实现国内经济统一大市场的构建。因此，中国的经济体系从古至今在规模与范围效应的作用下，在不同的时期都是围绕着国内统一的大市场经济网络进行构建的，一旦编织成形，可以扩张，但难以裂解。但如果出现经济短板的现象，编制成形的经济网络难免会分裂成几个地区性的网络，只是在中华民族共同体的作用下，仍会恢复为整体的大网。不同类型的对口支援发生在不同的地区，而各地区又共同构成了国内经济统一大市场，通过对口支援补齐完善了各地区的经济发展短板，牢固树立中华文化认同，塑造出经济一体化程度不断提高的共同大市场，实现经济的规模与范围效益。其三，对口支援的内涵是中华文化与民族精神的有机传承。通过多种类型的对口支援的实践和表达，形成一种历史文化的有机传承，在全国各区域各民族中传达着"以人民为中心"的中华文化与"天下兴亡、匹夫有责"的民族精神，进而形成根植于人民群众深层意识的心理构建，在人们心中召唤出一种强烈的历史宿命感，编织起共同的价值观和象征、共享的记忆和文化，形成个人意志以及情感的社会和文化联合，让人们深切感受到一种休戚与共、血脉相连的民族情感，进而转化为中华民族政治上和文化上的强大凝聚力，成为爱国主义和中华民族共同体意识的强大源泉，焕发出凝聚人心、汇聚民力的强大力量。其四，对口支援的目标是中华民族共同体建设的生动诠释。对口支援以公共文化和政治象征的形式成为各民族共享的中华文化符号和中华民族形象，能够较为迅速地构建起受援地和支援地的情感联系，情感互动能够进一步强化公众的民族共同体意识和政治认同感，并反哺国家体制中蕴含的政治凝聚力和驱动力。对口支援不仅是霍布斯鲍姆所说的"神圣图像"，具现了想象中的共同体，是国家的精神象征，在中华民族的各类重大事件中都可以看到；还是安德森所说的"想象的声音"，通过各类型的对口支援的事迹和报道，我们感受到了参与支援的人们铿锵有力的信念，也感受到了受援地区的人们歌唱祖国的歌声，将各民族紧密联结在一起。

综合而言，对口支援是建设中华民族共同体的历史产物和重要手段，以铸牢中华民族共同体意识为核心目标，是实现构建中华民族共同体大市场，构筑中华民族共有精神家园的政策体系模式。贫困经济学、发展经济学、制度经济学等西方经济学理论的主线就是遵循资本的本性和逻辑，突出物质财富在经济过程中的主体地位，强调物质财富的能动性和主导性，致力于追求利益最大化的经济发展方式，其根本目标在于实现资本和财富的增值。西方经济学理论在解释对口支援这一现象中发挥了重要的作用，但由于学科背景的立场和环境不同，在解释和研究对口支援的过程中，对口支援的实践和理论出现了许多难以衔接的问题，要么是理论无法为实践进行解释，要么是实践的结果没有达到理论的预期。因此，本书在西方经济学的基础上，将中华民族共同体作为新的研究视角，结合马克思主义政治经济学、民族经济学，从中华民族共同体的经济维度对对口支援进行研究，既是对对口支援理论研究的补充和丰富，又是对对口支援实践工作的总结和提炼。由于文化认同在经济发展和政治塑造中发挥着不可替代的作用，我们在经济社会发展过程中要注重通过文化认同塑造经济一体化的中华民族统一市场。而对口支援作为经济统一大市场的短板补齐手段，在实现各地区各民族经济往来的同时，可以发挥其优势，通过各民族交往、交流、交融实现对中华文化的牢固认同。因此，对口支援要将铸牢中华民族共同体意识作为核心目标，在各地区各民族中培育中华民族的共有文化，推动中华民族共同体的建设和发展，打造包容性更强、凝聚力更大的共同体，从而实现在共同的文化圈内形成规模和范围效益更大的中华民族统一大市场，推动一体化程度不断提高的中华民族经济在世界经济舞台上持续地繁荣发展下去。

# 参考文献

一、中文专著

[1] 阿马蒂亚·森:《贫困与饥荒》,王宇等译,北京:商务印书馆 2001 年版。

[2] 埃里克·霍布斯鲍姆:《民族与民族主义》,李金梅译,上海:上海世纪出版集团 2006 年版。

[3] 埃米尔·涂尔干:《社会分工论》,渠敬东译,北京:生活·读书·新知三联书店 2017 年版。

[4] 安东尼·史密斯:《民族主义:理论、意识形态、历史(第 2 版)》,叶江译,上海:上海人民出版社 2011 年版。

[5] 中央民族学院民族研究所:《周恩来同志对民族问题与民族政策论述选编》,北京:中央民族学院民族研究所 1981 年版。

[6] 贝蒂尔·奥林:《地区间贸易和国际贸易》,王继祖等译,北京:首都经济贸易大学出版社 2001 年版。

[7] 贝尔纳·夏旺斯:《制度经济学》,朱乃肖等译,广州:暨南大学出版社 2013 年版。

[8] 本尼迪克特·安德森:《想象的共同体:民族主义的起源与散布》,吴叡人译,上海:上海人民出版社 2016 年版。

[9] 滨下武志:《近代中国的国际契机:朝贡贸易体系与近代亚洲经济圈》,朱荫贵等译,北京:中国社会科学出版社 2004 年版。

[10] 丛树海:《财政支出学》,北京:中国人民大学出版社 2002 年版。

[11] 大卫·李嘉图:《政治经济学及赋税原理》,郭大力等译,北京:商务

印书馆 1962 年版。

[12] 邓云特：《中国救荒史》，北京：商务印书馆 2017 年版。

[13] 厄内斯特·盖尔纳：《民族与民族主义》，韩红译，北京：中央编译出版社 2002 年版。

[14] 弗里德里希·恩格斯：《家庭、私有制和国家的起源》，北京：人民出版社 2018 年版。

[15] 斐迪南·滕尼斯：《共同体与社会》，林荣远译，北京：商务印书馆 2019 年版。

[16] 费孝通：《中华民族多元一体格局》，北京：中央民族大学出版社 2020 年版。

[17] 冯天瑜、何晓明、周积明：《中华文化史》，上海：上海人民出版社 2015 年版。

[18] 弗里德里希·李斯特：《政治经济学的国民体系》，陈万煦译，北京：商务印书馆 2017 年版。

[19] 甘怀真：《东亚历史上的天下与中国概念》，台北：台湾大学出版中心 2007 年版。

[20] 高言弘：《民族发展经济学》，上海：复旦大学出版社 1990 年版。

[21] 宫崎市定：《宫崎市定论文选集（下卷）》，中国科学院历史研究所翻译组编译，北京：商务印书馆 1965 年版。

[22] 顾海良、颜鹏飞：《新编经济思想史（第九卷）》，北京：经济科学出版社 2014 年版。

[23] 洪银兴、郭熙保，赵晓雷：《现代经济学大典：发展经济学分册》，北京：经济科学出版社 2016 年版。

[24] 国家民委政策研究室：《国家民委民族政策文件选编（1979-1984）》，北京：中央民族学院出版社 1988 年版。

[25] 哈罗德·伊罗生：《群氓之族：群体认同与政治变迁》，邓伯宸译，桂林：广西师范大学出版社 2015 年版。

[26] 黑格尔：《历史哲学》，王造时译，北京：生活·读书·新知三联书店 1956 年版。

[27] 胡茂成：《中国特色对口支援体制实践与探索》，北京：人民出版社 2014 年版。

［28］花中东：《省际援助灾区的经济效应：对口支援政策实施的经济效应研究——以对口支援四川灾区为例》，北京：北京理工大学出版社2014年版。

［29］华尔特·惠特曼·罗斯托：《经济成长的阶段》，国际关系研究所编译室译，北京：商务印书馆1962年版。

［30］洪银兴、黄少安：《现代经济学大典：制度经济学分册》，北京：经济科学出版社2016年版。

［31］杰弗里·韦斯特：《规模：复杂世界的简单法则》，张培译，北京：中信出版社2018年版。

［32］靳薇：《援助政策与西藏经济发展》，拉萨：西藏人民出版社2010年版。

［33］李大龙：《从"天下"到"中国"：多民族国家疆域理论解构》，北京：人民出版社2015年版。

［34］李维汉：《回忆与研究（下）》，北京：中共党史资料出版社1986年版。

［35］理查德·斯威德伯格：《经济社会学原理》，周长城等译，北京：中国人民大学出版社2005年版。

［36］梁漱溟：《梁漱溟全集（第三卷）》，济南：山东人民出版社1990年版。

［37］列宁：《列宁全集（第三十八卷）》，中共中央马克思恩格斯列宁斯大林著作编译局译，北京：人民出版社1963年版。

［38］林恩显：《清朝在新疆的回汉隔离政策》，台北：台湾商务印书馆1988年版。

［39］刘凤芹：《新制度经济学》，北京：中国人民大学出版社2015年版。

［40］刘永佶：《经济文化论》，北京：中国经济出版社1998年版。

［41］刘永佶：《中华民族经济发展论》，北京：中国经济出版社2008年版。

［42］罗必良：《新制度经济学》，太原：山西经济出版社2005年版。

［43］吕文利：《〈皇朝藩部要略〉研究》，哈尔滨：黑龙江教育出版社2012年版。

［44］马克思、恩格斯：《马克思恩格斯选集（第一卷）》，中共中央马克思恩格斯列宁斯大林著作编译局译，北京：人民出版社2012年版。

［45］马克思、恩格斯：《马克思恩格斯选集（第四卷）》，中共中央马克思

恩格斯列宁斯大林著作编译局译，北京：人民出版社 2012 年版。

［46］马克思、恩格斯：《马克思恩格斯全集（第一卷）》，中共中央马克思恩格斯列宁斯大林著作编译局译，北京：人民出版社 1956 年版。

［47］马克思、恩格斯：《马克思恩格斯全集（第二卷）》，中共中央马克思恩格斯列宁斯大林著作编译局译，北京：人民出版社 1957 年版。

［48］马克思、恩格斯：《马克思恩格斯全集（第三卷）》，中共中央马克思恩格斯列宁斯大林著作编译局译，北京：人民出版社 1960 年版。

［49］马克思、恩格斯：《马克思恩格斯全集（第四卷）》，中共中央马克思恩格斯列宁斯大林著作编译局译，北京：人民出版社 1958 年版。

［50］马克思、恩格斯：《马克思恩格斯全集（第十九卷）》，中共中央马克思恩格斯列宁斯大林著作编译局译，北京：人民出版社 1963 年版。

［51］马克思、恩格斯：《马克思恩格斯全集（第二十三卷）》，中共中央马克思恩格斯列宁斯大林著作编译局译，北京：人民出版社 1972 年版。

［52］马克思、恩格斯：《马克思恩格斯全集（第二十五卷）》，中共中央马克思恩格斯列宁斯大林著作编译局译，北京：人民出版社 1974 年版。

［53］马克思、恩格斯：《马克思恩格斯全集（第四十二卷）》，中共中央马克思恩格斯列宁斯大林著作编译局译，北京：人民出版社 1979 年版。

［54］马克思、恩格斯：《马克思恩格斯全集（第四十六卷）》，中共中央马克思恩格斯列宁斯大林著作编译局译，北京：人民出版社 1979 年版。

［55］马克思、恩格斯：《马克思恩格斯文集（第八卷）》，中共中央马克思恩格斯列宁斯大林著作编译局译，北京：人民出版社 2009 年版。

［56］马克思：《资本论（第一卷）》，郭大力等译，北京：人民出版社 1968 年版。

［57］马克斯·韦伯：《民族国家与经济政策》，甘阳译，北京：生活·读书·新知三联书店 2018 年版。

［58］毛泽东：《毛泽东文集（第六卷）》，北京：人民出版社 1999 年版。

［59］毛泽东：《毛泽东选集（第一卷）》，北京：人民出版社 1967 年版。

［60］毛泽东：《毛泽东选集（第二卷）》，北京：人民出版社 1991 年版。

［61］毛泽东：《毛泽东选集（第三卷）》，北京：人民出版社 1991 年版。

［62］毛泽东：《毛泽东选集（第四卷）》，北京：人民出版社 1991 年版。

［63］毛泽东：《毛泽东选集（第五卷）》，北京：人民出版社 1977 年版。

［64］毛泽东：《毛泽东选集（合订本）》，北京：人民出版社 1964 年版。

［65］毛泽东：《论新阶段》，华北新华书店 1948 年版。

［66］《苏维埃中国》，中国现代史资料编辑委员会翻印，1957 年。

［67］宁骚：《民族与国家：民族关系与民族政策的国际比较》，北京：北京大学出版社 1995 年版。

［68］潘久艳：《全国援藏背景下增强西藏自我发展能力研究》，北京：经济科学出版社 2018 年版。

［69］普列汉诺夫：《普列汉诺夫哲学著作选集（第三卷）》，汝信等译，北京：生活·读书·新知三联书店 1974 年版。

［70］钱穆：《中国文化史导论》，北京：商务印书馆 1994 年版。

［71］瞿林东：《历史文化认同与中国统一多民族国家（全五卷）》，石家庄：河北人民出版社 2013 年版。

［72］任维德：《中国区域治理研究报告 2017：对口支援政策》，北京：中国社会科学出版社 2018 年版。

［73］塞缪尔·亨廷顿：《文明的冲突与世界秩序的重建》，周琪译，北京：新华出版社 2009 年版。

［74］施正一：《施正一文集》，北京：中央民族大学出版社 2015 年版。

［75］斯大林：《斯大林选集（上卷）》，中共中央马克思恩格斯列宁斯大林著作编译局译，北京：人民出版社 1979 年版。

［76］斯图亚特·R. 林恩：《发展经济学》，王乃辉等译，上海：格致出版社，上海三联书店，上海人民出版社 2009 年版。

［77］苏德毕力格：《晚清政府对新疆、蒙古和西藏政策研究》，呼和浩特：内蒙古人民出版社 2005 年版。

［78］孙承叔：《打开东方社会秘密的钥匙——亚细亚生产方式与当代社会主义》，上海：东方出版中心 2000 年版。

［79］孙绍骋：《中国救灾制度研究》，北京：商务印书馆 2004 年版。

［80］《鄂西民族经济》编辑部：《民族经济学》，南宁：广西民族出版社 1990 年版。

［81］王柯：《从"天下"国家到民族国家：历史中国的认知与实践》，上海：上海人民出版社 2020 年版。

［82］王磊：《对口援藏有效性研究》，北京：中国社会科学出版社 2016

年版。

[83] 小艾尔弗雷德·钱德勒:《规模与范围:工业资本主义的原动力》,张逸人等译,北京:华夏出版社 2006 年版。

[84] 项怀诚:《中国财政通史(全 12 卷)》,北京:中国财政经济出版社 2006 年版。

[85] 辛向阳、王鸿春:《文明的祈盼——影响人类的十大文明理论》,南昌:江西人民出版社 1998 年版。

[86] 许纪霖、刘擎:《多维视野中的个人、国家与天下认同》,上海:华东师范大学出版社 2013 年版。

[87] 许纪霖:《家国天下:现代中国的个人、国家与世界认同》,上海:上海人民出版社 2017 年版。

[88] 许建英:《中国西藏的治理》,长沙:湖南人民出版社 2015 年版。

[89] 许倬云:《历史大脉络》,桂林:广西师范大学出版社 2009 年版。

[90] 许倬云:《说中国》,桂林:广西师范大学出版社 2015 年版。

[91] 许倬云:《万古江河:中国历史文化的转折与开展》,长沙:湖南人民出版社 2017 年版。

[92] 亚当·斯密:《道德情操论》,蒋自强等译,北京:商务印书馆 1997 年版。

[93] 亚当·斯密:《国民财富的性质与原理》,赵东旭等译,北京:中国社会科学出版社 2007 年版。

[94] 杨松华:《大一统制度与中国兴衰》,北京:北京出版社 2004 年版。

[95] 叶普万:《贫困经济学研究》,北京:中国社会科学出版社 2004 年版。

[96] 尤尔根·哈贝马斯:《包容他者》,曹卫东译,上海:上海人民出版社 2018 年版。

[97] 约翰·R. 麦克尼尔、威廉·H. 麦克尼尔:《麦克尼尔全球史:从史前到 21 世纪的人类网络》,王晋新等译,北京:北京大学出版社 2017 年版。

[98] 约翰·穆勒:《政治经济学原理及其在社会哲学上的应用(下卷)》,赵荣潜等译,北京:商务印书馆 1991 年版。

[99] 张永江:《清代藩部研究:以政治变迁为中心》,哈尔滨:黑龙江教育出版社 2014 年版。

[100] 中共中央文献研究室、中共西藏自治区委员会:《西藏工作文献选编

（一九四九——二〇〇五年）》，北京：中央文献出版社 2005 年版。

[101] 周恩来：《周恩来选集（下卷）》，北京：人民出版社 1984 年版。

[102] 中共中央统一战线工作部、中共中央文献研究室：《周恩来统一战线文选》，北京：人民出版社 1984 年版。

[103] 赵德馨：《中国经济通史（全八卷）》，长沙：湖南人民出版社 2002 年版。

### 二、中文期刊

[1] 阿林·杨格：《报酬递增与经济进步》，贾根良译，《经济社会体制比较》，1996 年第 2 期。

[2] 敖俊梅、次旦央吉：《西藏籍藏族大学生就业准备状况调查研究》，《民族教育研究》，2017 年第 2 期。

[3] 白少双、严庆：《过程的视角：内地西藏班办学效应研究》，《民族教育研究》，2014 年第 5 期。

[4] 曾水英、范京京：《对口支援与当代中国的平衡发展》，《当代中国史研究》，2019 年第 4 期。

[5] 陈辉：《大学生社会主义核心价值观认同的结构与测量》，《教育参考》，2014 年第 12 期。

[6] 陈庆德：《民族经济学的理论发展》，《云南民族学院学报（哲学社会科学版）》，1993 年第 1 期。

[7] 陈志刚：《对口支援与散杂居民族地区小康建设——来自江西省少数民族地区对口支援的调研报告》，《中南民族大学学报（人文社会科学版）》，2005 年第 3 期。

[8] 戴天宇、刘凌云、王力：《西部大开发资本流入的经济学分析》，《当代经济科学》，2002 年第 5 期。

[9] 邓红、毛玉凤：《少数民族高等教育人才培养的现状及对策探讨——基于对"少数民族高层骨干计划"的研究》，《民族高等教育研究》，2013 年第 5 期。

[10] 丁赛、刘小珉、龙远蔚：《全面建成小康社会指标体系与民族地区发展》，《民族研究》，2014 年第 4 期。

[11] 丁赛：《农村汉族和少数民族收入差异的经验分析》，《中国劳动经济

学》，2006年第4期。

［12］丁忠毅：《对口支援边疆民族地区中的府际利益冲突与协调》，《民族研究》，2015年第6期。

［13］丁忠毅：《国家治理视域下省际对口支援边疆政策的运行机制研究》，《思想战线》，2018年第4期。

［14］杜宇：《农村劳动力转移模式及外部动力评价研究》，北京林业大学博士学位论文，2019年。

［15］韩文龙、祝顺莲：《地区间横向带动：实现共同富裕的重要途径——制度优势的体现与国家治理的现代化》，《西部论坛》，2020年第1期。

［16］韩喜平、沙吾列·依玛哈孜：《新中国成立以来中国共产党支援边疆地区的政策指向及成效分析》，《思想理论教育导刊》，2016年第3期。

［17］何遐祥：《横向财政转移支付法律制度研究》，《甘肃政法学院学报》，2006年第5期。

［18］贺新元：《中央"援藏机制"的形成、发展、完善与运用》，《西藏研究》，2012年第6期。

［19］胡际权：《论西部大开发中的要素市场体系建设》，《改革》，2002年第5期。

［20］黄基鑫、李曦辉：《教育援藏、援疆的人才培养政策实施及发展研究——兼论构建各民族共有精神家园》，《民族教育研究》，2020年第4期。

［21］黄基鑫、李曦辉：《中国特色少数民族经济发展的本土经验研究》，《北方民族大学学报》，2020年第3期。

［22］黄健英：《边境少数民族县域经济发展模式研究》，《黑龙江民族丛刊》，2010年第4期。

［23］黄健英：《民族经济学研究中几个问题的讨论》，《中央民族大学学报》，2005年第6期。

［24］黄万纶：《论少数民族经济的研究对象》，《青海社会科学》，1983年第1期。

［25］黄伟、高玉：《少数民族地区公共服务建设的难点及对策》，《新视野》，2010年第5期。

［26］贾若祥：《区际经济利益关系研究》，《宏观经济管理》，2012年第7期。

［27］贾若祥：《我国区域间横向转移支付刍议》，《宏观经济管理》，2013年第 1 期。

［28］金炳镐、陈烨：《论邓小平民族理论的主要实践（上）》，《中南民族大学学报（人文社会科学版）》，2004 年第 5 期。

［29］靳薇：《关于援疆问题的调研报告》，《科学社会主义》，2012 年第 4 期。

［30］李瑞昌：《地方政府间"对口关系"的保障机制》，《学海》，2017 年第 4 期。

［31］李瑞昌：《界定"中国特点的对口支援"：一种政治性馈赠解释》，《经济社会体制比较》，2015 年第 4 期。

［32］李曦辉、黄基鑫：《全面建成小康社会：区域协调发展》，*China Economist*，2020 年第 1 期。

［33］李曦辉：《对口支援的分类治理与核心目标》，《区域经济评论》，2019 年第 2 期。

［34］李曦辉：《建立中华民族经济学》，"经济学中国学派：域观范式"学术研讨会（2020），北京：经济学管理学中国学派研究 60 人论坛，2020 年 12 月 20 日。

［35］李曦辉：《论民族国家模式差异化的根由》，《中央社会主义学院学报》，2018 年第 3 期。

［36］李曦辉：《民族经济学学科新范式研究》，《现代经济探讨》，2019 年第 9 期。

［37］李曦辉：《全球化中国版之"一带一路"支撑理论研究——兼论民族经济学的时代价值》，《区域经济评论》，2017 年第 6 期。

［38］李曦辉：《援藏与西藏经济社会 50 年变》，《中央民族大学学报》，2000 年第 5 期。

［39］李战奎：《协同效应与边缘地经济发展》，《理论与改革》，2008 年第 6 期。

［40］李忠斌、郑甘甜：《少数民族特色村寨评价指标体系研究》，《广西民族研究》，2013 年第 3 期。

［41］李忠斌：《关于民族经济学研究中几个问题的讨论》，《中南民族学院学报（人文社会科学版）》，2003 年第 1 期。

［42］林雪霏：《扶贫场域内科层组织的制度弹性——基于广西 L 县扶贫实践的研究》，《公共管理学报》，2014 年第 1 期。

［43］刘小珉：《民族地区反贫困 70 年的实践与启示——基于民族交往交流交融视角》，《贵州民族研究》，2019 年第 11 期。

［44］柳建文：《地方合作转型、治理重构与边疆民族地区长治久安》，《云南社会科学》，2015 年第 1 期。

［45］路春城：《我国横向财政转移支付法律制度的构建——基于汶川震后重建的一点思考》，《地方财政研究》，2009 年第 3 期。

［46］罗绒战堆：《西藏的人口、资源、贫困与计划生育——从扶贫攻坚研究引出的思考与建议》，《西藏研究》，1998 年第 4 期。

［47］吕朝辉：《"两个大局"战略构想的新时代意蕴、运用及展望——基于西部边疆治理现代化的分析视角》，《社会主义研究》，2020 年第 3 期。

［48］马戎：《新疆对口支援项目实施情况的调查分析》，《中央民族大学学报（哲学社会科学版）》，2014 年第 1 期。

［49］欧登草娃：《"内高班"高考制度下部分生源流失现象探究》，《中南民族大学学报（人文社会科学版）》，2016 年第 5 期。

［50］任维德：《"流动公共服务"研究论纲——兼论边疆少数民族地区服务型政府建设》，《内蒙古社会科学（汉文版）》，2014 年第 1 期。

［51］石绍宾、樊丽明：《对口支援：一种中国式横向转移支付》，《财政研究》，2020 年第 1 期。

［52］孙勇、杨杰、马伟茗：《对口支援西藏工作实践及组织结构与机制演化分析——基于组织社会学新制度主义的分析视角》，《西藏大学学报（社会科学版）》，2019 年第 3 期。

［53］谭书先、赵晖：《对口支援的政治认同构建——一项基于新冠肺炎疫情时期的网络舆情分析》，《江海学刊》，2020 年第 4 期。

［54］田钏平：《我国东西部地区经济协作机制构建的研究》，《西南民族大学学报（人文社会科学版）》，2013 年第 2 期。

［55］王达梅、翟秋阳：《公共服务横向援助制度研究》，《西北师范大学学报（社会科学版）》，2015 年第 2 期。

［56］王大庆：《"清史编纂暨编译工作座谈会"综述》，《世界历史》，2003 年第 6 期。

［57］王玮：《中国能引入横向财政平衡机制吗？——兼论"对口支援"的改革》，《财贸研究》，2010年第2期。

［58］王小林：《新中国成立70年减贫经验及其对2020年后缓解相对贫困的价值》，《劳动经济研究》，2019年第6期。

［59］温军：《中国少数民族经济政策稳定性评估（1949～2002年）（下）》，《开发研究》，2004年第4期。

［60］邬晓霞、魏后凯：《实施差别化国家区域援助政策的科学基础与基本思路》，《江海学刊》，2011年第3期。

［61］吴开松、侯尤峰：《对口援藏政策属性与评价原则》，《学习与实践》，2017年第2期。

［62］伍文中、张杨、刘晓萍：《从对口支援到横向财政转移支付：基于国家财政均衡体系的思考》，《财经论丛》，2014年第1期。

［63］伍文中：《从对口支援到横向财政转移支付：文献综述及未来研究趋势》，《财经论丛》，2012年第1期。

［64］谢伟民、贺东航、曹尤：《援藏制度：起源、演进和体系研究》，《民族研究》，2014年第2期。

［65］谢伟民：《制度与行为：教育援藏过程中的组织因素》，《马克思主义与现实》，2015年第5期。

［66］徐阳光：《横向财政转移支付立法与政府间财政关系的构建》，《安徽大学学报（哲学社会科学版）》，2011年第5期。

［67］薛丽娥：《关于解决少数民族地区极贫问题的思考》，《贵州民族研究》，1998年第2期。

［68］严庆、刘雪杉：《民族交往：提升民族团结教育实效性的关键——以内地西藏班（校）为例》，《西藏民族学院学报（哲学社会科学版）》，2011年第4期。

［69］杨富强：《"对口援疆"政策回顾及反思——以1997年至2010年间政策实践为例》，《西北民族大学学报（哲学社会科学版）》，2011年第5期。

［70］杨晶晶：《多元文化视角下的内地新疆高中班教育——以广东内地新疆高中班为例》，《广东省社会主义学院学报》，2014年第2期。

［71］杨龙、李培：《府际关系视角下的对口支援系列政策》，《理论探讨》，2018年第1期。

［72］杨明洪、刘建霞：《省市对口援藏制度及其演化分析》，《民族学刊》，2019 年第 1 期。

［73］杨明洪、刘建霞：《中央机关对口援藏制度研究》，《中国藏学》，2016 年第 4 期。

［74］杨明洪、尤力：《统筹西藏与四省藏区优惠扶持政策研究》，《西南民族大学学报（人文社会科学版）》，2016 年第 9 期。

［75］杨明洪、张营为：《对口支援中不同利益主体的博弈行为——以对口援藏为例》，《财经科学》，2016 年第 5 期。

［76］杨明洪：《扶贫模式与援助方式的双重转换："组团式"援藏的实践与启示》，《西北民族研究》，2018 年第 4 期。

［77］杨明洪：《政企关系与责任分担：市场化背景下中央企业对口援藏制度体系研究》，《西南民族大学学报（人文社会科学版）》，2020 年第 7 期。

［78］中国社会科学院财政与贸易经济研究所课题组、杨志勇：《"十二五"时期的财政体制改革》，《中国人民大学学报》，2010 年第 6 期。

［79］余翔：《对口支援少数民族地区的政策变迁与发展前瞻》，《华北电力大学学报（社会科学版）》，2013 年第 6 期。

［80］张丽君、韩笑妍、王菲：《中国民族经济政策回顾及其评价》，《民族研究》，2010 年第 4 期。

［81］张庆杰：《完善管理体制机制，促进区域协调发展》，《宏观经济管理》，2009 年第 1 期。

［82］张文礼、王达梅：《科层制市场机制：对口支援机制的反思》，《西北师范大学学报（社会科学版）》，2017 年第 5 期。

［83］张秀兰、徐晓新：《中国的能促型反贫困模式——反贫困三驾马车驱动体系中的中国实践》，《江苏社会科学》，2016 年第 3 期。

［84］张彦虎、李万明：《试论我国民族经济扶持政策的作用与发展创新》，《北方民族大学学报（哲学社会科学版）》，2012 年第 5 期。

［85］赵晖、谭书先：《对口支援与区域均衡：政策、效果及解释——基于 8 对支援关系 1996—2017 年数据的考察》，《治理研究》，2020 年第 1 期。

［86］赵明刚：《中国特色对口支援模式研究》，《社会主义研究》，2011 年第 2 期。

［87］赵小雅、毛力提·满苏尔、丁晨：《综合施策提升民族教育水平》，

《中国民族教育》，2017 年第 4 期。

[88] 郑春勇：《对口支援中的"礼尚往来"现象及其风险研究》，《人文杂志》，2018 年第 1 期。

[89] 郑春勇：《论对口支援任务型府际关系网络及其治理》，《经济社会体制比较》，2014 年第 2 期。

[90] 郑婕：《中央民族大学预科教育的现状与前瞻》，《民族教育研究》，2003 年第 1 期。

[91] 郑洲：《关于改进干部人才援藏工作的研究报告》，《西部发展研究》，2014 年第 00 期。

[92] 钟开斌：《对口支援：起源、形成及其演化》，《甘肃行政学院学报》，2013 年第 4 期。

[93] 钟开斌：《对口支援灾区：起源与形成》，《经济社会体制比较》，2011 年第 6 期。

[94] 周晓丽、马晓东：《协作治理模式：从"对口支援"到"协作发展"》，《南京社会科学》，2012 年第 9 期。

[95] 朱碧波：《人才聚集：边疆跨越式发展的关键议题与行进路径》，《湖北民族学院学报（哲学社会科学版）》，2019 年第 5 期。

[96] 朱光磊、张传彬：《系统性完善与培育府际伙伴关系——关于"对口支援"制度的初步研究》，《江苏行政学院学报》，2011 年第 2 期。

[97] 朱天舒、秦晓微：《国家支持与对口支援合作：我国区域平衡发展模式分析》，《中国行政管理》，2012 年第 6 期。

三、中文报纸

[1] 《搬大水、抗大旱、旱多久、抗多久——湖北省抗大旱夺丰收纪事》，《人民日报》，1978 年 11 月 11 日。

[2] 《办好内地西藏班任重道远》，《西藏日报》，2015 年 9 月。

[3] 《厂厂包社对口支援——论工业支援农业技术改造的新形势》，《山西日报》，1960 年 3 月 20 日。

[4] 《丹江口库区将与受水区对口协作》，《河南日报》，2013 年 4 月 12 日。

[5] 《工农协作加速农业技术改造》，《人民日报》，1960 年 3 月 23 日。

[6] 《教育部办公厅关于全国普通高等学校民族预科班、民族班招生、管理

等有关问题的通知》,《教育部政报》,2003 年第 4 期。

　　[7]《贵州贫困县全部脱贫摘帽》,《人民日报》,2020 年 11 月 24 日。

　　[8]《国务院办公厅转发〈教育部等部门关于进一步做好教育援藏工作意见的通知〉》,《中华人民共和国教育部公报》,2004 年第 5 期。

　　[9]《我国教育总体水平跃居世界中上行列》,《中国教育报》,2019 年 9 月 27 日。

　　[10]《毛泽东:复西北各民族抗美援朝代表会议的电报》,《人民日报》,1951 年 12 月 14 日。

　　[11]《毛泽东:在东方各民族反法西斯大会上的讲话》,《解放日报》,1941 年 10 月 31 日。

　　[12]《毛泽东:中国共产党中央委员会关于共产国际执委主席团提议解散共产国际的决定》,《解放日报》,1943 年 5 月 27 日。

　　[13]《习近平:坚持把解决好"三农"问题作为全党工作重中之重　促进农业高质高效乡村宜居宜业农民富裕富足》,《中国日报》,2020 年 12 月 29 日。

　　[14]《习近平:坚持共同团结奋斗共同繁荣发展　各民族共建美好家园共创美好未来》,《人民日报》,2019 年 9 月 28 日。

　　[15]《习近平:坚持依法治疆团结稳疆长期建疆　团结各族人民建设社会主义新疆》,《人民日报》,2014 年 5 月 30 日。

　　[16]《习近平在云南考察工作时强调:坚决打好扶贫开发攻坚战　加快民族地区经济社会发展》,《人民日报》,2015 年 1 月 22 日。

　　[17]《习近平在宁夏考察时强调:解放思想真抓实干奋力前进　确保与全国同步建成全面小康社会》,《人民日报》,2016 年 7 月 21 日。

　　[18]《习近平在中国共产党第十九次全国代表大会上的报告》,《人民日报》,2017 年 10 月 28 日。

　　[19]《习近平:依法治藏富民兴藏长期建藏　加快西藏全面建成小康社会步伐》,《人民日报》,2015 年 8 月 26 日。

　　[20]《习近平:在全国抗击新冠肺炎疫情表彰大会上的讲话》,新华网,2020 年 9 月 8 日,http://www.xinhuanet.com/2020-10/15/0-1126614978.htm。

　　[21]《习近平等看望政协委员并参加分组讨论》,《人民日报》,2014 年 3 月 4 日。

　　[22]《习近平听取林郑月娥述职报告》,新华网,2021 年 1 月 28 日,ht-

tp：//www. xinhuanet. com/politils/leaders/2021-01/28/c_ 1127033603. htm。

[23]《中共十九届四中全会在京举行》，光明网，2019 年 11 月 1 日。

[24]《中共中央关于制定国民经济和社会发展第十四个五年规划和二○三五年远景目标的建议》，求是网，2020 年 11 月 3 日，http：//www. qstheory. cn/yaowen/2020-11/03/c_ 1126693429. htm。

[25]《中华人民共和国国家勋章和国家荣誉称号颁授仪式在京隆重举行》，《人民日报》，2019 年 9 月 30 日。

[26]《习近平信贺民大附中百年》，《人民日报》，2013 年 10 月 7 日。

[27]《中央民族工作会议暨国务院第六次全国民族团结进步表彰大会在北京举行》，《人民日报》，2014 年 9 月 30 日。

**四、中文电子文献**

[1] 陈尚才，白少波：《西藏今年逾 60 万农牧民通过转移就业开启新生活》，新华社拉萨，2020 年 12 月 14 日，https：//new. qq. com/omn/20201214/20201214A0CJC600. html。

[2]《教育部办公厅　国家民委办公厅　新疆维吾尔自治区人民政府办公厅关于印发〈内地高等学校支援新疆第七次协作计划工作部署会议纪要〉的通知》，中华人民共和国教育部网站，2016 年 3 月 16 日，http：//www. moe. gov. cn/srcsite/A09/s3082/201604/t20160428_241255. html。

[3] 习近平：《在全国脱贫攻坚总结表彰大会上的讲话》，新华网，2021 年 2 月 25 日，http：//www. xinhuanet. com/politics/2021-02/25/c_1127140240. htm。

[4] 中华人民共和国国务院新闻办公室：《西藏文化的保护与发展》，中华人民共和国国务院新闻办公室网站，2008 年 9 月 25 日，http：//www. scio. gov. cn/zfbps/ndhf/2008/Document/307868/307868. htm。

[5] 中华人民共和国国务院新闻办公室：《新疆的发展与进步》，中华人民共和国国务院新闻办公室网站，2009 年 9 月 21 日，http：//www. scio. gov. cn/zfbps/ndhf/2009/Document/418337/418337. htm。

[6] 中华人民共和国国务院新闻办公室：《西藏的发展与进步》白皮书（全文），中华人民共和国国务院新闻办公室网站，2013 年 10 月 22 日，http：//www. scio. gov. cn/zfbps/ndhf/2013/Document/1348771/1348771. htm。

[7] 中华人民共和国国务院新闻办公室：《西藏发展道路的历史选择》白皮

书（全文），中华人民共和国国务院新闻办公室网站，2015 年 4 月 15 日，ht-tp：//www. scio. gov. cn/zfbps/ndhf/2015/Document/1415609/1415609. htm。

［8］中华人民共和国国务院新闻办公室：《新疆的宗教信仰自由状况》白皮书（全文），中华人民共和国国务院新闻办公室网站，2016 年 6 月 2 日，ht-tp：//www. scio. gov. cn/zfbps/ndhf/34120/Document/1479257/1479257. htm。

［9］中华人民共和国国务院新闻办公室：《伟大的跨越：西藏民主改革 60 年》白皮书（全文），中华人民共和国国务院新闻办公室网站，2019 年 3 月 27 日，http：//www. scio. gov. cn/zfbps/ndhf/39911/Document/1652330/1652330. htm。

［10］中华人民共和国国务院新闻办公室：《新疆的反恐、去极端化斗争与人权保障》白皮书（全文），中华人民共和国国务院新闻办公室网站，2019 年 3 月 18 日，http：//www. scio. gov. cn/zfbps/ndhf/39911/Document/1649848/1649848. htm。

［11］中华人民共和国国务院新闻办公室：《新疆的若干历史问题》白皮书（全文），中华人民共和国国务院新闻办公室网站，2019 年 7 月 21 日，http：//www. scio. gov. cn/zfbps/ndhf/39911/Document/1659932/1659932. htm。

［12］中华人民共和国国务院新闻办公室：《新疆的职业技能教育培训工作》白皮书（全文），中华人民共和国国务院新闻办公室网站，2019 年 8 月 16 日，http：//www. scio. gov. cn/zfbps/ndhf/39911/Document/1662044/1662044. htm。

［13］中华人民共和国国务院新闻办公室：《抗击新冠肺炎疫情的中国行动》白皮书（全文），中华人民共和国国务院新闻办公室网站，2020 年 6 月 7 日，ht-tp：//www. scio. gov. cn/zfbps/ndhf/42312/Document/1682143/1682143. htm。

［14］中华人民共和国国务院新闻办公室：《新疆的劳动就业保障》白皮书（全文），中华人民共和国国务院新闻办公室网站，2020 年 9 月 17 日，http：//www. scio. gov. cn/zfbps/ndhf/42312/Document/1687708/1687708. htm。

［15］中华人民共和国教育部：《教育部对十二届全国人大四次会议第 8295 号建议的答复》，中华人民共和国教育部网站，2016 年 10 月 13 日，http：//www. moe. gov. cn/jyb_xxgk/xxgk_jyta/jyta_mzs/201611/t20161111_288496. html.

［16］《南水北调工程概况》，中华人民共和国水利部，http：//nsbd. mwr. gov. cn/zw/gcgk。

［17］《2010 年国家防总抗旱工作总结》，中国水利网，2010 年 12 月 8 日，http：//www. chinawater. com. cn/ztgz/xwzt/2010fxkhgzh/3/201012/t20101208_149282.

htm。

## 五、英文专著

［1］Khazanov A. M. , *Nomads and the Outside World*, *Second Edition*, Julia Crookenden, Wisconsin：The University of Wisconsin Press, 1994.

［2］Hirschman A. O. , *The Strategy of Economic Development*, New Haven：Yale University Press, 1958.

［3］Lewis W. A. , *Reflections on Unlimited Labor*, *Dimarco L. E.* , *International Economics and Development*, New York：Elsevier, 1972.

［4］Malthus T. , *An Essay on the Principle of Population*, London, Printed for J. Johnson, in St. Paul's Church-Yard, 1798.

［5］Myrdal G. , *Economic Theory and Underdeveloped Regions*, London：Gerald Duckworth & Co, 1957.

［6］Nurkse R. , *Problem of Capital Formation in Underdeveloped Countries*, Oxford：Oxford University Press, 1961.

［7］Kuznets S. , *Modern Economic Growth*：*Rate*, *Structure*, *and Spread*, New Haven：Yale University Press, 1966.

［8］Jagchid S. and Symons V. J. , *Peace*, *War*, *and Trade Along the Great Wall*, Indiana：Indiana University Press, 1989.

［9］Barfield T. J. , *The Perilous Frontier*：*Nomadic Empires and China* 221 *B. C. to AD*1757, Cambridge：Wiley-Blackwell, 1989.

［10］Weber M. , *General Economic History*, New Brunswick：Transaction, 1981.

## 六、英文期刊

［1］Lewis W. A. , "Economic Development with Unlimited Supplies of Labor", *The Manchester School*, Vol. 22, No. 2, 1954.

［2］Nelson R. R. , "A Theory of the Low—Level Equilibrium Trap in Underdeveloped Economics", *The American Economic Review*, Vol. 46, No. 5, 1956.

［3］Rosenstein-Rodan P. N. , "Problem of Industrialisation of Eastern and South—Eastern Europe", *The Economic Journal*, Vol. 53, No. 210/211, 1943.

［4］ Perroux F. , "Economic Space: Theory and Applications", *The Quarterly Journal of Economics*, Vol. 64, No. 1, 1950.

［5］ Perroux F. , "Note Sur La Notion De Pole De Croissance", *Economie Appliquee*, Vol. 8, 1955.

［6］ Pye L. W. , "China: Erratic State, Frustrated Society", *Foreign Affairs*, Vol. 69, No. 4, 1990.

［7］ Schultz T. W. , "Investment in Human Capital", *American Economic Review*, Vol. 51, No. 1, 1961.

# 后 记

  本书是在我的博士学位论文的基础上经过修改而成的，在写作和修改的过程中得到了许多专家、学者的指导和帮助。感谢靳薇、马骍、丁赛、苏发祥、郭伟和、黄健英、张瑛等诸位教授在本书撰写过程中给予的指导意见和写作启发。

  经师易得，人师难求。感谢我的导师中央民族大学管理学院院长李曦辉教授。在师从李老师的八年多的时光里，李老师对我言传身教、关怀备至、影响深远。在李老师的教导与引领下，我从2014年就开始接触、研究对口支援的相关课题，没有中断过对口支援相关课题的研究。七年的时间，我跟随李老师承接了多项关于对口支援的课题，先后五次到西藏进行调研，三次到新疆进行调研，围绕对口援藏、援疆的经验总结及新时期对口援藏、援疆的新思路等内容展开了研究。与此同时，我还跟随李老师先后到山东、湖北、上海、广东、辽宁等省市进行调研，围绕对口支援的主题对西藏、新疆少数民族在内地求学、务工、经商等情况展开了研究，了解各地的实施政策、实施情况、实施经验和存在问题。"读万卷书，行万里路"，正是在这"万里路"的躬身实践中，我对对口支援的相关研究有了全面的认识和深刻的领悟，并对中华民族共同体与对口支援的联系产生了极大的兴趣，于是在李老师的悉心指导下完成了本书的调研和撰写。在本书的写作过程中，从篇章结构到措辞标点，李老师一直都细致入微、不厌其烦地进行全方位的指导和修改。在本书写作的每个环节、每个篇章，李老师时刻都在把握着我写作的方向和步骤，让我充满信心和勇气按照他谋划的时间节点，紧锣密鼓地完成写作的各个环节和篇章，这本书的完成凝聚了李老师大量的心血。李老师以其深厚的学术功力处处点拨着我，他春风化雨般的教导与严谨的治学态度使我折服，将对我今后的职业生涯产生深远的影响。

  栉风沐雨，玉汝于成。在民大的九载时光是在我人生中发挥着非常重要作用的一段时光，慢慢又漫漫，漫漫亦灿灿。漫漫于科研之途多半坎坷、多半曲折，亦灿灿于民大厚重、肃穆的校园文化与氛围，以及师门严谨、团结的学术精神与作风。正是得益于民大和师门的培育，我才得以收获自我、展现自我、成就自我，这一路离不开身边各位老师的倾力教导与亲密友伴的鼎力相助。在这里，我收获如泉师恩，诸位老师为人谦逊，时常给予我温暖，指导我前行；在这里，我收获真挚友谊，诸位同窗风华正茂，书生意气，时常给予我动力，鼓舞我前行；在这里，我收获师门情谊，坐而论道，以文下酒，时常给予我灵感，激发我前行。

万物之始，大道至简。记得有一篇文章曾经这样说过，博士的求学之路就是要在人类知识的边界上努力进行突破，从此，这个世界看上去就不一样了。当我手捧这份稿纸，内心百感交集，纵不敢号称抵达知识边界，更遑论突破知识边界，只是这个世界看上去确实有了些许不一样的风景。学术犹如一场修行，让我的心境变得平和，想必这就是博士求学生涯导师赠予我人生中最宝贵的礼物。精于心，简于形，大道至简，大道无形。世界上的万物从无到有，从单一到多样，从简单到复杂，演化过程的表象是复杂的，但本质却又是非常简单的。学术训练正是要透过现象看本质，拷问的正是本质这一终极问题。简不仅是一种至美，也是一种能力、一种境界。

眼有星辰大海，心有繁花似锦。大家都说对口支援是一个很小众的研究主题，但这项本土实践产物却蕴含了中国发展模式的大道理，既体现了中国特色社会主义的制度优势，又彰显了中华民族数千年来文化与精神的传承；既包括了区域经济协调发展的路径，又涵盖了中华民族共同体建设的经验。在实际工作中，随着各类受援地经济社会的逐渐发展以及自我发展能力的不断提升，关于对口支援的依据、价值和作用的讨论声也是此起彼伏。本书正是想对对口支援的价值给予新的认识，而这只是一次尝试，略表愚见。本书将对口支援与中华民族共同体进行了一次联结，就像电极的正负两端，在这一次研究中我感受到了全身的猛烈触电，但奈何才疏学浅，尚不能将其中的原理弄懂说透，但我知道，这里能"通电"，所以，我想用余生的时光来研究这个课题。这个课题非常复杂，需要我埋头苦读不同领域、不同专业的更多书籍，而后我也需要好好学习，用更科学、更合理的方法进行更深入的研究。

理无专在，学无止境。我对对口支援的研究可谓下了一番功夫，但由于个人水平和时间所限，一部分内容未能全面展开论述。书中亦可能有疏漏、错误和不妥之处，敬请各位读者不吝指正。面对未知的人生和陌生的征程，我会坚守初心，永不后悔，以我人生之笔，继续专研对口支援这一课题，让青春之花永远绽放于心中，书写一卷有声有色的人生。青春万岁！愿流年不负，愿岁月可期！

黄基鑫

2021 年 11 月于民大